国家出版基金项目
NATIONAL PUBLICATION FOUNDATION

中俄经济文化合作研究文库（第一辑）
郭 力 主编

俄罗斯区域经济政策演变及其对中俄地区合作的影响研究

葛新蓉 著

黑龍江大學出版社
HEILONGJIANG UNIVERSITY PRESS
哈尔滨

图书在版编目（CIP）数据

俄罗斯区域经济政策演变及其对中俄地区合作的影响研究 / 葛新蓉著. -- 哈尔滨 : 黑龙江大学出版社，2020.8
（中俄经济文化合作研究文库 / 郭力主编. 第一辑）
ISBN 978-7-5686-0415-4

Ⅰ. ①俄… Ⅱ. ①葛… Ⅲ. ①区域经济合作－国际合作－研究－中国、俄罗斯 Ⅳ. ①F125.4 ②F151.254

中国版本图书馆 CIP 数据核字（2019）第 301123 号

俄罗斯区域经济政策演变及其对中俄地区合作的影响研究
ELUOSI QUYU JINGJI ZHENGCE YANBIAN JI QI DUI ZHONGE DIQU HEZUO DE YINGXIANG YANJIU
葛新蓉　著

责任编辑　戚增媚　宋丽丽
出版发行　黑龙江大学出版社
地　　址　哈尔滨市南岗区学府三道街 36 号
印　　刷　哈尔滨市石桥印务有限公司
开　　本　787 毫米×1092 毫米　1/16
印　　张　19
字　　数　301 千
版　　次　2020 年 8 月第 1 版
印　　次　2020 年 8 月第 1 次印刷
书　　号　ISBN 978-7-5686-0415-4
定　　价　57.00 元

目　录

第一章　俄罗斯区域经济发展的基本态势

地区经济发展不平衡是俄罗斯区域经济社会发展面临的主要问题,各地区在经济竞争力上也有很大的差距。地区生产总值、工业产值、人均产值、人均收入、创新积极性指数等方面的较大差距已经影响到了该国的经济安全。当前,自然资源和地理位置,以及集聚效应、人力资本和制度要素等均影响着俄罗斯各地区的经济发展。而历史原因、劳动力的布局、在国际分工中所处的位置,以及中央与地区财权与事权的关系等也决定着各地区在国家经济生活中的地位。

地区平衡指的是通过公正的方法实现国家财富在地区间的平等分配,生活在不同地区的居民应该享有平等的满足基本需求的权利。地区不平衡指的是一个国家不同地区的居民收入和居民生活水平之间存在着差异。这种差异产生的前提条件有很多,如地区生产力发展水平、自然条件、经济地理状况和居民的生活习惯等。实施区域经济政策是缩小地区差异的有效方法。①

第一节　区域经济主体的划分

众所周知,区域经济学作为一门应用经济学,建立在经济地理学的基础上,运用经济学的基本理论和方法研究空间问题,即地理位置、自然资源条件对人们的经济活动和相应的资源配置过程的制约和影响,是一门关于人的空间经济活动规律和经济的区域秩序、区域组织的科学。因此,认真研究区域划分问题是分析区域经济现象的重要前提。然而,区域的定义历来颇为含糊,这主要是因为区域的规模是可大可小的,具体对象取决于所研究问题的范围与类型。在

---

① Родионова И. А. Экономическая география и региональная экономика [M]. Москва: Московский Лицей, 2003: 192.

一个国家的内部,区域的范围就可小到一个居民点,大到若干个省份的组合。

最早将区域作为研究对象的是地理学。早在 20 世纪 50 年代区域经济学刚兴起之际,许多经济地理学家就明确了区域划分的一些标准,如差异性与内聚性等。由于存在不同的标准,许多区域分类与划分方法出现了。西方著名区域经济学家 J. R. 布代维尔、L. H. 克拉森、N. 汉森曾分别提出各自的区域分类意见,这些区域分类意见至今仍在全球区域经济学界广为流传。布代维尔主张将区域分为均质区、节点区和规划区。其中,规划区是为了以最经济的方式实现一定的目标而设定的连续空间。规划区的设定与行政调控或政治因素有关,其主要目的是实施一系列特殊的政策与规划。克拉森提出按增长率进行区域分类。他选取了两个指标:区域人均收入水平与全国人均收入水平之比、区域增长率与全国增长率之比。他根据这两个指标的不同组合将区域分为繁荣区、处于扩张过程中的欠发达区、潜在欠发达区、落后区等四类。汉森利用三种资本或投资(即直接生产活动、经常经济资本与经常社会资本),根据它们的组合状况将区域分为三类:拥挤区、中间区与落后区。这种区域分类有助于制定与实施区域政策与规划,同时也有利于调整区域产业结构。[①]

苏联时期的学者更重视综合经济区的研究。综合经济区是国家的一个特殊的、经济上尽可能完整的地区。相邻的经济空间由于自然特点、历史文化积累、居民及其生产活动能力的结合而成为国民经济总链条中的一个环节。在综合经济区的基础上,苏联时期的学者构建与发展了颇具特色的区域生产综合体理论。

在俄罗斯学者对区域经济问题进行研究时,除经济区外,涉及的地理空间还包括联邦区、联邦主体和地区经济互助协会。问题地区的提法也开始被各界接受和承认。地区经济社会发展差异问题成为俄罗斯区域经济发展面临的主要问题。

俄罗斯国土辽阔,各地区在气候、自然资源分布方面千差万别。根据自然条件特点,俄罗斯可以划分成不同类型的经济区。根据它们的自然条件和拥有的资源去进行综合开发和治理,以及合理地进行资源配置和生产力配置,是几个世纪以来俄国经济学家、地理学家和许多有识之士的理想和主张。最早提出

---

① 陈秀山,张可云. 区域经济理论[M]. 北京:商务印书馆,2003:4.

这一观点的是18世纪俄国著名地理学家切博塔列夫。他在1776年出版的《研究俄罗斯地理方法》一书中首次提出把俄罗斯划分成东、西、南、北四个条件各异的省去进行资源综合开发和治理的设想。① 此后有一大批地理学家都提出按经济要素进行地区划分的设想。虽然他们提出的设想和划分经济区的标准不尽相同,但目的都是更合理、更有效地综合开发和利用自然资源,这为后来进行的地区划分提供了思路。

在俄罗斯经济、地理和历史文献中,地区经济研究的对象在不同时期表现为大区、经济区、联邦区和联邦主体。那么,它们划分的依据和包括的地理范围有哪些呢?

一、大区的划分与范围

俄罗斯大区是拥有生产力发展所需要的自然条件和经济条件的大型经济地区。这些条件是由多年形成的自然资源基础、经济发展的历史和居民的区域布局等因素决定的。当前,俄罗斯大区的研究对象有两个,分别是国家的东部地区和西部地区。这两个大区在自然资源和人口条件方面有非常大的差别,原则上已经无法形成一个统一的地区。②

俄罗斯西部地区分布着约占人口总数78%的居民,生产着70%以上的工业产品和76%的农业产品。同时,西部地区的生产部门面临的最大困难是原料资源不足,特别是燃料动力资源不足。

俄罗斯主要的自然资源都位于东部地区。东部地区在俄罗斯经济发展的原料和能源保障中起决定性作用。俄罗斯西部地区需要的大部分原料资源都是由东部地区提供的。

二、经济区的划分与范围

经济区是苏联(俄罗斯)国民经济综合体地区结构的基本组成部分。它是根据不同地区的生产力布局特点、自然资源特色和社会经济基础划分出来的,是一个基本可以完成内部再生产的经济体系。俄罗斯经济学家斯捷潘诺夫认

---

① 殷剑平. 俄罗斯区划研究[J]. 西伯利亚研究,2003,30(1).

② Степанов М. В. Региональная экономика[М]. Москва:инфра,2001:64－78.

为，经济区是俄罗斯国家经济的地区部分，具有一定的经济地理特点，地区经济具有相对的完整性，建立在地区劳动力共同分配的基础上。①

俄（苏）不同时期的经济文献对经济区的解释有很多种，这一领域的每个著名学者在对这一概念进行解释时都加入了自己的特点。但共同之处是，他们都指出了经济区具有把经济特色、自然资源、经济社会发展条件与地区经济发展紧密结合起来的特点。

在苏联早期的经济研究中，从完成经济任务的角度来说，经济区是国家的一个特殊地区，这一地区依靠自然资源、文化积淀和从事生产活动的居民来完成国民经济发展的共同目标。这种经济区划分的思想与计划经济体制相适应，重点解决的是国民经济建设的总体部署问题。它的进步性在于，注意到了地区经济发展中的各种关系，并探讨解决的方法，以求达到理论联系实践、为社会主义经济建设服务的目标。

在现代概念中，经济区是国家领土的一部分，拥有一定的资源禀赋条件、人口特点、居民分布特点和特色的经济部门，它是国民经济的组成部分，从构成上看包括一系列有行政功能的联邦主体。②

经济区的设想产生于十月革命后。当时，列宁提出了"共产主义就是苏维埃政权加全国电气化"的思想。根据这一思想，国家电气化委员会于 1920 年成立。该委员会首次根据国家发展能源动力产业的前景对全国进行了经济区的划分，当时把全国划分为 8 个经济区，明确表达了生产应靠近原料基地以减少物资的远程运输成本、在全国各地区之间进行合理有效的劳动分工的思想。

由于国家电气化委员会的工作范围存在局限性，对国家进行经济区划分的任务交给了国家计划委员会。该委员会在 1921 年至 1922 年向全俄执行委员会提交了一系列有关经济区划分的报告，阐述了划分经济区的原则和目的。具体来说，就是根据自然条件、历史上积累的文化财富和居民的生产活动技能把全国划分成在经济上完整并具有自己特点的经济区，使它们组成国民经济的完整链条，而每个经济区又是该链条上的一个环节。各个经济区通过运输系统紧密地联系在一起，相互配合与协作。建立经济区的目的是最大限度地发展生产

① Степанов М. В. Региональная экономика[M]. Москва：инфра，2001：64 – 78.

② Кулешов В. В.，Маршак В. Д. Анализ развития экономики федеральных округов：финансовый аспект[J]. Регион：экономика и социалогия，2003(1).

力。根据国家计划委员会提交的方案，全国划分为 21 个经济区。

在计划经济体制下，结合经济区的特点去制订和实施国民经济计划显现出较高的效率。由于发展指标是充分考虑到各经济区的自然资源分布情况而确定的，各经济区在国民经济恢复时期获得了较快的发展，特别是苏联东部地区发展得更加迅速。与此同时，老工业区和农业生产基地的专业化生产方向也更加明确。国民经济的迅速发展也改变着苏联经济地理的版图。为了反映国民经济的新格局，苏联在 1938 年至 1940 年对经济区进行了重新划分，把全苏划分为 13 个经济区，其中 9 个经济区在俄罗斯联邦。根据这一经济区划，苏联编制和实施了第四个、第五个和第六个五年计划，这一时期的经济，特别是战后经济得到快速发展，各经济区的专业化分工更加明确。

1963 年，苏联根据国民经济的发展成果，结合全国各地自然资源和经济社会的状况，把全苏重新划分成 18 个经济区。1982 年，苏联又将其中的西北经济区一分为二，经济区的数量达到 19 个，其中 11 个经济区在俄罗斯。位于俄罗斯境内的经济区分别是中央经济区、西北经济区、北方经济区、伏尔加－维亚特卡经济区、中央黑土经济区、伏尔加河沿岸经济区、北高加索经济区、乌拉尔经济区、西西伯利亚经济区、东西伯利亚经济区和远东经济区。这种经济区划一直保留至今。

经济区的提出与划分是苏联计划经济时期的产物。在当时，这种经济区划分的方法是具有进步意义的。首先，苏联经济区的划分是以经济原则为基础的，即该经济区应该以具有全国意义的专业化的综合经济体系为基础。这里的专业化是指以最少的耗费获得最高的社会生产率，并能在运输方面使区与区之间的联系达到最佳水平。其次，经济区的划分还充分考虑到了民族生活、文化特点和经济发展水平等因素。最后，经济区的划分还考虑到了各经济区经济发展的历史和今后发展的前景。

总的来说，经济区划理论的提出和经济区的划分在一定时期还是具有进步意义的。在该理论的指导下，苏联的经济发展从沙俄时期盲目、自发和混乱的状态，步入到有计划、按比例的发展轨道。经济区的核心生产部门被纳入整个国民经济的系统中，承担着不同的发展任务和经济职能。在国家统一计划的指导下，经济区成为苏联计划生产和管理生产的重要的地域组织形式。这种经济区域形式在俄罗斯联邦时期仍然存在，当然也发生了变化。

三、联邦区的划分与范围

苏联解体后,联邦中央与地方的行政关系被打乱,地方获得前所未有的权力,出现明显的分立倾向。为了加强对地方的管理和监督,以及协调中央与地方之间的关系,当时的总统叶利钦曾向各行政区派出总统代表,然而收效并不大。

普京执政后,于2000年5月13日签署了第849号总统令,批准了《俄罗斯联邦总统驻联邦区全权代表条例》。根据这一文件,俄罗斯联邦境内成立了7个联邦区。这7个联邦区分别是以莫斯科为中心的中央联邦区、以圣彼得堡为中心的西北联邦区、以顿河畔罗斯托夫为中心的南部联邦区、以下诺夫哥罗德为中心的伏尔加河沿岸联邦区、以叶卡捷琳堡为中心的乌拉尔联邦区、以新西伯利亚为中心的西伯利亚联邦区、以哈巴罗夫斯克为中心的远东联邦区。此后,联邦区的数量又发生了变化。2010年,当时的总统梅德韦杰夫签署命令,从南部联邦区分离出北高加索联邦区,其中心为皮亚季戈尔斯克。2014年,克里米亚联邦区成立,但该联邦区在2016年并入南部联邦区。各联邦区的经济地理、人口数量和民族特色也有所不同。在目前的8个联邦区中,中央联邦区的人口数量最多;远东联邦区的面积最大;乌拉尔联邦区和中央联邦区的各联邦主体中没有一个共和国;而北高加索联邦区的联邦主体则没有州的设置;伏尔加河沿岸联邦区的工农业产值在所有联邦区中居第一位;乌拉尔联邦区对国家财政收入的贡献最大。

俄罗斯各联邦区的负责人是俄罗斯总统全权代表,全权代表的作用是加强中央权力的垂直领导,特别是加强那些对地区经济社会发展有直接调节作用的权力的领导。其任务主要包括以下几个方面:组织实施国家政策的基本发展方针;对国家政策的执行情况进行监督;对联邦区经济社会发展状况形成报告;与地区经济互助协会共同制定本联邦区的经济社会发展联邦专项纲要;对联邦专项纲要和其他纲要的实施情况进行监督等。①

在联邦区建立之初,人们曾普遍担心总统代表和地方领导人之间会出现意

① Селивёрстов В. Е. Региональная политика, направленная на сокращение социально-экономической и правовой асимметрии[M]. Москва-Новосибирск,2002:436.

见相左的情况，从而加深中央和地方之间的矛盾。但联邦区发展的事实表明，普京这一加强联邦中央与地方关系的举措是正确的和有效的。总统代表确实起到了协调中央和地方之间的关系，以及指导和协调地区经济社会发展的作用。

通过对各联邦区范围的分析，我们可以发现，联邦区的划分与俄罗斯现行的经济区划布局有重合之处，但并不完全一致。

西北联邦区包括位于北方经济区的所有联邦主体（卡累利阿共和国、科米共和国、阿尔汉格尔斯克州、涅涅茨自治区、沃洛格达州、摩尔曼斯克州）和位于西北经济区的一些联邦主体（列宁格勒州、诺夫哥罗德州、普斯科夫州、加里宁格勒州）。该联邦区的范围包括俄欧洲北部和西北部，这种划分方式从地区经济和社会发展的角度来看是合理的。

中央联邦区包括位于中央经济区（布良斯克州、弗拉基米尔州、伊万诺沃州、卡卢加州、科斯特罗马州、莫斯科州、奥廖尔州、梁赞州、斯摩棱斯克州、特维尔州、图拉州、雅罗斯拉夫尔州）和中央黑土经济区（别尔哥罗德州、沃罗涅日州、库尔斯克州、利佩茨克州、坦波夫州）的联邦主体。这些地区因为拥有相似的自然条件、地理环境、人口特点和经济特点而被划为中央联邦区。

远东联邦区包括远东经济区的全部联邦主体［萨哈（雅库特）共和国、犹太自治州、楚科奇自治区、滨海边疆区、哈巴罗夫斯克边疆区、阿穆尔州、堪察加边疆区、马加丹州、萨哈林州、外贝加尔边疆区和布里亚特共和国］。

与经济区划分有较大区别的是北高加索联邦区、伏尔加河沿岸联邦区、乌拉尔联邦区和西伯利亚联邦区。

伏尔加河沿岸联邦区包括伏尔加－维亚特卡经济区所有的联邦主体（马里埃尔共和国、莫尔多瓦共和国、乌德穆尔特共和国、楚瓦什共和国、基洛夫州、下诺夫哥罗德州）、伏尔加河沿岸经济区的联邦主体（鞑靼斯坦共和国、萨马拉州、萨拉托夫州、奔萨州、乌里扬诺夫斯克州），以及乌拉尔经济区的一些联邦主体（巴什科尔托斯坦共和国、奥伦堡州和彼尔姆边疆区）。我们注意到，伏尔加河沿岸联邦区几乎包括了伏尔加－乌拉尔石油天然气产区的所有联邦主体。俄罗斯部分学者对该联邦区的划分存在争议。焦点在于，如果从经济地理的角度来看，可以同意把位于俄罗斯欧洲部分东部的联邦主体和位于伏尔加河中部的联邦主体统一到一个联邦区，但是把位于乌拉尔经济区的联邦主体放到这一联邦区就没有什么科学依据。并且,从地理位置上看,巴什科尔托斯坦共和国属于中乌拉尔地区,而奥伦堡州属于南乌拉尔地区。

南部联邦区原本包括北高加索经济区的联邦主体(阿迪格共和国、达吉斯坦共和国、印古什共和国、车臣共和国、北奥塞梯－阿兰共和国、克拉斯诺达尔边疆区、斯塔夫罗波尔边疆区、罗斯托夫州),以及属于伏尔加河沿岸经济区的一些联邦主体(卡尔梅克共和国、阿斯特拉罕州、伏尔加格勒州)。伏尔加河沿岸经济区的三个联邦主体位于俄罗斯南部伏尔加河下游地区,与西高加索和东高加索相邻。从地理、经济和交通特点来考虑,把这三个联邦主体划到北高加索联邦区境内是可行的。

2010年,北高加索联邦区成立后,达吉斯坦共和国、印古什共和国、卡巴尔达－巴尔卡尔共和国、卡拉恰伊－切尔克斯共和国、北奥塞梯－阿兰共和国、车臣共和国和斯塔夫罗波尔边疆区从南部联邦区分离出来,成为北高加索联邦区的组成部分。

乌拉尔联邦区包括属于乌拉尔经济区的库尔干州、车里雅宾斯克州。此外,秋明州、汉特－曼西自治区、亚马尔－涅涅茨自治区也从西西伯利亚经济区划入到乌拉尔联邦区。[①] 这一划分在俄罗斯学界也有争议,因为从地理位置来分析,秋明州位于西西伯利亚北部、鄂毕河和叶尼塞河之间,应属于西伯利亚联邦区。

西伯利亚联邦区包括西西伯利亚经济区的联邦主体(阿尔泰共和国、阿尔泰边疆区、克麦罗沃州、新西伯利亚州、鄂木斯克州、托木斯克州)和东西伯利亚经济区的联邦主体[布里亚特共和国、图瓦共和国、哈卡斯共和国、克拉斯诺亚尔斯克边疆区(包括泰梅尔自治区和埃文基自治区)、伊尔库茨克州(包括乌斯季－奥登斯基自治区和布里亚特自治区)]。

我们认为,从加强国家对地区经济社会发展的调节和对生产力布局的调控这两个角度来看,建立联邦区是完善俄罗斯垂直权力体系和统一经济空间的重要工具。

四、联邦主体的划分与范围

苏联解体后,俄罗斯采取联邦制,联邦主体的数量比苏联时期加盟共和国

① 20世纪60年代时,秋明州在经济区划分布中,从乌拉尔经济区划分到了西西伯利亚经济区。

的数量多出数倍，甚至大大超过沙俄时期省的数量。当时，俄罗斯联邦由89个联邦主体构成，其中有21个共和国、6个边疆区、49个州、2个直辖市、1个自治州和10个自治区。1993年俄罗斯宪法生效的时候，俄罗斯拥有89个联邦主体。经过一个时期的合并后，目前俄罗斯共有85个联邦主体。

一个国家内部同时存在6种不同的基层区划单位，这种情况在世界上也是少见的。而且，各联邦主体之间在地域、人口、资源、经济社会发展水平等方面也存在着前所未有的差异。这种状况给俄罗斯的政治、经济和社会带来许多问题，制约着国家经济的发展和社会的稳定。为了解决这些问题，俄罗斯开始进行联邦主体的合并工作。

（一）苏联时期的行政区划

十月革命后，饱受第一次世界大战之苦的俄罗斯又爆发国内战争，经济凋敝、百废待兴，没有形成对行政区划进行根本性改革的条件，因此新生的苏维埃政权仍沿用沙俄时期的行政区划。1922年末，俄联邦境内共有72个省、601个县、12 363个乡。国内战争结束后，苏联进入和平建设时期，原来的行政区划已不符合新时期经济建设的要求，因此苏联不断进行了改革和完善。

到苏联解体前夕，俄联邦共有6个边疆区、49个州、16个自治共和国、5个自治州、1 834个区、10个民族自治区、1 030个城市、396个城市区、2 176个镇和23 107个村。

（二）俄罗斯联邦的行政区划

1993年，俄罗斯联邦中央分别与不同类型的联邦主体进行谈判，并分别与它们签订了联邦条约。该条约赋予了俄罗斯联邦主体的地位。联邦主体在法律上不再仅仅是行政区划单位，而是获得了前所未有的立法权，可以与联邦中央分享自然资源使用权、税收权等许多权利。各联邦主体的领导人不再由联邦任命，而由地方居民选出（普京时期改为总统提名制）。领导人名称和政府机构名称也自行确定，有的叫行政长官，有的叫州长等，俄罗斯形成了民族自治区与行政区共存的混合型联邦制。

俄罗斯联邦宪法赋予联邦主体对本地区经济事务的管理权。它们有对本地区预算的管理权，可以通过立法对本地区的税收体系施加影响，如实行税收优惠政策，还可以制定本地区的经济社会发展纲要和投资纲要。虽然宪法宣称奉行各联邦主体权利平等的原则，但是实际上各联邦主体在政治和经济领域拥有的权利都是不同的。

(三)联邦主体的合并问题

对于俄罗斯这个国家来说,划分成89个“主体”确实显得过于零碎,联邦主体成员的数量过多在客观上造成了两个不平等,即联邦主体规模相差悬殊和法律地位不平等。就面积而言,面积最小的北奥塞梯－阿兰共和国只有8 000平方千米,而面积最大的萨哈(雅库特)共和国为3 103 200平方千米,后者是前者的387倍多;就人口规模而言,人口最多的莫斯科州有6 345 800人(2001年),人口最少的埃文基自治区只有18 500人;就经济规模而言,名列前10位的联邦主体集中了全俄约45%的国内生产总值。更有甚者,同为联邦主体,有9个自治区同时又是另一个联邦主体的组成部分。如亚马尔－涅涅茨自治区和汉特－曼西自治区在行政区划上隶属于秋明州,泰梅尔自治区(多尔干－涅涅茨)和埃文基自治区在行政区划上隶属于克拉斯诺亚尔斯克边疆区,乌斯季－奥登斯基自治区和布里亚特自治区在行政区划上隶属于伊尔库茨克州,科里亚克自治区隶属于堪察加州,阿加布里亚特自治区隶属于赤塔州,科米－彼尔米亚克自治区隶属于彼尔姆州,涅涅茨自治区隶属于阿尔汉格尔斯克州。行政区划上的重叠管理衍生出一系列经济、贸易、移民问题。

为了加强管理,2003年俄罗斯开始了联邦主体的撤并试点工作。合并过程包括:2004年,俄罗斯通过了将彼尔姆州和科米－彼尔米亚克自治区合并,成立彼尔姆边疆区的宪法性法律,俄罗斯联邦主体变更为88个;2005年,俄罗斯将克拉斯诺亚尔斯克边疆区和泰梅尔(多尔干－涅涅茨)自治区、埃文基自治区合并,俄罗斯联邦主体减少到86个;2005年4月5日,普京主持了合并伊尔库茨克州和乌斯季奥尔登斯基布里亚特自治区的会议,俄罗斯联邦主体减少到85个;犹太自治州位于哈巴罗夫斯克边疆区的领土内,有时在统计时把这两个联邦主体当成一个,所以俄罗斯联邦主体就成了84个;2008年3月,赤塔州和阿加布里亚特自治区组成外贝加尔边疆区。

俄罗斯联邦的85个联邦主体包括:

(1)22个共和国:阿迪格共和国(阿迪格)、阿尔泰共和国、巴什科尔托斯坦共和国、布里亚特共和国、达吉斯坦共和国、印古什共和国、卡巴尔达－巴尔卡尔共和国、卡尔梅克共和国－哈利姆格坦格奇、卡拉恰伊－切尔克斯共和国、卡累利阿共和国、科米共和国、马里埃尔共和国、莫尔多瓦共和国、萨哈(雅库特)

共和国、北奥塞梯－阿兰共和国、鞑靼斯坦共和国（鞑靼斯坦）、图瓦共和国、乌德穆尔特共和国、哈卡斯共和国、车臣共和国、楚瓦什共和国、克里米亚共和国；

（2）9 个边疆区：阿尔泰边疆区、克拉斯诺达尔边疆区、克拉斯诺亚尔斯克边疆区、滨海边疆区、斯塔夫罗波尔边疆区、哈巴罗夫斯克边疆区、彼尔姆边疆区、堪察加边疆区、外贝加尔边疆区；

（3）46 个州：阿穆尔州、阿尔汉格尔斯克州、阿斯特拉罕州、别尔哥罗德州、布良斯克州、弗拉基米尔州、伏尔加格勒州、沃洛格达州、沃罗涅日州、伊万诺沃州、伊尔库茨克州、加里宁格勒州、卡卢加州、基洛夫州、科斯特罗马州、库尔干州、库尔斯克州、列宁格勒州、马加丹州、莫斯科州、摩尔曼斯克州、下诺夫哥罗德州、诺夫哥罗德州、新西伯利亚州、鄂木斯克州、奥伦堡州、奥廖尔州、奔萨州、普斯科夫州、罗斯托夫州、梁赞州、萨马拉州、萨拉托夫州、萨哈林州、斯维尔德洛夫斯克州、斯摩棱斯克州、坦波夫州、特维尔州、托木斯克州、图拉州、秋明州、乌里扬诺夫斯克州、车里雅宾斯克州、雅罗斯拉夫尔州、利佩茨克州、克麦罗沃州；

（4）3 个联邦直辖市：莫斯科、圣彼得堡、塞瓦斯托波尔市；

（5）1 个自治州：犹太自治州；

（6）4 个自治区：涅涅茨自治区、楚科奇自治区、亚马尔－涅涅茨自治区、汉特－曼西自治区。

我们认为，联邦主体的合并有效地加强了联邦中央对地区的管理，特别是加强了对区域经济政策实施情况的监督和管理。

五、地区经济互助协会

俄罗斯还存在一个调节地区经济发展的组织形式，即俄罗斯联邦地区经济互助协会。

在俄罗斯经济转轨后，联邦政府不再通过下达指令性计划对经济进行直接管理，而改为进行间接调控。这使得在计划经济体制下建立的经济区失去了运行平台。虽然迄今为止俄罗斯并未废除以前的经济区，但是它的一些弊端在经济转轨之后已经暴露出来，例如以前在各经济区之间进行的专业化分工完全没有考虑经济区内部的经济协调发展问题。以远东经济区为例，该经济区在苏联时期的劳动分工中被确定为全国的原料基地和国防工业基地，因此采掘业和国防工业发达，而农业和轻工业落后，所生产的原料必须运到国家西部地区去进行深加工。其经济与社会发展必须依靠联邦中央强大的财政支持。居民生活水平略高于全俄水平。然而在向市场经济转轨后，联邦中央已不能向远东提供以往的财政支持，这就使得这个离中央最远的经济区陷入更深的危机之中。由于运费暴涨，该地区生产的矿石、木材、海鱼等初级产品难以销往西部地区，该经济区与西部地区生产合作的链条几乎完全断裂。该经济区被排挤出俄罗斯和独联体市场。该地区发展滞后的农业和轻工业难以保证居民的供应，这迫使该地区开始拓展国外市场。其他一些经济区也都面临诸如对外经济联系中断、经济部门不配套等计划经济体制留下的问题。为了克服经济危机、增加向联邦中央施加压力的力度，许多联邦主体自动联合起来，建立起新型的跨地区经济合作组织，即地区经济互助协会。

自1990年西伯利亚19个联邦主体建立了西伯利亚经济互助协会起，到1996年成立有9个联邦主体参加的西北地区经济互助协会为止，全俄共建立了8个地区经济互助协会。协会的基本活动分为两个方向：一是在大区经济发展问题上协调各地方政府之间的关系，力争在大区范围内实行统一的政策；二是在协商的基础上与中央政府就地区发展的所有问题展开对话，在地区经济权利问题上，以及在地区发展的资源划分问题上对中央政府施加影响，等等。目前，俄罗斯境内的8个地区经济互助协会几乎涵盖俄罗斯全境，协会的地理范围与大型经济区的范围基本相同。8个地区经济互助协会分别是西北经济互助协会、俄罗斯中部州区经济互助协会、黑土地区经济互助协会、大伏尔加地区经济互助协会、北高加索地区经济互助协会、大乌拉尔地区经济互助协会、西伯利亚地区经济互助协会、远东和外贝加尔地区经济互助协会。

我们认为，俄罗斯地区经济互助协会的建立在一定程度上反映了组建新的地区经济互助体系和地区间市场的要求。最初，协会的主要工作是制定和实施相关地区的经济社会发展纲要。1999年12月，《俄罗斯联邦主体地区经济互助协会组织和活动基本原则法》开始实施。根据这一联邦法，协会被确定为非商业性组织，组织者为各联邦主体的国家权力机关，建立的原则为自愿原则，目的是实现地区一体化和联邦主体经济社会的快速发展。①

① Евстигнеева Л. П., Евстигнеев Р. Н. Глобализация и регионализм: уроки для России[J]. Общественные науки и современность, 2004(1).

此外,地区经济互助协会的组织工作也比较完善,每个地区经济互助协会都有自己的章程,确定了各成员的权利和义务。同时,每个协会还有两个核心机构。一个是作为最高代表机构的协会委员会,其功能是解决协会在发展中面临的最现实的问题,如地区发展纲要的制定等。另一个是协调委员会,该委员会成员包括专家、学者和管理人员等,该委员会从专业的角度解决相关问题。地区经济互助协会委员会成员为各联邦主体权力机关和立法机关的领导人,因此地区经济互助协会不仅在经济上对相关地区起着领导和协调作用,而且在地区的政治一体化进程中也发挥着不可低估的作用。

第二节　俄罗斯各地区主要经济社会指标存在差异

俄罗斯经济发展具有明显的地区差异性。85 个联邦主体的经济社会发展水平有明显的差距。85 个联邦主体有各自的资源禀赋特征和产业特征。从总体上说,市场经济国家摆脱经济衰退的办法是扩大内需、国家调控和拉动投资。目前人们普遍认为,由 2014—2015 年国际价格危机引发的俄罗斯经济衰退已于 2016 年结束。在此期间,由于国际石油价格急剧下降,个人需求在短期内明显下降。在 2014 年石油价格危机之前,投资已经开始萎缩,这表明俄罗斯经济出现了结构问题和制度问题。2017 年,俄罗斯国内生产总值保持 2% 左右的增长速度。2018 年第二季度,固定资产投资速度加快。虽然经济衰退已经停止,居民的工资收入也保持稳定,但是实际收入水平却继续下滑,居民购买力水平较低。但在工业产值较高的发达地区,经济发展的向好势头也逐渐显现出来,各地区的经济社会指标存在差异。

一、2013—2016 年俄罗斯的主要经济指标①

近年来,俄罗斯国内生产总值的增加值结构十分稳定。农业(由 2013 年的 3.4% 提高到 2016 年的 4.5%)和制造业(由 0.7% 提高到 13.7%)在总体结构

① Динамика основных экономических показателей России в 2013 - 2016 гг. [EB/OL]. https://popecon.ru/otrivki/347 - dinamika - osnovnyh - ekonomicheskih - pokazatelei - rossii - v - 2013 - 2016 - gg.html.

中所占的比重明显增长。2013—2016 年保持稳定增长的行业包括农业、社会保险和制造业。

在经济衰退期,很多重点行业均出现负增长。2013 年下半年开始的整体投资停滞使建筑业步入危机。危机前启动的项目尚能让 2014 年和 2015 年住宅完工的数量达到历史新高,但却无法改变增加值下降的事实。建筑业在国内生产总值增加值中所占的比重从 2013 年的7.0% 下降到 2016 年的 0.3%。不动产业务在国内生产总值增加值中所占的比重下降到 2016 年的 0.6%。经过 2013 年的高峰值之后(同比增长 6.3%),不动产行业受危机影响严重,2015 年的实际增加值同比下降0.5%。在经济整体衰退的大趋势下,2015 年和 2016 年贸易也出现明显下滑的趋势,实际增加值同比分别下降8.8% 和 3.1%。2013 年,贸易在国内生产总值增加值中所占的比重为 16.2%,而到 2016 年下降到 16.0%。交通和通信业经过 2013—2015 年的下滑后,到 2016 年开始回升,但下滑期间在经济增加值中所占的比重仅下降 0.2%,2016 年所占的比重为 7.8%。金融行业的变化幅度最大,2013 年实际增加值增长 12.3%,而 2015 年下降了 6.0%。

在 2017 年前两个季度,开采业是俄罗斯同比增长最快的行业,其中石油、天然气、煤炭的开采量都在增长,原料出口量也在增长。零售业对 2017 年第二季度国内生产总值快速增长的贡献最大,零售业同比增长 4.7%。从 2017 年 3 月起,非食品类零售业开始增长,食品类商品则在 2017 年 7 月恢复增长,这表明零售行业会继续对经济增长做出贡献。出口增长推动了石油管道运输和铁路运输业的发展,使运输和仓储业的增加值提高了 3.7%。对经济增长起推动作用的行业还有不动产业(增加了 2.7%)、制造业(增加了 1.2%)、金融保险业(增加了2.7%)和建筑业(增加了 2.8%)。2017 年,建筑业经过第一季度下滑 4.5%之后,在第二季度增长了 2.8%。2017 年第二季度基础设施投资规模扩大是建设市场复苏的原因。

2015—2016 年,俄罗斯经济经历了衰退期(2015 年经济增长 2.8%,2016 年经济增长 0.2%),其原因是货币危机的出现、国际市场能源价格的急剧下降和复杂的地缘政治局势的出现。2015 年和 2016 年,国内生产总值中的个人需求分别下降了 8.1% 和 3.5%,但净出口的增长对缓解国内生产总值下降的状况起到了显著的作用。2016 年,俄罗斯统计局对 2014 年、2015 年和 2016 年前两个季度的国内生产总值增长速度的数据进行了重新修订，修订后的指标有所下降。2017 年第二季度，经济同比增长 2.5%，这是 2013 年第四季度以来的最高增速。

根据俄罗斯统计局的数据，2017 年第二季度国内生产总值同比增长了 2.5%。经过七个季度的持续下滑之后，2017 年第三季度国内生产总值继续保持增长势头（2017 年第一季度增长了 0.5%，2016 年第四季度增长了 0.3%）。在经济增速明显的背景下，各行业均开始好转。拉动经济增长的主要因素是石油出口数量增加。2017 年第二季度，乌拉尔石油每桶价格平均为 48.3 美元，比去年同期提高了 11%。

2017 年年初进出口水平均开始提高（主要原因是石油价格稳定）。2017 年 6 月，出口同比增长 22.8%，进口同比增长 30.2%。2017 年 7 月，工业产值连续 5 个月保持增长，当然增幅并不明显，工业产值比去年同期增加了 1.1%。工业产值增长缓慢的原因是制造业产量下降（6 月增长了 2.9%，7 月则下滑了 0.8%），以及公共事业下滑（6 月下降了 0.3%，7 月下降了 4%）。虽然速度放缓，但开采业（6 月增长了5.2%，7 月增长了 4%）和电力行业（6 月和 7 月分别增长了 0.6% 和 0.1%）继续保持增长。俄罗斯统计局的数据表明，排除年度因素和季节因素，工业产值在 2017 年 6 月同比增长 0.5% 之后，在 2017 年 7 月下降了 1.1%，其中开采业增长了 4.0%，天然气行业增长了 0.1%，制造业下降了 0.8%。

根据 2017 年第二季度的数据，俄罗斯工业产值的增长速度提高到 3.8%（比第一季度同比提高 0.1%），其主要原因是制造业快速发展。2017 年前 7 个月，零售贸易额增长趋势向好，其中 7 月同比增长 1.0%。如此长时间的增长，不仅和非食品类商品贸易额上涨（2017 年 6 月同比增长 1.9%，前 7 个月增长 1.0%）有关，也和食品类商品贸易额上涨（2017 年 7 月增长 0.1%，前 7 个月下降1.5%）有关。但是，前 7 个月零售贸易额整体下降 0.2%。2017 年 7 月居民付费服务总额同比下降 0.8%，2017 年 6 月份降幅最大。

从总体上看，当前在俄罗斯经济复苏中起主导作用的是开采业（由于世界能源价格上涨和石油天然气出口数量增加）和零售业（主要是由于汽车销售额上涨带动了整个行业贸易额的增长）。

二、经济指标的地区差异①

根据俄罗斯统计局2015年的数据,地区产值对国内生产总值的贡献率为78.1%。2014—2015年地区产值的走势要好于国内生产总值。统计数据表明,2014年俄罗斯地区产值可比价格仅下降0.6%,而国内生产总值则下降2.8%。从总体经济指标来看,2014—2015年,俄罗斯各地区生产总值的走势好于国内生产总值。根据俄罗斯统计局的数据,2015年地区总产值可比价格同比下降0.6%,而国内生产总值则下降2.8%。按照分析中心的地区分类标准,几乎所有地区的产值均有所下降,但也有例外,如以制造业为主的发达地区2015年的产值与2014年持平,而以原料生产为主的欠发达地区的产值则增长了1.5%。

1. 经济下滑背景下地区产值差异明显②

从各联邦区的数据来看,2013—2015年,南部联邦区的地区产值增幅不大,仅提高了0.46%;中央联邦区和伏尔加河沿岸联邦区的地区产值降幅最大,分别下降了0.47%和0.41%。从地区产业结构分类来看,以制造业为主的发达经济区的增幅最大,为0.64%;降幅明显的是一些金融经济中心所在的地区。

2015年的人均地区生产总值也表现出地区差异。乌拉尔联邦区的人均地区生产总值为73万卢布;中央联邦区的人均地区生产总值为58.2万卢布;北高加索联邦区的人均地区生产总值为17.6万卢布;莫斯科的人均地区生产总值为110.3万卢布;汉特－曼西自治区的人均地区生产总值为193.7万卢布。后两个地区对俄罗斯地区生产总值的贡献最大,人均值也是最高的。从地区产业结构分类来看,数字最高的是经济高度发达的地区。其中,能源出口导向型地区的人均值为161.3万卢布,金融经济中心所在地区的人均值为79.9万卢布,而以农业为主的欠发达地区的人均值仅为15.8万卢布。但应该注意的是,地区产值排名前10位的地区所创造的产值占比51%。这表明,这些地区的经济走势决定了俄罗斯经济的总体发展趋势。

与2013年相比,2014年大多数经济发展较快的地区也开始放缓增长速度,

① Росстат:Основные макроэкономические показатели 2016 года[EB/OL]. http://torg prominfo. com/statisti-ka/rosstat-osnovnye-makroekonomicheskie-pokazateli-2016 – g/.

② БГД-Социально-экономическое положение России – 2017 г. [EB/OL]. https://gks. ru/bgd/regl/b17_01/Main. htm.

莫斯科、莫斯科州和斯维尔德洛夫斯克州的经济发展速度降至0%左右。汉特－曼西自治区没有保持2011年开始的增长势头,2012—2015年可比价格下降4.9%。相邻的亚马尔－涅涅茨自治区是排名前10位的地区中唯一保持经济快速增长的地区(从2013年的3.9%提高到2014年的5.7%)。

2015年,排名靠前的地区的产值情况如下:莫斯科市下降2.1%;汉特－曼西自治区下降1.8%;克拉斯诺达尔边疆区下降1.6%;亚马尔－涅涅茨自治区下降1.9%;斯维尔德洛夫斯克州下降2.7%;克拉斯诺亚尔斯克边疆区下降2.2%;巴什科尔托斯坦共和国下降1.7%。产值增长的地区是莫斯科州和圣彼得堡市。但由于莫斯科市所占的比重过大(占2015年国家地区总产值的20.8%),作为金融经济中心的首都地区的产值整体减少0.8%。

2. 金融中心地区和原料出口地区的收入稳中有升①

根据俄罗斯统计局的数据,2016年居民实际收入同比下降5.6%,2015年下降4.1%,2014年下降0.5%。目前,使用更广的评价数据是实际可支配收入,即扣除必要支出和费用之后的收入。由于俄罗斯统计局对各地区可支配收入的统计按年进行,我们只能对实际收入进行分析。

2016年,居民工资收入同比增长0.7%,这避免了整体收入水平的下滑。居民收入(固定收入和经营性收入)下降导致个人需求不足,这首先表现为购买力下降。2016年,零售贸易可比价格同比减少4.6%,2009年以后减幅最大的年份是2015年。

2016年,俄罗斯居民逐渐适应了2015年恶性通货膨胀所引发的严重后果。商品零售总额同比降低4.6%,而居民实际收入减少5.6%。虽然差距不太大,但是这表明,通常在经济衰退过程中发挥作用的需求保护模式在俄罗斯逐渐不起作用。2017年上半年的走势也表现出这一特点。虽然自2016年第四季度起国内生产总值开始增长,但是很多经济指数都表现出震荡的态势,这成为这一时期经济发展的典型特点。

俄罗斯社会发展和地区发展不平衡也表现为,只有金融经济中心所在地区和原料出口导向型地区的人均实际收入水平高于全俄平均水平。2014年,在居民实际收入开始下降的大环境下,俄罗斯平均收入仍保持小幅上涨的趋势。从

① БГД-Социально-экономическое положение России－2017 г.［EB/OL］. https://gks.ru/bgd/regl/b17_01/Main.htm.

地区差异的角度来分析，收入上涨地区主要为能源出口导向型地区、以制造业为主的发达地区、以农工生产为主的地区、以农业为主的欠发达地区。2015—2016 年，所有地区的居民实际收入都出现下降的趋势。降幅最大的是以原料生产为主的欠发达地区和以原料出口为主的地区，降幅较小的是金融经济中心所在的地区和欠发达农业区。

3. 各地区零售业呈现出整体复苏的迹象①

2016 年，所有地区的零售贸易额都在下降，但各地区零售贸易额下降的速度都低于实际收入缩减的速度。9 个地区的零售贸易额出现增长的趋势（其中 7 个地区的实际收入也表现为增长，这两个指数都增长的地区有 2 个）。在全俄位于前列的地区有塞瓦斯托波尔市、莫斯科州、列宁格勒州和别尔哥罗德州。

2016 年，俄罗斯各地区的居民实际收入与零售贸易额之间的关系有所加强。在 85 个联邦主体中，这两个指数之间的正增长比例由 2015 年的 0.55 提高到 0.65。这表明，消费者能清醒地了解自己的经济状况，进行理性消费。零售贸易额与居民实际可支配收入的对比指数为 0.43，零售贸易额与实际工资收入的对比指数则为 -0.17。

2016 年，全俄 30% 以上的零售贸易发生在 4 个地区，这表明居民实际收入与零售贸易的发展变化相似。其中，这两个指数在莫斯科都下降了 7%—8%；而克拉斯诺亚尔斯克边疆区和圣彼得堡市的零售业增长了 0.1%—0.2%，收入水平下降了 2%。2017 年零售贸易额上涨地区的数量增加了。但总体的发展情况与 20 世纪发达国家的情况相似，即从早期复苏的无序性转变为行业与地区共同发展。

根据俄罗斯统计局的数据，2017 年上半年有 36 个地区的商品零售额出现增长的趋势，有 42 个地区的居民收入出现增长的趋势，贡献最大的地区有莫斯科州、圣彼得堡市、鄂木斯克州、巴什科尔托斯坦共和国和鞑靼斯坦共和国。排名靠后的是斯维尔德洛夫斯克州、车里雅宾斯克州、莫斯科和罗斯托夫州。

在高度发达地区和发达地区，相比于居民实际收入的紧缩，零售贸易额下滑得极其缓慢。欠发达地区的实际收入开始增长，而零售贸易继续萎缩。以开采业为主的发达地区是唯一能在 2016 年第一季度之前保证零售业贸易额增长

① БГД-Социально-экономическое положение России – 2017 г. [EB/OL]. https://gks.ru/bgd/regl/b17_01/Main.htm.

的地区，其中巴什科尔托斯坦共和国的增幅最大，为3.8%。

4. 各地区非食品类商品销售额出现增长的趋势①

不同类别的支出对危机的反应不同。通常来说，在危机状态下，自主支出（满足基本生活需求以外的支出）会下降，而对食品类商品的购买力会提高，这对于贫困居民来说更是如此。

2013—2014年，食品类商品在零售业中所占的比重稳定在47%，但到2015年增长到48.7%（这是20世纪80年代以来的最高值）。其主要原因是非食品类商品销售比重急剧下滑，而2016年食品类商品销售比重小幅下降。2017年，食品类商品在零售业中所占的比重继续小幅下降：1—7月同比下降0.55%，占比48.38%（2016年同期占比48.93%）。这表明俄罗斯逐渐恢复到危机前的需求结构。

2015年，在俄罗斯，无论是首都地区还是所有发达地区，食品和非食品类商品销售额的降幅最大。2016年下降趋势仍在继续，仅在以农业为主的欠发达地区，食品类商品销售额有所上升。2017年，非食品类商品销售额首次出现增长的趋势。

2016年，以制造业为主的发达地区、以农工生产为主的地区、以农业为主的欠发达地区的食品类商品所占的比重有所提高，其他地区有所回落。如早在2013年，在以农业为主的欠发达地区，食品类商品在零售结构中所占的比重是最低的（不到45%，原因在于食品可以自主生产），但从2016年起，所占比重开始提高。这表明危机促使不同类型地区的发展指数越来越接近。对于乌德穆尔特共和国（占25%）和印古什共和国（占35%）这两个不太发达的农业地区来说，这项指数的意义并不太大，因为当地的基本生活需求可以依靠家庭生产来满足。而圣彼得堡所占的比重（36%）并不太大，莫斯科市（53%）和莫斯科州（48%）的指数则接近全俄平均水平。食品类商品的销售额在零售额中所占比重较大的现象出现在金融经济中心所在的地区，这表明这些地区的收入水平并不平衡，大量外来人口流入这些地区。占比最大的地区是自然条件恶劣的富裕地区，楚科奇自治区占75%，涅涅茨自治区占68%，堪察加边疆区占62%，哈巴罗夫斯克边疆区占60%，摩尔曼斯克州占59%。

① БГД-Социально-экономическое положение России – 2017 г. [EB/OL]. https://gks.ru/bgd/regl/b17_01/Main.htm.

5. 各地区固定资产投资结构与变化①

2015—2016 年，发达地区的投资下降。投资下降主要发生在下诺夫哥罗德州、克麦罗沃州、斯维尔德洛夫斯克州、新西伯利亚州、萨马拉州和车里雅宾斯克州。

2017 年上半年固定资产投资上涨。这主要是由以下地区拉动的：金融经济中心所在地区上涨 9.9%，原料出口导向型地区上涨 5.4%，农工类型地区上涨 10.5%。降幅最大的地区是以开采业为主的发达地区。

2014—2016 年投资降幅最大的地区主要是中等发达地区。原因是 2011—2013 年投资水平过高，基数大。2011—2013 年出现了一些超大型的投资项目，如滨海边疆区的 APEC 峰会。2015—2016 年投资降幅居第二位的地区是发达地区。

第三节　影响俄罗斯地区经济社会发展的主要因素

在俄罗斯经济转轨时期，地区利益矛盾的深化、地区间经济伙伴关系的弱化、地区间市场的无力扩大等现实，对经济发展产生了消极后果。俄罗斯学者 П. 谢苗诺夫认为，对于不同地区的居民来说，实际的不平衡已经打破了社会公平的原则。②在俄罗斯，同一产品的价格、同一职业的劳动工资、同一资本在不同生产中的利润率，以及失业率和劳动力缺乏程度等都存在地区差异。这说明，由于产品市场、劳动力市场和资本市场之间存在着巨大的差异，地区生产要素和生活水平都无法达到均衡的状态。如果要防止地区间的差异进一步加大，减少贫困线以下人口的数量，俄罗斯就要创造条件来加快落后地区的经济发展。③

一、地区分化加剧

在经济转轨过程中，俄罗斯出现了一大批经济发展缓慢的地区。在俄罗斯

① Инвестиции в основной капитал по данным Росстат [EB/OL]. https://rosinfostat.ru/investitsii-v-osnovnoj-kapital/.

② Семенов П. Актуальные проблемы регионального развития[J]. Экономист, 2004(6).

③ Суслов В. И., Ершов Ю. С. Межрегиональные экономические отношения в годы реформ: состояние и перспективы[J]. Регион: экономика и социология, 2002(2).

的经济文献中,这类地区被称为问题地区或萧条地区。在很长一段时间内,俄罗斯在推动问题地区的发展方面并没有取得明显的进步,主要原因有四个。

第一,在1992年以前,苏联实际上不存在问题地区这种提法。当然,问题地区是存在的,但这只作为中央在“五年计划”中应该解决的问题。因此,在经济转型过程中出现的问题地区或萧条地区是一个新事物。俄罗斯对于解决这一问题缺乏理论、方法和实践上的充分准备。

第二,无论是苏联时期,还是俄罗斯时期,都没有制定出问题地区或萧条地区经济发展的统一规划,这也成为地区差异问题日益严重的主要原因。

第三,俄罗斯理论界表现出对问题地区的兴趣,但是对地区经济社会状况分析得不够深入,这影响了行之有效的区域经济政策的制定。

第四,无论是俄罗斯的政界还是学术界,都没有对问题地区进行严格的界定。

虽然如此,有一点却很明确,俄罗斯在解决地区差异问题上所采取的最重要的措施就是实施区域经济政策。为了更有效地利用这一调节工具,必须对问题地区的起源和结构进行深入研究。什么样的地区是区域经济政策的实施对象?哪些地区是区域经济政策优先考虑的对象呢?

我们要了解区域经济学对问题地区所下的定义。问题地区又称为问题区域,是由中央政府区域管理机构依据一定的规则和程序确定的受援对象,是患有一种或多种区域病且若无中央政府援助则难以靠自身力量医治这些病症的地区(区域)。① 问题地区通常分为三类,但俄罗斯主要存在两类问题地区,即萧条地区和落后地区。

落后地区包括经济结构以农业为主的区域、地理位置偏远的区域、自然条件差的区域等。这类区域不具备工业化的条件,或者说长期处于较低的经济社会发展水平上。萧条地区主要是经济结构以传统的衰退产业为主的区域。这类区域的特点是主要产业衰退、竞争力急剧下降、经济结构老化等。

目前,俄罗斯对问题地区的确定以两个指标为基准,即地区居民的生活质量和地区经济的发展水平。② 其中,地区居民的生活质量包括失业率、平均收

① 张可云. 区域经济政策[M]. 北京:商务印书馆,2005:13.

② Минакир П. А. Пространственные трансформации в российской экономике[М]. Москва: Экономика, 2002:170.

入、居住条件、基本社会设施、教育和医疗保障,以及环境状况。地区经济的发展水平包括人均地区总产值、行业结构、出口生产和基础设施的发展等。同时,俄罗斯对地区的生产下降指数、失业率、地区工业生产潜力、居民平均收入等规定了最低标准。低于这一标准的地区就被视为萧条地区或落后地区。

此外,根据地区预算的构成,俄罗斯所有地区可以划分成三种类型。

第一类是供血地区,也就是可以依靠自身的力量解决经济社会问题的地区。这类地区的税收不仅可以满足自身的需要,还可以为联邦预算做贡献。

由于具有经济上的优势,供血地区在俄罗斯联邦的作用是举足轻重的。生活在这类地区的居民也可得到实实在在的福利。这表现在以下三个方面。第一,这类地区的工资水平较高,地方政府可以向贫困家庭和退休人员提供更多的福利。第二,社会公共设施得到较好的发展,而各类商业银行也倾向于向这类地区提供贷款。第三,地方官员的工资待遇和其他福利待遇较高,工作积极性也随之高涨。

第二类是地方预算需要国家补贴的地区。这类地区的收入不能完全满足本地区的预算支出,因此这类地区需要伸手向国家要钱。

出现这种状况的原因有很多,如当地没有可以增加预算收入的地下矿产资源、各类生产部门发展薄弱、交通设施不完善等。当然,地方政权管理不力也是经济发展不佳的原因之一。

第三类地区是既不需要国家补贴,也没有对国库做出贡献的地区。目前,俄罗斯此类地区的数量在增加。那些主张加强中央政权垂直管理的人士认为,应该加强中央政府对这类地区的管理。

俄罗斯直接通过预算拨款来消除各地区在经济社会发展方面存在的差异,预算拨款主要用于居民的退休金、各类补贴和社会性支出。而其他支出则需要地方财政自己解决。

在所有联邦制国家中,俄罗斯的地区数量是最多的。俄罗斯宪法没有直接指明各联邦主体在经济领域的权利的差异。但以下两种特殊情况的存在间接地表明不同主体在经济发展中处于不同的地位。一是构成比较复杂的联邦主体。这样的联邦主体一般为州或边疆区,但也包括一些自治区,因此国家预算收入不得不在这些联邦主体的内部重新进行分配,它们自然就会产生利益之争。二是由中央直接管理的直辖市。俄罗斯有两个这样的城市,即莫斯科和圣彼得堡。这两个城市在地理位置上应属于莫斯科州和列宁格勒州，但它们的实际地位已经超越了这一地理界限。这也就衍生出了一些问题。当然，这种现象在其他国家也存在。

我们认为，从原则上说，联邦主体的不同地位与其经济发展水平并没有什么必然的联系。每一个集团内都有经济发展水平高的地区，也有经济落后的地区。但俄罗斯的地区差异却有着自己的特点，俄罗斯的边疆区和州的经济发展水平较高，而大部分民族自治共和国或民族自治区的经济发展水平却一直较低。自治共和国中只有科米共和国、鞑靼斯坦共和国、巴什科尔托斯坦共和国和萨哈（雅库特）共和国的经济发展水平较高。主要原因是这些共和国境内拥有丰富的自然资源，前三个共和国境内拥有丰富的石油和天然气资源，后一个共和国境内盛产金刚石。此外，这些共和国从联邦中央获得的优惠政策也使它们的经济潜力得到较大的发挥。在民族自治区中最富有的是汉特－曼西自治区、亚马尔－涅涅茨自治区和涅涅茨自治区，这主要是因为这些自治区境内的石油开采业比较发达。

二、地区差异产生的原因

俄罗斯联邦各地区在生产力布局和经济社会发展水平上存在着很大的差异。这些差异产生的原因主要有以下几个方面。

（一）自然地理因素

自然地理条件（如北部地区气候条件严酷，大部分地区为冻土地带、沼泽地带和地震高发区）的恶劣导致经济地理布局不合理，进而造成了居民分布的不平衡。同时，相关地区的经济结构单一、经济基础设施不完善和人口密度低等问题，也使得各地区之间的差距加大。

（二）体制和机制因素

体制和机制因素对地区差异的影响主要表现在布局方面。众所周知，在传统的计划经济体制下，苏联在区域经济管理上采取了国家主导的发展模式。基于应对战争和平衡经济发展的需要，国家把发展的重点放在了中部地区和东部地区，进行了大规模的基础设施建设，而西部原有的发达地区却因为缺少应有的投资而受到阻碍。在经济转轨后，资源配置开始依据市场原则进行，西部地区因为人口众多、城市分布相对集中、科学技术水平较高、购买力较为旺盛而被众多投资者看好。东、西部的差距又开始加大。

(三)历史文化因素

这表现在地区开发和移民特点上。与发达国家相比,俄罗斯人口平均密度低,每平方千米8.7人,且人口分布极其不均衡。俄罗斯欧洲部分和亚洲部分之间、北方和南方之间,以及中央地区和边远地区之间形成了鲜明的对比。在俄罗斯欧洲部分,占比25%的领土上居住的居民超过国家总人口数的78%。在俄罗斯的亚洲部分,占比75%的领土上只有不到22%的居民,其人口密度只是欧洲部分的1/11。以圣彼得堡—基洛夫—叶卡捷琳堡—鄂木斯克—托木斯克—克拉斯诺亚尔斯克—伊尔库茨克—赤塔—哈巴罗夫斯克这条线为分界线,俄罗斯北部和南部的差异也很大。在南部,占比26%的领土上居住着95%的居民,而北部则只有5%的居民。

三、地区差异的解决途径

通过以上分析我们认为,与计划经济时期相比,20世纪90年代的改革给俄罗斯经济带来的巨大改变不仅表现在各个行业内部,而且也表现在各地区的宏观经济指标上。在苏联时期,拥有国民经济发展所需资源的地区的经济发展水平在总体上呈逐步上升的趋势。这很容易理解,因为苏联时期的经济发展速度是由生产要素决定的(如自然资源、劳动力资源、生产基金和工艺水平等),并且经济的计划性使各地区的需求都能得到满足。俄罗斯的东部和北部地区拥有相对丰富的未开采和未运出的自然资源。这些资源是在上述地区建立新的资源开采和加工企业的主要因素,而生产的高投入和产品向其他地区的运输也无疑会推动其他相关产业的发展。

在俄罗斯市场经济改革初期,地区工业生产结构发生了相对合理的改变。其中,轻工业和机械制造业的下降速度是创纪录的,而天然气工业和电力工业的下降速度最慢。价格是引发地区工业生产结构发生巨大转变的另一个重要因素。从总体上来说,俄罗斯东部和北部地区的工业在很大程度上对外部市场有很大的依赖性,如果脱离这个市场,东部和北部地区在工业生产中所占的比重会远远低于改革前所占的比重。[1]

苏联解体和俄罗斯联邦独立后，新的区域经济政策开始形成。俄罗斯国家区域经济政策形成的条件是，从国家对地区的中央集权管理向国家调节过渡、从建立统一国民经济综合体向建立统一经济空间过渡。在新的政权垂直体系形成的过程中，内、外部条件也发生了变化，如广泛地引入了市场关系，自然资源的所有权和管理权进行了重新分配，经济体系的非中央化和非军事化色彩加重，国家经济开始积极地加入到世界经济体系中，外资在俄罗斯经济发展和地区经济发展中的规模加大等。

向市场经济过渡要求俄罗斯重新考虑之前实行的区域经济政策。在市场经济条件下，地区自我发展是区域经济政策的优先方向，其目的是为地区在国家和世界经济体系中有效地发挥作用奠定基础，通过合理地利用自身的潜力来保证居民的生活水平达到一定的高度。地区自我发展意味着最大限度地利用资源，发挥生产、科学和劳动力潜力，提高地区经济的效益和竞争力，积极加入到地区和国际劳动分工中，从而实现本地区在国家经济空间和地区经济空间的根本改变。

目前，俄罗斯区域经济政策的基本点是以对资源的利用为基础，这一点不仅在苏联时期起着重要作用，在其他国家也起着重要作用。[2] 问题地区是俄罗斯实施区域经济政策的特殊对象。这类地区的特点是，如果国家没有直接或间接地进行调节，单纯依靠传统的经营方式是无法解决其基本的社会经济问题的。

当然，依靠市场和社会自我调节可以解决该问题，而加大国家调节力度成为缩小地区经济社会发展差距的重要手段。这是因为一个国家的各个地区之间存在着资源条件、自然气候条件、经济条件和人口条件的差异，但是在后天条件的基础上却应该实现平衡。其中包括：投入到不同地区市场的资金应该是平衡的；生活在不同地区的居民应该拥有相近的实际收入和生活条件；地区预算能基本实现自我收支平衡。建立国家统一经济空间是实现平衡的条件。在这

---

① Суслов В. И., Ершов Ю. С. Межрегиональные экономические отношения в годы реформы: состояние и перспективы[J]. Регион: экономика и социология, 2002(1).

② Ремина Т. Е., Матятина В. Проблемы развития секторов российской экономики[J]. Экономист, 2004(7).

一经济空间中,各个地区通过资金和劳动力的流动来实现经济积极性的自我调节。国家通过制定区域经济政策对弱势地区进行优先扶持,为地区内部市场的建立创造条件。

第二章　俄罗斯区域经济政策的演进与形成

在20世纪30年代之前，自由主义理论认为，生产要素的空间流动能自动消除区域差距。在这种理论处于支配地位时，区域经济研究是不受重视的。然而，干预主义者发现，受多种因素的限制，市场机制不能保证区域活动达到最佳状态。市场带来了没有政府帮助就不能解决的区域问题，而区域政策能在一定程度上解决区域问题，并缓和区域间的利益矛盾。

区域经济理论认为，无论是在区域分工方面，还是在区际要素流动方面，抑或是在区域发展格局演变方面，都存在区域的非均衡现象。这进一步说明了区域政策的必要性。我们通过对区域经济联系与区域发展格局演变进行理论分析，可以得出两个基本结论。第一，空间导致经济社会发展不平衡。在特定的发展阶段，总有某些区域是边缘区。第二，区域经济社会发展不平衡要求政府进行干预，因为在任何市场经济条件下，只有政府能解决区域问题。在区域分工方面，传统理论认为区域分工必然会增进各地区的利益，导致区域均衡，这是一种过于武断的观点。从理论上说，具有积极倾斜特点的区域政策实际上是对问题区域的一种保护。在区域要素流动方面，要素流动不能自动地导致区域收益均衡，不能自动地增进各类区域的利益。要素流动往往有利于发达区域，而不利于落后区域，因此有必要运用区域政策工具合理地引导区域间的要素流动。在区域发展格局演变方面，区域趋同与趋异是两种不同的理论判断，但在区域经济差异较大时，各种区域利益主体都有制造或激化区域间利益矛盾，以及区域利益与整体利益之间的矛盾的倾向，而且单纯依靠市场是不可能完全消除矛盾与冲突的。

区域政策是一种区域利益再分配的机制与规则。区域政策不仅可以缩小区域差距，而且也是化解不同区域的微观利益主体之间的矛盾与冲突所必不可少的工具。

为了对区域经济政策进行分析,我们首先应该认识到,在社会化大生产的不同时代,经济理论和经济现实之间的相互联系并不是一成不变的。在很长一个时期内,经济政策在经济知识中占主导地位。但是,随着经济知识的系统发展,经济知识具有了符合逻辑的特点,经济理论在地区层面的实现也要求有专门的工具。

在现代宏观经济理论中,关于区域经济政策问题,我们特别关注的理论出发点就是国家调节宏观经济的必要性,这是国家在地区层面发挥作用的基础和最终形式。我们认为,地区差异应该通过国家调节这一方式来消除。对于薄弱地区来说,国家调节的作用是为地区内部市场的建立创造条件;而对于其他地区来说,国家在恢复市场机制的同时直接加入到地区发展进程中。

第一节　区域经济政策的演进

俄罗斯对地区经济发展的调节作用通过推行区域经济政策得以表现出来。早在20世纪70年代中期,Н. Н. Некрасов院士对区域经济问题做出这样一个定义:"经济学的一个新方向,就是为地区经济组织的规划和发展问题提供理论基础。"①关于"区域政策"这一概念,俄罗斯现行文件中也有自己通用的解释。1996年6月3日《俄罗斯联邦区域政策基本内容总统令》的发布是俄罗斯第一个以综合解决地区发展问题为目标的举措。这一由俄罗斯联邦首位总统批准的文件对"区域政策"做了如下解释:"俄罗斯联邦把区域政策理解为国家权力机关管理地区政治、经济和社会发展的目标、任务,以及实施这一体系的机制。区域经济政策则是区域政策的一个专门部分,同时也是国家调节地区经济发展的核心。"②

① Некрасов Н. Н. Региональная экономика[М]. Москва:Экономика,1978:15.

② 转引自 Гранберг А. Г. Основы региональной экономики [М]. Москва:Издательский дом ГУ ВШЭ,2002:423.

一、主要理论基础

（一）社会主义生产力布局和经济区划理论

苏联时期的两位领导人列宁和斯大林在社会主义经济建设的实践中，进一步丰富和发展了马克思和恩格斯关于社会主义生产力布局的理论内容。同时，列宁和斯大林还对经济区划理论在苏联的实施进行了理论和实践上的探索。

列宁在《俄国资本主义的发展》中指出了俄国欧洲部分与亚洲部分的极端不平衡状况，提出了社会主义生产力应平衡布局、社会主义经济应“普遍高涨”的思想。斯大林在联共（布）第十四次代表大会中央委员会的政治报告中，对“普遍高涨”做出了解释：只有在发挥区域优势的基础上合理布局生产力，积极发展地方工业，才能发挥各地区的主动性、积极性，才能协调好中央和地方的利益，才能加速国家工业化进程，从而实现整体国民经济的“普遍高涨”。

列宁和斯大林对马克思和恩格斯关于生产力布局理论的继承和发展表现在以下几个方面：按照统一的总体计划协调生产力布局；促使工业接近原料产地；发挥区域比较优势，合理布局生产力。

列宁和斯大林的经济区划理论的主要目的是发展经济，巩固新生的苏维埃政权，从经济和政治上管理国家，同时使工业接近原料产地，实现对资源的合理利用，减少劳动损耗。从经济角度来分析，经济区划理论建立在两大原则的基础上。这两大原则分别是地区生产专门化与经济综合发展相结合的原则，以及把中心城市作为增长中心的原则。

（二）地理分工理论和劳动地域分工理论

苏联经济地理学家 Н. Н. 巴朗斯基和 Ю. Г. 萨乌什金对劳动地域分工理论的发展做出了很大的贡献。劳动地域分工是人类社会活动的固有现象，是经济专业化不同的地区在经济上相互补充的过程。最早对其进行研究的是英国古典经济学家亚当・斯密和大卫・李嘉图。

巴朗斯基初步分析了地理分工对经济发展和经济区形成的影响，提出了地理分工理论。他认为：地理分工有助于促进劳动生产率的提高；运输与贸易都是地理分工的产物，并伴随着地理分工的发展而发展；经济区是依靠地理分工而形成和分化出来的。他认为，大至整个世界，小至一个国家的某个城市，其经济发展历史最终都会归结成地理分工的发展历史。萨乌什金继承了巴朗斯基关于地理分工的理论。他认为,劳动地域分工(地理分工)是一个概念体系,它是在一国范围内和国际范围内研究经济组合的科学基础。他强调,劳动地域分工的多种类型相互交错在一起,构成国民经济综合体。劳动地域分工不仅反映出历史上形成的人与人之间的社会关系,而且还反映出社会生产力的发展水平。

巴朗斯基的地理分工理论和萨乌什金的劳动地域分工理论,对西方古典经济学家的有关学说和马克思主义经典作家的有关学说进行了有效的借鉴和发展,在劳动地域分工理论的发展史上占有重要的地位,同时,在苏联经济区的划分、生产力的地区配置等经济实践中也起到了理论指导作用。

(三)区域生产综合体理论

苏联学界对区域生产综合体做出了如下定义:在一个工业点或一个完整的地区内,根据地区的自然条件、经济条件、运输条件和经济地理位置,有计划地安置各企业,从而获得特定的经济效果,这样一个各企业之间相互制约的经济结合就被称为区域生产综合体。区域生产综合体有以下几个特点:具有大面积的待开发领域;拥有高度集中的、丰富的、有价值的自然资源;能够利用这些资源来完成国家近期和远期经济发展的一些重大原则性任务。这类综合体不仅需要建立专门化的工业中心,还必须建立一整套生产性和社会性的基础设施。

苏联经济学家 H. H. 科洛索夫斯基、A. E. 普洛勃斯特、H. H. 涅克拉索夫、M. K. 班德曼等对区域生产综合体理论的形成与完善做出了自己的贡献。上述学者对区域生产综合体做出的定义包括以下内容:(1)区域生产综合体内部的各企业应相互制约、结合在一起;(2)区域生产综合体内部各企业的有机结合能带来最佳的经济效益;(3)区域生产综合体是基于一定的区域优势条件组建的,区域条件包括区域自然条件、经济条件、交通运输条件、经济地理位置;(4)区域生产综合体是计划机制的产物;(5)区域生产综合体存在着不同的等级规模;(6)构成区域生产综合体的是各企业之间的经济联系。

(四)区域经济政策的提出

涅克拉索夫在上述研究成果的基础上,提出了“区域经济政策”这一命题,并对苏联时期的区域经济政策进行了论述。其论述的内容主要包括三个方面。第一,区域经济政策的实质是通过限制或促进手段进行区域调节。他认为,每个地区都具备对建立经济综合体有影响的特殊的自然条件和经济条件,为了提高国民经济的整体效益，国家可以对生产进行调整。这种调整包括限制或促进某些地区的某些工业部门的发展。第二，区域经济政策在解决具体的社会问题时具有特殊性。这种特殊性主要表现在提高各地区居民的生活水平、保护居民的民族特点、建立全国范围内的人口分布体系、贯彻有科学根据的资源保护和环境保护措施等方面。第三，区域经济政策的制定主体是国家。国家的区域经济政策体现在国家经济计划、法令和决议中。

涅克拉索夫关于区域经济政策的观点是针对苏联时期的经济现实提出来的，同时也对当今俄罗斯区域经济政策的制定具有一定的借鉴作用，如对经济开发结构、区域经济组织、区域经济规划等方面的理论研究和政策制定具有借鉴作用。

二、基本方向与目标

在十月革命之前，俄国各地区的经济发展就极其不平衡。当时的主要工业区都分布在西部，东部的西伯利亚和远东地区的工业比重极其低，西伯利亚和远东地区没有得到有效的开发和利用。十月革命后，区域经济政策的两个主要方向是生产力布局和人口分布。苏维埃政府通过贯彻生产力布局均衡政策来消除地区发展的不平衡，同时对原料地区进行工业开发，有计划地在边远地区进行工业布局。

苏联时期的区域经济政策建立在意识形态的基础上，苏联把其作为强化地缘政治、与美国等国竞争的工具。在国家内部，有关区域经济的指令从中央直接下达，以维护国家的战略利益为主。在全国范围内创建和有计划地发展统一的、相互联系的国民经济综合体是苏联组织区域经济的基础，同时决定着生产力的布局和地区经济的发展方向。

苏联区域经济政策的主要目标是根据全国的经济和政治任务，考虑各加盟共和国的利益，均衡地发展整个区域体系的经济。区域经济政策是苏联在发展过程中制定长期战略的依据，同时也会随着国家经济社会的发展而不断调整。这种调整具体表现为缩小各加盟共和国之间的差距、开发东部地区和北部地区，以及改善人口布局等。具体的实施规划包括：实现东部地区的工业化；开发西伯利亚南部和哈萨克斯坦北部的荒地；开发极北地区的自然资源；在北部和南部地区进行水资源的调配等。

三、主要内容

苏联时期的区域经济政策在不同时期有不同的内容和发展方向。有代表性的几个时期如下所述。

第一,根据列宁和斯大林提出的生产力布局原则,1920 年开始实施《全俄电气化计划》。该计划的主要内容是通过在全国各地区均衡地分布电站,促使生产力在全国均衡分布,以达到对生产资料和劳动力资源的充分利用。

第二,根据列宁和斯大林的经济区划理论,以及经济学家们提出的劳动地域分工理论,全苏开展了经济区的划分工作。经济区成为苏联计划生产和管理生产的重要的地域组织形式。

第三,区域生产综合体理论的总结与实践。苏联国内对这一理论的实践主要体现在东部和北部地区的综合体建设上。苏联对东部和北部地区进行加速开发始于 20 世纪 60 年代中后期。这两个地区拥有丰富的自然资源,但气候条件恶劣,这导致其经济社会发展水平远远落后于西部地区。20 世纪 60 年代苏联主要对西伯利亚和远东地区的石油天然气资源进行开发;20 世纪 70 年代中期苏联开始建设贝阿铁路,希望通过建设这条交通大动脉来带动沿线地区的经济开发。经过几十年的开发和建设,苏联在中部和东部地区建立了数十个区域生产综合体,某些综合体通过改革至今仍在地区经济发展中发挥着作用。主要的区域生产综合体的分布和运行情况如下所述。

西西伯利亚地区最著名的是西西伯利亚区域生产综合体,该综合体是以秋明州、鄂木斯克州为中心组建的石油天然气生产综合体。它始建于 1970 年,到今天已经具有相当的规模,在发展石油天然气这一主产业的同时,又发展了石油化工、林业和木材加工业等产业。这个大的区域生产综合体又划分成 11 个子生产综合体。

东西伯利亚地区主要有 11 个区域生产综合体。坎斯克 - 阿钦斯克综合体最大,位于克拉斯诺亚尔斯克边疆区,是全苏(俄)最大的煤矿基地,是一个燃料动力综合体。

远东地区主要有 7 个区域生产综合体。南雅库特综合体最大,位于萨哈(雅库特)共和国南部。该地区蕴藏着丰富的炼焦用煤,是一个重要的燃料工业基地。

苏联学者们提出的区域生产综合体理论是一种影响深远的区域组织理论。区域生产综合体思想产生于苏联社会主义经济区划和区域经济发展的实践中，是马克思主义经典作家关于社会主义生产力布局的原则与经济区划、区域规划实践相结合的产物。苏联区域生产综合体理论产生于20世纪20年代，于20世纪50年代在全苏范围内得到普遍推广。1986年的苏共二十七大将其作为国家发展的重要组成部分。由于苏联具有特殊的地位和影响，区域生产综合体理论曾对东欧社会主义国家也产生了深远的影响。这一理论在20世纪50年代传入我国，也对我国生产力布局的理论研究与实践产生了深远的影响。西方一些国家也对这一理论进行了应用。许多国家在发展传统产业时，大多采用了生产综合体的方式进行综合布局。

四、问题与不足

苏联时期的区域经济政策以分散开发、均衡发展为原则，其出发点和最终目标都是良好的。政策制定者希望通过国家指令性计划来开发原材料地区，使这些地区拥有更多的人力、物力和资金，改善这些地区的基础设施，促进技术更新，实现产业结构的升级，提高地区总产值，缩小这些地区与发达地区之间的差距，提高居民的生活水平。

这一区域经济政策在一定程度上也是中央集权国家的发展要求。20世纪30年代至80年代这50年间，苏联政府所采取的鼓励向东部、北部地区配置生产力和迁移劳动力的政策并没有达到预期的效果。由于地域辽阔、人口稀少，所取得的结果是对这片土地粗放式、分散式的开发。事实表明，这种开发模式的代价是昂贵的，各地区均衡发展在当时是无法实现的。

从长远的角度来看，开发东部和北部地区以实现各地区均衡发展是一项长期任务。如何充分利用人力、物力和财力资源，把它们有效地分配到广阔的地域范围内，实现各地区和各产业的高效、协调发展，制定合理的区域经济政策，是俄罗斯联邦政府面临的严峻任务。

第二节　区域经济政策的基本原则

一、区域经济政策的主要理论基础

俄罗斯区域经济政策的理论基础之一是区域经济发展理论中的区域经济非均衡发展理论。区域经济非均衡发展理论是各个国家制定区域经济政策的基础理论，对世界各国区域经济的发展起到了重要的指导作用。由于自然资源禀赋具有差异性，以及社会资源配置具有非均匀性，各个国家的不同地区在客观上存在着经济发展空间上的差异。因此，区域经济非均衡发展是一个客观规律。西方经济学家在研究这一规律时提出了一些有价值的理论，其中与俄罗斯区域经济政策制定有关的理论主要包括增长极理论、循环积累因果原理、倒U模型等。

（一）增长极理论

增长极理论首先是由法国经济学家佩鲁于20世纪50年代提出来的，后来又得到法国地理学家布德维尔和美国发展经济学家赫希曼的进一步完善。这一理论认为，某一特定的经济空间中存在着若干个经济中心，经济增长是不同行业、不同部门按照不同速度展开的一个不均衡过程，在这个过程中，增长主要出现在具有创新能力的行业或部门中。因此，应该尽可能地把有限的资源集中到发展潜力较大、经济效益较好的地区，然后通过扩散效应对周围地区发挥辐射作用。

（二）循环积累因果原理

循环积累因果原理是由美国经济学家缪尔达尔提出来的。这种理论认为，经济发展是一个动态的过程，各种因素（如产出与收入，生产和生产水平，制度和政策等）在这一过程中相互作用、互为因果、循环积累。这种循环因果发展趋势产生了两种效应。一种称为上循环或扩展效应，是指各生产要素从经济中心向落后地区扩散，从而产生一种缩小地区差异的作用。另一种称为下循环或回波效应，是指生产要素更多地流向发达地区，对落后地区的发展产生阻碍作用或不利影响，使地区差异越来越大。由于市场机制发挥作用，回波效应总是先于和大于扩展效应，因为一个地区的发展速度一旦超过了平均速度，它就会在竞争中处于优势地位，市场要素也会更多地投入这一地区。这样，发达地区在发展过程中不断地积累对自己有利的因素，而落后地区则会越来越落后。如此的循环积累就使得经济在地区空间上出现了“地理二元经济结构”，也就是说，发达经济与不发达经济同时存在。缪尔达尔认为，政府应通过不平衡发展战略，优先发展那些有竞争优势的地区，然后通过这些地区的扩展效应来带动其他地区的发展。同时，为了防止地区差距的扩大，政府还应制定措施，推动不发达地区的发展。

(三)倒U模型

倒U模型是指经济增长与区域平衡之间呈现出的倒U型曲线。这一观点是由威廉姆逊于1965年提出来的。他认为，在国家经济发展的早期阶段，区域间发展的差距会扩大，区域间倾向于不平衡发展。随着经济的发展，区域间不平衡的程度将趋于稳定，但当达到发展的成熟阶段后，区域间发展的差距将逐渐缩小，区域间倾向于均衡发展。

另一个理论基础是区域经济理论中的区域干预理论，其中涉及政府作用与区域经济的关系，以及政府对区域经济进行干预的领域、对象与手段等。

从全球范围来看，20世纪40年代后期，政府干预经济的思想才逐渐为人们所接受。一般而言，政府干预经济的思想，即干预主义，存在宏观与微观两个方面的理由：在宏观经济层次上，干预主义依据的是凯恩斯主义对总需求的分析，以及在凯恩斯主义的基础上形成的新凯恩斯主义；在微观经济层次上，垄断、外部性、公用产品和收入分配不公是干预主义的主要理由。尽管自20世纪70年代以来，反对政府干预的新自由主义理论出现了，但现实经济中总是存在市场无法或无力解决的问题。这说明政府有选择地、适度地干预是必要的。

政府干预经济的主要目的是纠正市场作用造成的偏差，即在市场作用下社会经济发展过程及其结果与政府预期之间的差异。政府干预的目的主要是通过制定和实施各种各样的经济政策和规划实现的。

按照上述理论和观点，我们认为，发展与不均衡或不平等是密不可分的。市场机制的作用不是实现均衡发展，而是导致发展差距加大，因此国家应通过经济政策来实现区域经济均衡发展。一个国家区域经济政策的目标是阻止极化力量、努力消除区域发展差距。国家一方面要强化扩展效应，削弱回波效应；另一方面要阻断消极的循环积累过程，实现国家经济的全面发展。

俄罗斯东部地区对全俄经济发展做出了重要贡献,西部地区依靠东部地区的原料得到了迅速发展。与此同时,东部地区与西部地区之间的差距也在加大,这衍生出了一系列的经济和社会问题。俄罗斯决策层也认识到了这一问题,为了解决区域经济发展的失衡问题,制定了区域经济协调发展战略,同时,根据东部地区的特点实施了一系列扶持措施。俄罗斯东部地区除了具有得天独厚的自然资源之外,还拥有雄厚的科研实力,其重工业基础也不容小觑,发展集群产业的潜力巨大。

新凯恩斯主义是20世纪80年代出现的一个新的主张政府干预的学派。政府在区域经济活动中的作用在新凯恩斯主义出现后才被理论承认。这一理论认为,政府干预应以公共福利最大化为原则,政府的政策和规划在理论上应围绕着如何使福利得到最大化来制定,这一理论坚持认为政府干预应在市场失败和市场扭曲的领域发挥作用。其作用包括以下几个方面:维护竞争,限制垄断;直接经营经济事务,提供纯公共产品;运用货币政策、财政政策来调控宏观经济变量(如货币供应量、汇率、政府支出、税收等),实现宏观经济环境的稳定;调节收入再分配,消除贫穷和不平等;界定和维护产权,促使经济的外部性内部化。①

在区域经济发展过程中,中央政府主要是从全国整体发展的全局角度来考虑其对各个区域的影响。中央政府除了要促进区域经济发展外,还要处理好区域经济关系。一般认为,政府在促进与支持经济发展过程中的主要任务包括以下几个方面:(1)为人们的经济活动提供一个环境保障,如法制环境保障、安全保障等;(2) 提供公共产品,即那些为社会大众所利用的不具有排他性的产品(如基础设施)或排他性不能为社会所接受的产品(如基础教育);(3) 负责处理社会认为是必要的,但私人部门不可能介入的领域的问题;(4) 解决或避免由私人活动所引起的问题,如失业、资源过度利用与环境污染等。②

新凯恩斯主义的政府干预思想对俄罗斯区域经济政策的制定也产生了影响。在俄罗斯新型经济体系形成的过程中,区域经济政策发生了巨大转变,这种变化涉及区域经济政策的地位、内容、形式和组织等方面。区域经济政策在俄罗斯具有越来越重要的意义,这既是俄罗斯国家联邦制发展的要求,也是经济

① 陈秀山,张可云. 区域经济理论[M]. 北京:商务印书馆, 2003:384.

② 陈秀山,张可云. 区域经济理论[M]. 北京:商务印书馆, 2003:383.

改革的要求。

在实行统一的经济改革的思想破产后，经济改革的地区化思想开始变得迫切起来。俄罗斯政界和学术界对区域经济政策达成了以下共识：区域经济政策是国家经济政策的一部分，俄罗斯应在考虑国家利益的基础上确定中央和地方优先发展的方向；区域经济政策本身是国家经济政策的一个独立分支，俄罗斯在制定和实施区域经济政策时可以有自己的特点；区域经济政策首先考虑实施主体的利益和面临的现实，同时以不违背国家大的发展方向为原则；区域经济政策以完成局部任务为主要方向。①

俄罗斯大多数的国家长期发展目标都是在俄罗斯发展战略框架内制定的。苏联解体后制定并实施的主要发展战略有《俄罗斯联邦稳定发展战略》《俄罗斯联邦国家安全构想》《俄罗斯联邦经济社会长期发展的基本方向》。随着政局的稳定和经济形势的好转，俄罗斯的国家发展战略开始转向以经济政策为主体的对内、对外政策的制定。从内容上看，经济政策又包括宏观经济政策、产业结构政策、工业政策等，每个政策都具有明显的区域特色。由此可以看出，俄罗斯的区域经济政策与国家区域发展战略、经济社会发展政策有着密切的联系。区域经济政策的目标、任务和实施手段在区域发展战略中得到了具体说明。区域经济政策与经济社会发展政策中的宏观经济政策、产业结构政策、工业政策之间的关系具有双重性。一方面，区域经济政策是这些政策在特定地区的综合体现；另一方面，各地区也通过这些政策来反映自己对国民经济和社会政策发展方向的要求。

俄罗斯区域经济政策可分为联邦级区域经济政策和亚联邦级区域经济政策两个层次。联邦级区域经济政策解决的是地区（或地区间）国民经济问题、中央和联邦主体之间的关系问题、影响地区经济社会发展的因素问题等。同时，俄罗斯对一些有联邦意义的“小地区”（是某一联邦主体的一部分）也会采取国家直接调节的措施。其主要任务是消除这些地区的危机、开发有战略意义的资源产地、实现国防工业向民用工业的转化。亚联邦级区域经济政策解决的是地区内部的空间组织问题（如改善地区的交通运输状况、保证居民的食物和能源供应、改变小城市的萧条状况等），以及联邦政策和地方自治政权之间的关系问

① Родионова И. А. Региональная экономика[M]. Москва：Московский лицей，2003：354.

题等。[1] 不同级别的区域经济政策之间的差异不仅表现在任务的大小上，而且表现在实施的工具上，如实施的法律基础、参与实施的权力机构、财政来源、经济调节手段等。

从总体上来看，我们认为俄罗斯联邦时期的区域经济政策具有以下两个特点。第一，具有明显的区域倾斜特点，即对选定的地域给予帮助。这是因为，只有当各区域受到不同水平的政府支持或权利让与时，区域经济政策才能存在。当所有区域或地区被一视同仁，即受到政府的同等支持或获得相同的权利时，区域经济政策是不存在的。并且，同等权利对于较发达的地区来说更有效，因为发展水平较高的地区具有更多的手段和资源。而积极的区域倾斜，则是指差别对待各种不同类型的区域。积极的区域倾斜对解决区域问题会产生积极的而非消极的影响。第二，高度集中化。这是指区域经济政策的制定、实施、监督与评估是由联邦中央领导进行的，区域经济政策是一种自上而下的政策。但在实际运行中，地区往往可以有效地利用机会来增进自身的利益。原因在于，在任何一个制度框架内，总是存在着各地区对投资、新权利或特权地位的竞争。

二、区域经济政策的目标和任务

区域经济政策的制定和实施是一个复杂而艰难的过程。就其本身的内容来看，区域经济政策应该包括发展目标、预期结果、所需资金、实施的措施和机制等。同时，区域经济政策还应该解决很多彼此联系的问题。例如：保证地区完整和国家稳定；在所有地区发展多种形式的经济，发展全国和地区的商品市场、劳动力市场和资本市场；缩小地区经济社会发展的差距；完善地区间的运输设施、通信设施和其他方面的设施；完善国家的经济区划等。

区域经济政策应该反映现实存在的地区经济差异，以及每个地区在加入统一经济空间时所具有的特点。在地区经济社会发展不平衡的国家，区域经济政策的基本作用是缩小生活在不同地区的居民在生活水平上的差异，在总体上缩小地区差异，为实现地区间的经济平衡创造条件。国家通过发挥区域经济政策本身所具有的保证社会平等的功能，实现地区间的平衡。

在区域经济政策的实施过程中，国家职能部门的基本任务是保证所在地区

---

[1] Степанова М. В. Региональная экономика[М]. Москва：инфра，2001：15 – 20.

的社会领域有效地发挥功能并得到进一步发展，而这一领域成绩的取得也取决于国家职能部门对居民的管理质量。虽然发展社会领域是地区立法部门和行政部门的职权，但是联邦中央也要保证各联邦主体的居民生活水平和生活质量维持在同一水平线上。在地方层级上，国家和地方职能部门最重要的任务是实现劳动力资源、自然资源、信息资源和其他资源的再生产，以及为有效的经营活动创造制度条件。第一个任务的完成既需要联邦和地方两级职能部门共同发挥作用，也需要地区内部的利益集团相互作用，同时，还需要对地区社会领域的发展进行责任划分。在创造和完善所在地区劳动力和资金分布的制度条件时，地区权力与管理机关的活动还应该符合联邦权力机关的制度要求。

根据以上条件，俄罗斯在调节地区经济发展时应重点发展地区的主导产业，促进有生产增长极的地区的发展。国家应该重视对地区现实条件和可能条件的利用，以发挥地区经济的发展潜力、改善社会条件。

俄罗斯区域经济政策的目标和任务反映在国家对地区经济社会发展调节的优先方向上。这些优先方向是通过对地区问题的诊断，根据地区发展战略的要求，以及地区政策和社会经济走势确定的。从区域经济政策的最终目标和任务来看，它表现为对最大经济效益的追求和对地区间经济社会发展趋同这两个彼此制约的发展方向的妥协。这也是世界通用的做法。对于俄罗斯来说，区域经济政策的目标和任务通常与缩小各地区经济社会发展的差距联系在一起。此外，俄罗斯区域经济政策的一个更重要的原则是加强经济、国家和社会的整体性。

从 1992 年起，俄罗斯政府的经济纲要中就开始出现区域经济政策，但所涉及的内容并不多。如 1995—1997 年的俄罗斯联邦政府报告对区域经济政策的目标做出了以下三个规定：在联邦制、地方自治管理和全俄统一市场的基础上加强国家经济的一体化；提高居民的生活水平和质量，保证全俄各个地区拥有平等的经济社会发展条件；全面利用地区的各类优势条件和因素，促进地区经济社会的发展。① 俄罗斯联邦政府纲要还明确了地区内部某些专门领域的发展目标。其中，主要经济目标是合理地发挥地区内部的经济潜力以实现地区经济的发展。主要社会目标是为所有居民创造平等的生存条件，使其不受出生地区

① Кузнецова О. В. Региональная политика в России в постсоветское время: история развития [J]. Общественные науки и современность, 2005(2).

和生活地区的限制，向公民提供自由选择生活地区和劳动地区的权利。

1996 年的俄罗斯联邦区域经济政策对上述三个基本目标做出了更详尽的规定：保证俄罗斯作为联邦制国家的经济、社会、法制和组织基础，建立统一的经济空间；建立统一的最低社会标准和平等的社会保障体系，保证公民享有的宪法权利不受地区经济状况限制；缩小各地区经济社会发展差距；预防环境污染，消除污染后果，采取地区综合生态保障措施；优先发展有重要战略意义的地区；最大限度地利用各地区的自然气候条件；保证地方自治权利。[①]

与区域经济政策的目标相比，俄罗斯有关法律文件对区域经济政策任务的规定更详尽。俄罗斯区域经济政策的任务受到了转型期经济、地缘政治等方面的影响，如边境地区的重新构成、地区私有化纲要的实施、自由经济区的建立等。

1993 年的俄罗斯联邦政府文件将区域经济政策的任务分为社会领域、经济领域、生态领域等来进行阐述。区域经济政策主要有五个重要任务：加强经济基础；促进经济改革的发展和深化，在所有地区建立多种类型的经济，建立地区和全俄商品市场、劳动力市场和资本市场，在各地区建立投资方面的基础设施和市场方面的基础设施；缩小各地区经济社会发展的差距，分阶段地创造条件，提高居民的生活水平；实现地区经济结构的合理调整，提高地区经济在市场条件下的活力；建立跨地区的基础设施体系（如运输、通信等）。

综上所述，我们把俄罗斯联邦区域经济政策的目标概括如下：

（1）提高区域内现有资源的利用水平；

（2）更有效地在区域内分配资源；

（3）实现区域内经济社会的快速发展；

（4）在区域间有效地再分配生产要素，使总收入与总增长达到最大化；

（5）实现区域间增长率均等化；

（6）实现区域间收入（通常指人均收入）均等化；

（7）降低区域内的拥挤程度，降低其他由布局造成的外部成本，重新对人口和工业等进行布局，以形成最佳的空间结构。

当然，上述目标并不适用于任何时期的任何区域问题，具体目标还需要结

① Иванова В. Финансово-кредитные организации в системе регионального управления социально-экономическим развитием[J]. Экономист，2003(7).

合特定时期的区域问题来确定。在具体操作中,确定区域经济政策的目标也是一件很难的事情,这具体表现在以下几个方面。第一,一些目标不容易量化,经济增长率、失业率等是可以量化的,但平等、协调等目标则很难用单一指标来量化。第二,目标的具体程度也不容易把握。如果制定得过于具体,则有可能因完不成任务而遭受指责;如果制定得比较模糊,则很难对绩效进行评估。第三,平等与效率很难同时兼顾,有时区域政策的目标是政治妥协的结果。第四,问题地区有多种类型,俄罗斯需要为不同类型的问题地区确定不同的目标。

三、区域经济政策的法律基础

俄罗斯现行的区域经济政策最重要的法律基础是 1993 年通过的《俄罗斯联邦宪法》。这部宪法确定了俄罗斯国家结构的基本原则、联邦经济关系的基础、经济政策实施的法律框架,以及联邦主体和地方自治机构的基础。更重要的是,这部法律对如何保证俄罗斯统一的经济空间这一问题提出了基本要求:在与联邦权力机关的关系中,各联邦主体应奉行平等的原则;保证统一的经济空间,在法律允许的范围内实现商品、服务和资金的自由交换,开展自由的经济活动,引入竞争机制;不允许设置国家内部的关税壁垒,以及其他影响商品、服务和资金自由流动的障碍;统一币制。①

俄罗斯区域经济政策的法律基础涵盖了联邦法、总统令、政府令、其他的联邦法规、各联邦主体制定的法律法规,以及各联邦主体与联邦中央之间的条约和协议。从总体上说,自 1990 年起,作为俄罗斯区域经济政策法律基础的各类法律法规可以分为以下四类。

第一类法律法规确定了区域经济政策的框架。其中最主要的是《俄罗斯联邦国家预测和经济社会发展纲要联邦法》,它要求在地区级别上对地区经济社会发展指标和国民经济综合体发展指标建立预测机制。

第二类法律法规确定了地区经济和社会政策的基本方向。这类法律有很多,如《俄罗斯联邦税法典》《俄罗斯联邦预算法典》《俄罗斯联邦地下资源法》《俄罗斯联邦自然资源法》《俄罗斯联邦移民纲要》等。这些法律涉及社会、投资、价格制定、对外经济活动等方面的区域经济政策。其中最重要的文件是由

---

① Семёнов П. Актуальные проблемы регионального развития[J]. Экономист,2004(6).

俄罗斯联邦政府批准的《俄罗斯联邦专项纲要》和由俄罗斯联邦参与实施的《国家间专项纲要制定和实施程序法》。

第三类法律法规主要用于调节特殊地区的经济社会发展，如《国家调节北部地区经济社会发展法》《加里宁格勒州经济特区法》等。

第四类法律法规规定了地区经济社会发展最基本的标准，以保证自然条件恶劣、交通不便的边远地区的居民拥有相对平等的生活条件，如《最低生活标准联邦法》。

当然，上述法律法规也有不足之处。《俄罗斯联邦宪法》和之前的一些法律并没有解决联邦各级权力机关的管理范围问题。此外，四类形式上平等的联邦主体的实际地位问题也没有解决。

根据俄罗斯联邦司法部的资料，仅 1996—1997 年，各地区就通过了约 2 万个与国家宪法和联邦法不符的法律法规，主要矛盾表现在财政资金的分配问题上。如一些地区不顾国家宪法的有关规定，在地区法律法规中强化了金融、外汇、信贷和海关调节等问题。

从 1994 年起，俄罗斯联邦中央和地方开始通过签订单独合约或协议来确定彼此的关系。1994—1999 年，约一半的联邦主体都与联邦中央签订了类似的合约或协议。俄罗斯各界对这一现象的看法并不一致。一些人认为，合约或协议成为对地区战略资源进行利用的法律工具；另一些人认为，这种做法使各地区与中央之间的关系变得不透明、不平等。① 普京执政后，这些单独合约或协议相继废止，国家通过派驻总统全权代表来加强对地方政治、经济的管理和调控。

四、区域经济政策的管理机构

俄罗斯区域经济政策的管理机构在经济改革时期发生了彻底的变化，并且到现在为止还没有完全固定下来。

为了规范国家调节地区发展的活动，1996 年 12 月 7 日俄罗斯联邦政府发布了第 1450 号政府令《完善国家支持俄罗斯联邦地区发展机制令》。根据这一政府令，俄罗斯开始建立国家支持地区发展的机制，成立了以政府副总理为首

① Ширяев В. Новые инструменты управления бюджетным процессом в регионе[J]. Экономист, 2001(6).

的国家支持地区发展委员会，其成员包括联邦部委的代表、国家杜马议员、经济互助协会负责人、学者等。该委员会的基本任务包括以下几个方面：就地区发展的优先方向问题向政府提交建议，对地区经济社会发展做出预测，并制定计划，实施这些建议；对地区发展联邦专项纲要进行审议，并把最后的结果提交给俄罗斯联邦政府；拟定接受联邦预算拨款的联邦专项纲要名单；完善地区经济社会发展的监督体系；协调国家权力机关对地区经济社会发展的管理工作；对总统令和政府令在地方的执行情况进行监督。

在联邦层面上，俄罗斯区域经济政策的实施涉及很多部委。1998—1999年，起主要作用的是区域和民族政策部[①]，从权力构成上看，这一部门主要起协调作用，负责落实民族政策和协调联邦内部关系。1999 年 5 月，俄罗斯联邦区域和民族政策部进行了改组，取而代之的是联邦、民族和移民政策部。从这以后，俄罗斯区域经济政策的主要任务由财政部、经济发展与贸易部、资产关系部、自然资源部、劳动和社会发展部等负责。俄罗斯联邦政府也成立了专门负责解决区域问题的部门，大部分联邦部委也在地区设立了代表处，以保证联邦政策的顺利实施。

2000 年 5 月，全俄境内成立七大联邦区并派驻总统全权代表后，协调各联邦机关在地区的活动也成为总统全权代表的主要任务之一。

作为俄罗斯联邦最高立法机关的两院（联邦委员会和国家杜马）也有专门负责区域经济政策立法工作的委员会，该委员会被称为联邦事务和地区政策委员会。此外，联邦委员会还设有一个北方事务委员会，国家杜马还设有一个北方和远东事务委员会。

2012 年 5 月，俄罗斯联邦政府成立远东发展部。远东发展部主要负责推动落实涉及远东地区发展的国家专项投资规划，以及大型企业在远东联邦区实施的重点项目等。对于成立一个专门机构来负责某一联邦区的经济社会发展事务，远东联邦区是第一个。

远东发展部的主要职能是选择和实施一些优先投资方案，对发展地区工程基础设施和市政设施的预算资金进行管理，监督联邦政府机关所派驻的区域代

① 注：这一部门在不同时期有不同的叫法，1990 年为俄罗斯联邦共和国民族事务国家委员会，1993 年为俄罗斯联邦事务和民族事务国家委员会，1994 年为民族事务和区域政策部，1996 年为民族事务和联邦关系部，1998 年为区域和民族政策部。

表的工作,对国有集团、国有公司和有国家参与的其他组织所实施的投资方案和基础设施发展计划进行协调。除此之外,远东发展部面临着构建远东经济和社会发展新模式的任务。这个新模式建立在一些经济特区、工业区、技术区、农业区的基础上,同时参与建立地区发展区,吸引投资,支持出口,发展中小企业,塑造大区域良好的投资形象。远东发展部与经济发展部、财政部、地区部、司法部共同提议完善远东和贝加尔地区的相关法律,与其他部门制定在远东地区已有的工业区的基础上建立新的工业园区的方案。

2014 年,远东发展部向政府和杜马相关部门提出,政府应积极制定有关远东地区发展的法案。亚太地区对于创建新型现代化工作岗位的竞争日趋加剧,而吸引人才的唯一途径是吸引他们在远东地区生活和工作,这样才会赢得这场竞争。为此,俄罗斯相关部门对《远东和贝加尔地区经济社会发展纲要》进行了修正和落实。俄罗斯需要给投资者创造条件,建设相应的基础设施。同时,政府将协调主要国家项目的权力转交给远东发展部,以保证一系列优先财政拨款的落实。同时,地区政策和北方及远东问题委员会的议员也与远东发展部密切合作,并提出关于东部区域高效发展的一些建议。

第三节　区域经济政策的基本内容

区域经济政策工具是指为了实现区域经济政策的目标而采取的针对区域经济问题的具体方法和措施。一个国家常常可以采取多种方法和措施,即使是针对同一个地区,也可以采取多种方法,使区域政策发挥最大的作用。

在现代俄罗斯区域经济政策的实施工具中,经济调节、建立自由经济区,以及制定和实施地区发展联邦专项纲要等在国家调节地区经济发展中所起的作用具有普遍性。俄罗斯推行区域经济政策的最主要的成果就是形成了预算税收的联邦制,其法律基础是《俄罗斯联邦预算法典》和《俄罗斯联邦税法典》。虽然存在着一些不足,但是从理论模型的角度来说,这是一个不断改进的机制。这一机制包括联邦中央和地区的基本经济关系。所有正在使用中的区域政策工具都是这一机制的一部分,或者是其衍生物,而新工具的使用也应符合这一规则。

地区发展纲要是俄罗斯实施区域经济政策的主要工具之一。此外,建立经济特区也成为一些拥有特殊资源潜力的地区促进经济发展的有效途径。这两种区域经济政策实施手段可以概括为地区投资支持。当前的主要任务是合理地发挥地区投资支持的作用。

一、预算联邦制

预算体系是俄罗斯调节地区发展的主要经济机制之一。和大多数国家一样,俄罗斯的预算体系建立在预算联邦制的基础上,并分为三级,即联邦、地区(亚联邦)和地方。俄罗斯的预算体系还包括国家预算外基金。俄罗斯在原则上每年都要确定下一年度的预算构成和预算间关系。俄罗斯预算的法律基础包括《俄罗斯联邦预算法典》、《俄罗斯联邦税法典》、每一年度的关于联邦预算的法律,以及各联邦主体和地方自治机关的相关法律条文等。①

俄罗斯联邦预算拨款通常通过以下几个阶段来完成:第一阶段,确定在地区资金需求中地区自身的财政潜力和份额;第二阶段,确定能提供给一个地区的资金数额;第三阶段,对用于地区支出和其他支出的所有拨款进行评估;第四阶段,对用于满足地区社会领域需求的拨款进行评估;第五阶段,对地区投资款项进行评估。

俄罗斯联邦政府于 2001 年 8 月批准《2005 年前俄罗斯联邦预算联邦制发展纲要》,这标志着预算联邦制的建立。预算联邦制的正式目标是建立和完善预算制度。这一制度的主要内容是在对各级权力机关的权力和责任进行法律限制的基础上,允许各联邦主体的权力机关和地方自治机关实施独立的税收预算政策。这一纲要的进步性表现在以下几个方面:在预算联邦制改革中不仅第一次涉及了联邦政权和地方政权之间的关系,而且涉及了地方预算的建立问题;与前几个阶段相比,对各级政权的权力加大了限制力度;基本解决了各级预算间税收分配体系的改制问题,税收分配从德国式做法(税收按照不同比例在各级预算间分配)逐渐向美国式做法(一级税收保证一级预算体系)转变;地区预算的财政帮助的来源更加多样化;建立了一个新的基金,即专门支出拨款基金。

---

① Кузнецова О. В. Региональная политика в России в постсоветское время: история развития [J]. Общественные науки и современность, 2005(2).

2006年,俄罗斯开始试行以结果为导向的中期预算,国家的战略方针、政策目标和优先发展方向首次成为预算编制的基础,联邦预算支出首次与政府执行机构工作的具体结果联系在一起,俄罗斯的预算间关系改革步入到一个新阶段。在这一阶段,联邦预算和地方预算开始完全依据法律划分的支出义务和收入来源来执行,联邦和地方政府的职能范围和支出责任彻底明晰。这一阶段的改革极大地提升了俄罗斯在国际预算管理中的地位。

从总体上来看,还不能说俄罗斯完成了联邦预算间关系改革。原因有两个:一是改革的范围很广;二是还存在着一些纲要不能解决的问题。俄罗斯各界要求建立地区间财政帮助分配体系的呼声很高,但是俄罗斯还没有相应的体系能完全解决联邦和地区之间非正式关系的问题。这些问题可能要通过进一步推进预算间关系改革来解决。

此外,俄罗斯在各联邦主体的平衡问题上取得了一定的成绩。从总体上来看,情况朝着好的方向发展,联邦权力机关努力使联邦投资的分配方式更加正式。同时,俄罗斯联邦主要根据《缩小俄罗斯联邦地区经济社会发展差异联邦专项纲要(2002—2010及2015年前)》对各地区进行投资帮助。

二、宏观经济调节手段

地区发展的宏观经济调节手段是用于调节特定地区经济主体行为的一种方式。宏观经济调节手段表现出了各地区在发展指数上存在的差异,以及一个国家在税收政策、信贷政策、投资政策、价格政策、社会政策等的实施条件上存在的地区差异。俄罗斯地区之间巨大的差异为地区发展的宏观经济调节手段的实施创造了条件。宏观经济调节手段的目标是克服地区发展的不利条件,加强对有利的发展条件的利用。当然,对这种调节手段的使用要有"度",不能损害统一的国家市场,也不能以牺牲一个或一些地区的利益来成就另外的地区。①

俄罗斯在经济改革开始阶段的做法是广泛地采取各类优惠措施、激励措施和特惠措施。俄罗斯联邦政府通过的第一批纲要就提出对某些特殊地区采取扶持措施,如降低税率、降低贷款利率、给予出口配额权、减免关税等。但是,上

① Ростанец В.,Топилин А. Межрегиональные экономические связи: приоритеты и механизмы стимулирования[J]. Экономист, 2005(6).

述扶持政策的实施并没有取得预期效果，这种调节行为反而使预算分配、信贷系统和对外经济活动变得复杂。获得优惠政策的地区并不是依靠自身的客观条件，而是依靠地区领导人或地区代表的院外活动。同时，在受扶持地区的选择标准上也无法达到统一。在这种情况下，到 1995 年大多数地区的优惠政策都取消了。①

在俄罗斯经济转型初期，宏观经济调节手段的使用一度受到很大的限制。但在某些地区和领域，宏观经济调节手段还在使用，如北部地区还在使用这一调节手段，该地区对生活必需品的购入采取优惠政策。此外，在国家调节天然垄断行业发展的框架内，俄罗斯对远东地区、东西伯利亚地区与其他地区之间的货物运输采用了降低运费的做法，同时，还降低了远东、阿尔汉格尔斯克州等地区的能源费用。这些措施的采用可以促进相关地区生产力和居民生活水平的提高，可以促进经济重组时期经济的协调发展。

在必要的情况下，俄罗斯还可以采取为某些地区提供优惠贷款、延期偿还国家借款等支持手段。同时，一些地区还可以获得无息借款以弥补地方预算的缺口。

俄罗斯联邦中央和地方关系的个性化特点既可以在法律上找到原因，也有非正式的原因。前者是指一些地区由于政治上的斗争而获得特权，后者是指一些地区通过暗箱操作来获得联邦权力机关提供的额外资金或财政帮助。在后一种情况下，解决中央与地方关系的个性化问题是一个相对复杂的任务，因为必须先明确是否存在不公开性，然后才能对其进行清除。但这在政治上是相对简单的，因为在这些情况下，没有来自地方的明显的院外活动。一些地区即使在某一阶段获得了额外的财政援助，也不能保证在以后也能获得同样的援助。但俄罗斯如果在财政援助上采取透明的标准，那么至少可以保证获得援助的地区拥有继续得到援助的权利。②

三、地区发展联邦专项纲要

地区发展联邦专项纲要（以下简称地区发展纲要）作为区域经济政策实施

---

① Леонов С. Н. Региональная экономическая политика в переходной экономике［M］. Владивосток：Дальнаука，1998.

② Клисторин В. И.，Селивёрстов В. Е. Трансформация федерализма и региональной политики в России на рубеже веков［J］. Регион：экономика и социология，2004(1).

的综合手段被世界上大多数国家采用。俄罗斯在地区发展纲要的制定和实施方面积累了丰富的经验,同时也借鉴了北美、欧盟和澳大利亚的一些做法。从总体上说,地区发展纲要的作用对象是各类问题地区,如经济尚未开发的落后地区、萧条地区等。俄罗斯问题地区的种类是多种多样的,这也为地区发展纲要的制定和实施提供了条件。

地区发展纲要在原则上不是为所有地区制定的,而是为某些数量有限的问题地区制定的。它不仅要解决地区发展的现实问题,也要完成具有全俄意义的地区发展战略任务。对于一些地区来说,战略任务可能意味着经济结构的重组,而对于另一些地区来说,战略任务则可能意味着改变长期的落后状态、实现经济的增长、开发新的自然资源等。地区发展纲要是由俄罗斯联邦政府和地方政府共同制定的,并对各地区的日常工作进行长期指导。①

在制定地区发展纲要时,首要任务是确定纲要的指标体系。指标体系的确定基本上遵循三个基本原则。第一,科学性。所谓科学性就是要有科学的理论、方法和态度,要以客观现实为基础,准确反映区域经济发展的实际情况。第二,协调性。地区发展纲要将区域内部和外部的各种生产要素进行统一归类,然后在区域经济发展中进行科学配置。由于这些要素十分复杂,反映这些要素的指标要有协调性。第三,动态性。区域经济发展本身是一个动态的过程,反映这个过程的指标体系也必须是动态的,要有时间序列的数据。只有搞清楚历史发展的轨迹,才能对未来做出正确的预测。

联邦主体的行政机关是制定地区发展纲要最主要的倡导者。俄罗斯各地区实施地区发展纲要的热情一直很高,因为这是获得国家财政拨款的最佳途径。而对于联邦中央来说,这种做法既可以保证对各类问题地区进行扶持,也可以换取政治上的稳定。远东学者 O. M. 普罗卡帕拉认为,普京执政时期区域经济政策最主要的方向是平衡各主体之间政治地位的差异。在这一思想的指导下,俄罗斯开始改变地方行政长官的任命形式,使其不再受地方的支配。而一个地区得到中央财政支援的程度直接取决于当地领导人对克里姆林宫的忠诚程度。到 2000 年年初,俄罗斯联邦超过 3/4 的地区都批准实施了地区发展联邦专项纲要。

---

① Чертов Н. Социально-экономическая политика в условиях проблемного региона [J]. Экономист, 1998(11).

通常,俄罗斯地区发展纲要的基本框架包括:纲要所要解决的重要问题和产生这些问题的原因;对纲要可能产生的经济社会效益的评估;对纲要的资金需求和可能的资金来源的评估;关于国家订单构成的建议;纲要的制定者和实施者等。

关于地区发展纲要制定问题的决议是由俄罗斯联邦政府做出的。联邦政府指定专门部门(通常会是俄罗斯联邦经济发展与贸易部)作为纲要制定和实施的总协调人,专门部门会指定专门机构(通常为科研机构)负责纲要草案的制定工作。

俄罗斯地区发展纲要草案包括以下几个部分:纲要的目标和任务;纲要完成的阶段和期限;纲要的结构(通常包括自然资源和人口资源潜力、基本生产的发展、科技发展、地区间合作活动、对外经济活动、周围环境的保护等);纲要的措施体系;财政和其他支出的论证;经济效益的计算和生态后果的评估;纲要实施机制的特点(必要的法律法规、制度变更、激励体系、吸引财政资金体系、纲要管理的组织工作、纲要实施进程的监督工作);国家协调人和纲要执行人的资料。

纲要草案制定完成后,总协调人会组织各相关部委专家对纲要的措施、资金来源等问题进行协商,对纲要草案进行鉴定。大型纲要的综合鉴定工作通常由俄罗斯联邦政府专家委员会负责。

如果一个纲要能够得到俄罗斯联邦政府的批准,那么它就可以获得预算拨款。而国家总协调人会与纲要执行人签订提供预算拨款或预算外拨款的国家合同。总协调人指定纲要的管理层,并且每年对纲要的执行情况进行检查。

俄罗斯地区发展纲要的资金来源有联邦预算和地区预算,还有银行贷款、居民投资、外国投资等。

四、具有特殊经济地位的地区

世界上很多国家都划分出一个专门的地域,在这一地域实施有别于其他地域的专门法律和经济制度。其目的是通过实施这些专门的、带有优惠特点的政策来推动当地经济乃至整个国民经济的发展。为了改变俄罗斯产业结构中对能源和原料过度依赖的弊端,俄罗斯政府也使用了这一区域经济政策实施手段。为了更有效地利用某一地区在地理方面和其他方面的优势,俄罗斯政府尝试建立了自由经济区。自由经济区是国民经济体系的一部分,但俄罗斯政府在这一地区建立了有别于其他地区的专门的税收体系和激励体系。①

苏联在戈尔巴乔夫改革初期就表现出发展自由经济区的兴趣,位于远东滨海边疆区南部的纳霍德卡海港成为自由经济区的第一个实验场。从 1990 年中期开始,俄罗斯联邦通过了大量的有关组建自由经济区的决议。自由经济区被赋予的希望是吸引国内外投资、引进先进技术、借鉴管理经验、发展出口和进口替代品的生产,以及提高地区预算和居民的收入等。地方政权则希望获得自由经济区特有的海关优惠、税收优惠和其他优惠。②

1990 年 7 月至 1991 年 6 月间,俄罗斯联邦委员会和国家杜马通过决议,俄罗斯建立了 11 个自由经济区和自由经营区,这一数字也创造了世界之最。到 1991 年 7 月,俄罗斯自由经济区和自由经营区的总面积约为 100 万平方千米,人口约为1 850万,分布地区包括列宁格勒州、加里宁格勒州、阿尔泰边疆区、克麦罗沃州、赤塔州、萨哈林州、滨海边疆区、犹太自治州等。但在当时,俄罗斯却没有通过一个国家法律文件来对自由经济区的地位和功能加以规范。

轰轰烈烈的自由经济区兴建之潮平息之后,人们很快发现,俄罗斯大多数自由经济区的建立只停留在纸上,目的是获得国家的优惠政策,大多数自由经济区没有真正引入资金。因此,国家对自由经济区采取的优惠政策很快就取消了。但是,在俄罗斯建立自由经济区的想法却没有消失,建立自由经济区开始在更务实的基础上被提出来。1996 年,俄罗斯联邦区域经济政策中又一次出现了兴建自由经济区的提议,出现了“为在有较高科技、人才潜力以及发展基础设施的地区建立自由经济区和技术园区创造条件”的字眼。通过对世界自由经济区发展经验的借鉴,俄罗斯在自由经济区的选择上开始具有一定的目标性,如自由经济区应该拥有有利的地缘经济条件、竞争优势,以及其他能实现地区经济增长、能与国内外市场对接的潜力。

俄罗斯自由经济区在发展过程中一度面临的最大的障碍是缺少法律基础。1999 年 12 月,俄罗斯国家杜马通过了《自由经济区联邦法》。这部法律借鉴了

① Родионова И. А. Экономическая география и региональная экономика [М]. Москва: Московский лицей, 2003:197.

② Родионова И. А. Экономическая география и региональная экономика [М]. Москва: Московский лицей, 2003:198.

世界各国和俄罗斯本国在自由经济区建立方面的经验，建议在俄罗斯境内建立大型的、有示范作用的自由经济区。自由经济区建立的基本目标是发挥俄罗斯某些地区的出口潜力、增加预算收入、发展经营主体的对外经济关系、吸引俄罗斯国内外投资、借鉴国外先进的科学经验。

这部法律还对俄罗斯自由经济区进行了划分（如自由海关区、出口生产区、经济特区等），确定了自由经济区建立和管理的程序、经营活动的制度，以及自由经济区建立和发展的投资原则，为在自由经济区从事经营活动的俄罗斯商业组织和外国商业组织提供海关、税收、贷款和其他方面的优惠条件等。①

这部法律还对自由经济区的审批程序做了规定。根据这部法律，俄罗斯联邦政府应该制定且每年都要明确《俄罗斯联邦境内自由经济区创建和发展联邦纲要》，指定有关联邦机关对自由经济区进行国家调节，对新自由经济区的创建提供经济技术论证。论证应该包括自由经济区的类型、范围、对其功能的限制条件等。由此可见，与 1990 年相比，俄罗斯对于创建自由经济区的要求开始严格起来。自由经济区应该具有优越的地理条件、初步的基础设施和其他有效的生产要素。

俄罗斯制定和讨论各类方案，以建立不同类型的自由经济区。从形式上看，这些自由经济区可以分为工业生产型经济特区、技术创新型经济特区、观光休闲型经济特区和港口型经济特区。从总体上来说，所有发展较为成功的经济特区具有以下几个共同条件：对立法工作加以完善，以提高生产活动的竞争力；将海关和关税自由化政策对国家的影响降到最低；对基础设施进行改善，使其达到发达国家的水平；保障投资者的商业安全和人身安全等。

五、俄罗斯与西方其他国家区域经济政策的比较

在向市场经济转轨的过程中，俄罗斯在联邦与地区之间的新型经济关系体系的建立方面取得了不小的成绩，但是很多西方国家所奉行的区域经济政策在俄罗斯并没有形成。当然，西方其他国家的经验不能完全照搬到俄罗斯，但个别部分还是可以借鉴的，也是可能被俄罗斯社会接受的。对比俄罗斯与西方其

① Родионова И. А. Экономическая география и региональная экономика [М]. Москва: Московский лицей, 2003: 198.

他国家的区域经济政策,我们可以得出以下结论。

(一)基本原则相同

不同国家的区域经济政策的目标是有区别的,但区别并不大。大概一致的目标有以下几个:实现地区平等,保证经济效益提高、政治稳定和社会发展;对地区的人口指数和居民经济积极性的程度加以影响;发展资源型地区;在提高生产积极性和推进行业现代化的进程中,通过降低失业率和提高生产率来提升资源的利用效率。

在实施区域经济政策时,中央权力机关通常要面临一个抉择:是以平衡地区间经济社会发展水平为目标,还是以实现经济增长为目标。同时,区域经济政策的目标和任务不仅在不同国家存在差异,在同一个国家的不同发展时期也存在差异。这种差异取决于三个方面。一是全社会的经济社会发展水平。大规模经济改革所需要的必要条件是拥有大量的财政资金,一个国家越富有,越有可能划拨更多的资金来实施区域经济政策。二是经济发展所处的大环境。在经济走势好的年代,资金主要用于支持落后地区的发展,在危机年代,资金用于结构改革以提高经济的竞争力,这时,国家对落后地区的帮助减少,对老工业区和先进地区的帮助加大。三是居主导地位的经济理论。这种差异在某些国家还取决于民族问题的尖锐程度,在这种情况下,区域经济政策以解决民族问题为主。

在经济理论问题上也需要进行比较详细的解释。区域经济政策可以依靠的理论基础有两个:一是以生产力为基础的新古典派理论;二是综合了新凯恩斯模式、制度模式和经济地理模式的积累增长理论。新古典派理论发生了地区增长模式的演变,其主要趋势是通过高度发达地区向不发达地区提供援助的方式来实现地区间平衡发展。而劳动力资源则正相反,从不发达地区向发达地区流动。

(二)在预算间关系问题上存在分歧

在确定区域经济政策的界限方面,俄罗斯与西方其他国家所奉行的通用体系存在差异。在俄罗斯,预算间关系在传统上属于区域经济政策的范畴,这不仅体现在科学研究上,也体现在正式的文件中。西方其他国家通常不把预算间关系纳入区域经济政策的框架内,而把它作为激励地区经济社会发展的措施。西方其他国家主要是依靠中央预算资金来建设各类基础设施,或者为个别地区专门的生产活动和投资活动提供资金支持（也就是说，不把资金拨到下级预算中，而是把资金直接拨给地区企业、组织或居民）。

按照西方其他国家的理解，预算间关系和区域经济政策通常是为了不同的目标和任务而存在的。区域经济政策在很大程度上就是地区投资支持政策。换言之，区域经济政策是直接作用于经济发展的政策。在预算间关系框架内提供财政支持通常具有地区例行支持的特点，财政支持主要用于弥补地区预算的实际支出。预算间关系对地区经济发展的影响是间接的，地区预算收入越多，地区政权就越能制定出更多的措施来促进地区经济的发展，社会支出的可行性就越大。这一措施与其他因素一起对地区投资吸引力产生了积极的影响。这样，在预算间关系的框架内，地区预算的平衡程度越高，地区经济政策的作用可能就会越小。

预算间关系和区域经济政策存在的差异通常会导致的后果是，作为中央和地区关系的两个组成部分，这两种职权是由不同部门执行的。前者由财政部门负责，后者由经济部门或负责解决区域问题的部门负责（不同的国家有不同的叫法）。这种职能划分方法是完全合理的，财政部门是完成国家预算的，经济部门是负责发展经济的。

回顾一下俄罗斯的经验，我们会发现，俄罗斯区域经济政策的发展情况在总体上与西方其他国家的发展情况相似，预算间关系问题基本上由俄罗斯联邦财政部负责解决，区域经济政策问题由经济发展与贸易部负责解决。地区发展基金是一个例外，这一基金对地区经济社会发展联邦专项纲要进行拨款（毫无疑问，这是区域经济政策的工具），但却被作为预算间关系的组成部分。①

（三）俄罗斯对西方区域经济政策的借鉴

我们认为，俄罗斯的区域经济政策处于一个不断改进的过程中。这不仅因为俄罗斯是一个地域辽阔且地区发展不平衡的国家，还因为一些地区的发展（特别是基础设施的发展）需要国家权力机关的参与，国家的拨款越多，获得的效益越大。在通过某一投资方案时，俄罗斯必须从地区经济社会发展的角度和国家总体发展的角度来考虑其是否合适。

俄罗斯的区域经济政策没有完全照搬西方其他国家的经验，但却参照和借

---

① Овсиенко Ю, Петраков Н. Российская трансформация и её результаты [J]. Экономист, 2004(5).

鉴了西方其他国家的某些成功经验。

俄罗斯在确定区域经济政策的目标和规模时认识到,目前世界上大多数国家都开始转入适应模式以调节地区经济的发展。被广泛采用的做法是在保持问题地区现有拨款水平的同时,促进中等地区(这些地区一方面在经济发展水平上达不到先进地区的水平,另一方面却具有经济增长的潜力)经济发展。

区域经济政策主要作用于有经济增长点的地区和行业。俄罗斯还要集中资源解决存在的问题,因此区域经济政策应该在有经济增长点的地区实施。同时,我们也应该注意到,这一政策并不是在所有国家都取得了正面效果(失败的原因是增长点的选择不正确)。

此外,西方其他国家在选择哪些地区作为援助对象的问题上积累了丰富的经验,这些经验对于俄罗斯来说也是有益的。

六、俄罗斯区域经济政策的基本走向

区域经济政策是动态变化的,其作用对象、目标与工具等都需要根据区域问题的变化而不断调整,以适应区域经济与国民经济的发展。同时,区域经济政策也不是任意地干预,而是存在一定的规律。只有认清区域经济政策的演变规律,才能把握不同社会经济发展阶段的区域政策的重点,以便于提前采取措施来预防可能出现的区域问题。

从总体上看,俄罗斯区域经济政策的目标和任务没有发生明显的变化,原有的政策措施处于缓慢实施过程中。俄罗斯区域经济政策的未来走向主要有三个:进一步完善中央和地区的预算关系;完善国家区域经济政策制定和实施的法制体系;加强联邦专项纲要在地区经济社会发展中的管理作用等。

(一)完善中央与地方的关系

众所周知,对于俄罗斯这样一个面积广阔且地区众多的国家来说,在各级政权之间实现权利和义务,以及职权和责任的合理划分是经济社会发展取得成功的前提。从2000年起,俄罗斯开始大规模地调整中央与地方的关系。俄罗斯已经基本完成制度建设,同时还要解决以下问题:联邦和地区之间就职权划分问题还没有达成一致,联邦在向地区转交权力的时候存在着一些争议,联邦主体在社会领域的权力加强了,但在地区经济发展中所拥有的权力却减少了;新制定的职权划分方法存在一些漏洞,需要对其进行修订或制定补充法律法规；在通过决议时没有一个能协调联邦和地方关系的行之有效的机制，在一些问题的决策上联邦中央没有参考地方代表提出的意见，结果导致不同地区在解决类似问题时过于模式化，改革的多样化问题没有被完全预见到；新推出的关于权力划分的法律暂时不能对相应的行政改革起到巩固作用，根据地方人士的观点，地区权力机关没有足够的人力和财力资源来推行自己的权力；联邦和地区权力机关之间的关系没有形成最佳效益；联邦驻地方机关的数量过多，但功能却不明确。

在俄罗斯，地方自治机构是最贴近居民的政权机构，并且直接为选民提供与其息息相关的社会福利。2003 年 10 月俄罗斯通过了新出版的第 131 号联邦法，即《俄罗斯联邦境内组织地方自治的共同原则法》。随着这一法律的实施，以及其后对《俄罗斯联邦税法典》的修订，俄罗斯解决了地方自治发展上的两个重要问题。第一个问题是俄罗斯约有一半的地方行政单位缺少地方自治的选举机关和独立确定各类预算的机关；第二个问题是事实上存在于俄罗斯的四级行政区划分和法律上的三级行政区划分存在着矛盾，由此产生的后果是无法对各级预算收入和支出进行明确、有效的划分。

（二）建立有效的预算关系体系

俄罗斯的预算关系体系一直处于不断变革的过程中，这一思想也体现在俄罗斯政府的各类文件中。预算关系改革有其成功的地方。例如，俄罗斯在新修订的《俄罗斯联邦税法典》中对各级预算中税收的划分比例进行了强化，并且这一比例在每年的联邦预算制定中都要重新进行审议。另一个成功的例子是，在划拨财政补贴时，俄罗斯基本上采取了公开透明的方法，中央和地方在此问题上不能再讨价还价了。当然，在向地方预算提供财政援助时还存在着一些不足。最主要的不足是，这种政策措施在某种意义上来说没有真正刺激地方政权制定更有效的社会经济政策，反而助长了地方政权依靠中央补贴的心理。为什么这样说呢？这主要是由于俄罗斯联邦现行的拨款机制还存在一些有待完善的地方。这具体表现在以下两个方面。

第一，财政援助机制存在着不足。俄罗斯实施的财政援助机制，并没有使获得帮助的地区逐步发展起来，而获得预算帮助较少的地区对国家预算的贡献却没有减少。换言之，现行的财政援助体系可能会使贫困地区变富，使富裕地区变穷。现行的纳税体系也存在问题，最终产生的结果是，失业人口的收入比纳税人的收入还要高。

第二,俄罗斯税收体系和地方预算平衡体系建立的基础也存在着不足。在联邦与地方税收收入的分配上,联邦中央的原则是地方支出由本地的收入决定,收入多的地区自己保证本地的支出,对于收入不能保证地方支出的地区来说,差额部分由预算拨款。而在预算补贴的发放上,俄罗斯则存在这样一个问题:地区预算中税收和非税收收入的增加会导致补贴数量下降。这在无形中影响了地方政府实施有效的地区经济政策的积极性,使地方政府产生了依赖心理。

上述情况产生的原因有两个。

第一,俄罗斯为了实现地区平衡而采取的预算补贴拨款方式是建立在假设基础上的。通常来说,联邦权力机关不会依据地区预算实际收入的情况来确定补贴发放比例。这一做法是可以理解的,因为地区可能会为了获得更多的补贴而人为地降低预算收入。这时税收潜力就成了依据,但是,在对地区的税收潜力进行评估时,联邦权力机关所依据的是以前的税收资料,这与实际税收水平是有差异的。

第二,减少地区间经济社会发展水平的差异这一任务,如果通过对地方预算进行财政帮助来完成,则是相当复杂的。联邦中央对地方预算的拨款途径有很多种,但联邦中央没有对这些拨款途径的效果进行评估。所产生的结果是一些途径是不透明的,或者说是透明度不高的。

为了解决这些问题,经济学家建议俄罗斯政府重新修订预算关系体系。他们认为,德国所实行的预算关系模式就与俄罗斯有很大的不同。德国采取的是反拨款体系,即收入在各联邦主体间进行平等分配。这样可以解决财政拨款分配不平等的问题,同时还兼顾了各地区的实施情况,可以发挥对地区的激励作用。

当然,这种改变是否合理也是一个有争议的问题。对现行预算关系体系表示支持的人认为,虽然俄罗斯在财政帮助问题上存在着不足,但大家都已经习惯了这一模式,为了保持这种稳定,不应该对其进行大的改动。按照这一观点,预算关系体系发挥作用的最重要的标准是保证社会的政治稳定,预算关系体系不能满足所有地区的愿望这一事实在其他国家也存在,富裕地区不愿成为贫困地区的供血者,而贫困地区对财政援助的数额也不满意。换言之,他们认为,俄罗斯在财政拨款分配问题上并不存在尖锐的冲突,因此现行的预算关系体系是较为完善的,俄罗斯不应该对其进行改动。

另一种观点认为,在保证预算关系现有原则的基础上,可以对其进行部分改动,以解决存在的部分问题。这些小的改动包括以下三个方面。第一,在发放地区预算补贴时,应该改变其发放基础,从假设方式转变为更透明的方式。例如,世界上通用的方法是,根据地区税收的基础资料来确定该地区的税收潜力,在此基础上考虑各地区税收潜力的差异。这里所说的是税收的基础资料,而不是实际征收的税额。第二,简化财政帮助的程序,避免在财政帮助问题上出现一些重复工作。例如,对各类社会问题的财政拨款应该以同一种财政帮助的形式下发。第三,制定一个明确的标准,以便在每个财政年度开始后对联邦提供给各地区的财政帮助数额进行重新审议。

(三)加强地区发展纲要的制定与实施

俄罗斯对地区发展的支持以制定地区发展纲要和建立经济特区为主,地区投资以联合投入为主,资金来源是吸引国家、地方和个人三方面的资金。俄罗斯地区发展纲要的制定是各级立法部门和执法部门最重要的工作之一。当然,纲要本身是一个复杂的多级程序体系,内部应彼此协调,不能相互矛盾,同时,纲要还要保证所提出的措施能够发挥最大的效益。

俄罗斯地区发展纲要的制定和实施与俄罗斯的国家体制有关。俄罗斯联邦拥有三个相对独立,但又有复杂的隶属和监督关系的社会政治组织级别(分别是联邦一级、地区一级和地市一级)。每一级都分配了一定比例的权力,这样可以让每一级的权力机关制定一定范围的经济社会发展纲要。

联邦中央应该在总体上确定国家经济社会发展最重要的指标,为全国区域政策的制定指出基本方向。俄罗斯联邦实行的是所谓的地区发展适应模式,或者称为地区发展平衡政策。平衡是联邦中央对问题地区进行拨款的优先原则。实现这一发展战略的基本工具是预算拨款和联邦专项纲要拨款。

联邦中央的主要工作是确定地区发展模式的标准、联邦参与地区发展进程的水平,以及联邦调节和监督地区发展的方式。地区一级要在联邦中央调节的基础上确定每个联邦主体经济社会发展的基本方向。同时,在确定地区经济社会发展的主要方向时,地区纲要还应该考虑到地区资源的基本指标,其中包括社会资源(如居民)、具体经济部门(工业和农业)、地区财政状况(各级预算的收入和支出)、基础设施资源(交通设施、通信设施)等。

在对反映地区发展潜力和确定优先发展方向的关键指数,以及某一联邦主体的经济增长点等进行分析后,还必须指出这一地区不适合发展的领域。对地区经济领域特点和社会领域特点的分析结果也反映在地区经济社会发展纲要中,纲要具有联邦主体法的地位。纲要在内容上通常包括中期发展前景,也就是5年发展前景。5年期结束后,俄罗斯需要对地区发展的结果和趋势进行分析,从而制定能反映地区现实和发展方向的新文件。

总之,区域经济政策是社会文明与进步的象征,完善区域经济政策是一种必然要求,也是一项复杂而艰巨的任务。

第三章　俄罗斯区域经济政策的实践和发展

在市场经济条件下,地区自我发展是区域经济政策的优先方向,其目的是为地区在国家和世界经济体系中有效地发挥作用奠定基础。各地区通过合理地利用自身的潜力来保证居民生活水平达到一定的高度。地区自我发展意味着最大限度地利用资源,以及生产、科学和劳动力潜力,提高地区经济的效益和竞争力,积极加入地区和国际劳动分工中,以实现本地区在国家经济空间和地区经济空间的根本改变。

俄罗斯在研究地区均衡发展时以经济社会发展水平为标准对各地区进行分类,同时兼顾考虑各地区的创新程度、投资水平,以及社会发展潜力等因素。因此,地区经济发展水平取决于创新、投资和社会发展潜力等因素的共同作用。在此基础上,中央制定灵活多变的地区发展政策,政策会综合考虑不同地区的发展现实,以提高各地区创新能力、逐步消除地区经济发展差异为目标。

第一节　俄罗斯经济社会发展区域分化的现实及其政策解析

俄罗斯是一个地域辽阔、资源丰富的国家,但由于各地区在自然条件、资源条件和经济基础等方面存在着较大的差距,地区生产力布局和居民分布也受到了很大的影响。区域分化是俄罗斯经济社会发展面临的主要问题,各地区在经济竞争力方面也有很大的差距。地区生产总值、工业产值、人均产值、人均收入、创新积极性等方面的较大差距已经影响到了俄罗斯的经济安全。当前,自然资源和地理位置,以及集聚效应、人力资本和制度要素等均影响着俄罗斯各地区的经济发展,而历史原因、在国际分工中所处的位置、劳动力的布局,以及中央与地区财权与事权的关系等也决定着各地区在国家经济生活中的地位。

一、俄罗斯宏观经济主要指标的区域分化

地区平衡指的是通过公正的方法来实现国家财富在地区间的平等分配,生活在不同地区的居民应该享有平等的满足基本需求的权利。区域分化指的是一个国家不同地区的居民收入和居民生活水平存在着差异。这种差异产生的前提条件有很多,如地区生产力发展水平、自然条件、经济地理状况和居民的生活习惯等。俄罗斯经济发展具有明显的地区差异特点,85 个联邦主体的经济社会发展水平存在明显的差别,各联邦主体有各自的资源禀赋特点、产业特点和其他方面的特点。

俄罗斯地区经济社会发展的总体态势表现为区域分化。根据俄罗斯联邦统计局 2015 年的数据,地区产值对国内生产总值的贡献率为 78.1%,这表明约 22% 的国内生产总值没有在地区分配。从总体上看,2014 至 2015 年,地区产值的走势要好于国内生产总值。例如,2014 年俄罗斯地区产值可比价格仅下降 0.6%,而国内生产总值则下降 2.8%。而 51% 以上的地区生产总值产生在排名前 10 位的地区,可以说,这些地区的经济走势决定了俄罗斯经济的发展趋势。

从各联邦区来看,2015 年南部联邦区的地区产值同比增幅不大,地区产值仅提高 0.46%;降幅最大的是中央联邦区和伏尔加河沿岸联邦区。从产业结构分类来看,以制造业为主的发达经济区的增幅最大,为 0.64%;降幅明显的是一些金融经济中心所在的地区。人均地区生产总值也表现出区域分化的特点。以 2015 年为例,乌拉尔联邦区的人均地区生产总值为 73 万卢布;中央联邦区的人均地区生产总值为 58.2 万卢布;北高加索联邦区的人均地区生产总值为 17.6 万卢布;莫斯科市的人均地区生产总值为 110.3 万卢布;汉特-曼西自治区的人均地区生产总值为 193.7 万卢布。后两个地区对俄罗斯地区生产总值的贡献最大,人均值也是最高的。从产业结构分类来看,人均值最高的是经济高度发达的地区,其中能源出口导向型地区的人均值为 161.3 万卢布,金融经济中心所在地区的人均值为 79.9 万卢布;而以农业为主的欠发达地区的人均

值仅为15.8万卢布。①

从各联邦主体的数字来看,排名靠前的地区的产值在2015年总体表现为下降。莫斯科市的产值下降2.1%,汉特-曼西自治区的产值下降1.8%,克拉斯诺达尔边疆区的产值下降1.6%,亚马尔-涅涅茨自治区的产值下降1.9%,斯维尔德洛夫斯克州的产值下降2.7%,克拉斯诺亚尔斯克边疆区的产值下降2.2%,巴什科尔托斯坦共和国的产值下降1.7%。产值提高的地区是莫斯科州和圣彼得堡市。2015年,发达地区的投资水平低于危机前2008年的投资水平,降幅明显的有下诺夫哥罗德州、克麦罗沃州、斯维尔德洛夫斯克州、新西伯利亚州、萨马拉州和车里雅宾斯克州。②

2017年上半年,俄罗斯大多数地区的工业增长速度都有所加快,尤其是以制造业为主的地区。同期,各类发达地区的工业增长速度都超过4%,中等发达地区的工业增长速度略慢。俄罗斯国内产值的三分之二集中在20个超大型工业区,其中开采业占69.6%,制造业占67.5%,电、气、水生产与供应产业占60.4%。2017年上半年,固定资产投资也出现上涨的趋势,其中金融经济中心所在地区上涨9.9%,原料出口导向型地区上涨5.4%,农工类型地区上涨10.5%,降幅最大的地区是以开采业为主的发达地区。③

为了探究俄罗斯各联邦区、联邦主体的经济社会发展水平不断分化的原因,判断其发展趋势与前景,我们就要对各地区的发展差异问题进行新的思考。

二、俄罗斯地区发展政策的新变化

在俄罗斯很多地区,创新潜力及其转化已经成为影响地区经济增长速度的关键要素。而作为地区发展政策的俄罗斯联邦地区发展战略与规划的主要功能就是推动地区创新经济的发展,并为其提供制度上的保障。由于创新能力在经济发展中具有重要作用,国家制定的地区发展政策不仅要反映国民经济活动中创新能力的空间分布,也要有针对性地解决不同地区在创新发展中存在的问题。相应地,这对战略规划的制定工作也提出了新要求。同时,由于不同类型

① Каталог публикаций: Федеральная служба государственной статистики[EB/OL]. https://www.gks.ru/free_doc/new_site/vvp/vvp-god/tab10-3.xls.

② Статистические издания[EB/OL]. https://www.gks.ru/folder/210/document/13204.

③ Информационно-аналитические материалы[EB/OL]. https://www.gks.ru/compendium/document/47652.

的地区在创新发展过程中面临的问题不同，解决的办法也不同，俄罗斯应采用不同的经济社会发展机制来理清这些问题，以应对区域分化问题的新变化。

1. 地区发展政策制定的新办法与产生的新争议

为了消除差异，逐步实现各地区的均衡发展，俄罗斯国内较为一致的看法是，在联邦地区政策制定的目标和工具体系中，应采取更为有效的方法，首先应使地区发展政策与国家经济创新发展的总体目标保持一致。[①] 而俄罗斯通过的《俄罗斯联邦战略规划法》则为此提供了法律和制度基础。该联邦法的出台，能够有效地协调所有正在实施的各项国家经济发展战略（投资领域、创新领域、社会领域），以及作用于其实施进程中的各类机制。

这一法律是俄罗斯联邦政府在战略规划实施体系中的一个宣言，具体内容仍有待完善。俄罗斯一些专家认为，此法律在细节方面并不完善，因此无法使战略规划作为一个有效的机制在国家和地区层面实施。例如，该法律并没有清楚地指出，如何让一项国家法令在经济社会发展水平区域分化明显的俄罗斯各联邦主体中顺利地实施。此外，该法律提出，联邦中央应制定一系列重要的地区战略规划，如地区发展战略、地区发展政策等，同时必须要明确地区发展的优先方向。[②] 这些都是很现实的问题。从 1992 年以来，俄罗斯曾不止一次地制定类似的文件，但效果不理想。效果不理想的原因主要有两个：第一，发展战略本身的实施前景并不明确，发展战略更适合作为地区未来的优先发展方向；第二，从客观属性上看，对于一个地区经济社会发展不平衡的国家来说，制定切实可行的地区发展政策具有一定的难度。国际经验表明，这一问题在世界各国均属于难解决的问题，这对于尚处于经济转型期的国家来说更是如此。

此外，俄罗斯学者也试图用预算税收政策实施情况不佳，来解释地区经济发展不平衡的问题长期无法得到有效的解决这一事实。但不应忽视的是，地区发展不平衡的问题早在苏联时期就存在。在俄罗斯激进经济改革时期，这一问题不仅未能解决，反而更加严重，这成为后人指责这一时期的发展模式破坏俄罗斯国家经济体系的有力证据。该模式的初衷是实现原料行业和金融贸易部

① Бахтизин А. Р., Бухвальд Е. М., Кольчугина А. В. Ранжирование субъектов Российской Федерации по потенциалу и темпам социально-экономического развития[J]. Регион: экономика и социология, 2016(2).

② Власкин Г. А. Государственное регулирование Инновационной сферы: назревшие решения[J]. Управленческие науки, 2015(1).

门的快速发展,但结果导致以工业和军事工业生产为主的地区经济崩溃,而原料型地区和金融贸易中心地区在国家经济生活中的地位却进一步加强。这一现象导致20世纪90年代上半叶俄罗斯地区进行重新排序,地区间各项经济发展指标的差距不断加大。

俄罗斯区域分化现象并没有出现明显的恶化趋势。以地区产值排名第一的秋明州和排名最后的印古什共和国为例,2017年地区生产总值相差16.3倍。这一数字在未来也不会发生明显的变化。其主要原因是,俄罗斯原料型地区和金融贸易中心发展乏力。这表明,俄罗斯区域分化现象不会愈演愈烈,但面临的问题与挑战依旧严峻。

2. 创新潜力成为地区发展政策制定的主要依据

在宏观层面上,通过地区发展政策的制定来实现地区经济社会的均衡发展是主要手段之一。地区创新潜力成为推动两者关系积极发展的新内容。俄罗斯经济社会发展的现实表明,在以原料型经济和金融贸易型经济为主的地区,政策和指令有时无法彻底解决地区经济社会快速发展、优化人口结构以实现劳动力最佳配置等问题。可能的解决方式是通过实施战略规划来实现各地区经济向创新型经济转化,从而拉动经济发展、实现合理分工、提高居民的生活水平、缩小与发达地区之间的差距。由此看来,创新发展政策不仅可以实现俄罗斯经济结构的调整,快速提高经济的竞争力,而且可以为地区发展政策有所突破注入动力。

但是,推动经济创新发展并不意味着地区发展政策中积聚已久的问题能够自行得到解决。俄罗斯科学院经济所的报告指出,随着国家经济发展模式向创新模式的转化,地区发展政策应该成为各地区优先选择的机制,每个地区也要根据自身的情况与中央形成解决本地区问题的相处模式。由此可以看出,为了实现地区创新潜力与发展政策的有效整合,俄罗斯应该理顺以下两个问题:第一,应该尽快采取有效的办法来实现创新政策和地区发展政策的融合;第二,为了反映各地区向创新型经济转化的准备程度,要按指标对其进行分类。例如,投资型地区的经济政策应该能够推动所在地区社会劳动力的发展,否则就无法保障所在地区拥有能进一步提高投资吸引力的创新能力。这是地区发展政策最重要的一环,是国家战略规划的基础,会使更多的地区朝着提高创新能力的方向发展。而提高创新能力的关键是人力资本投入和社会基础设施投入,重点是努力打造有利的投资环境,以及建立金融和非金融发展机制等。而投资绩效则能直观地反映出创新效果,拥有同等的投资规模和较强的创新能力的领域或地区可以实现经济的快速增长。

3. 地区分类成为地区发展政策制定的关键数据

俄罗斯有很多以地区分类为主的文件和报告,这些文件和报告从不同方面对地区经济特点进行了总结,对其引资能力进行研判。具体指标涉及宏观经济的总体形势、预算税收、金融信贷、劳动力资源、生态状况、法制环境,以及投资和创新活动扶持机制是否完善等。在对地区进行排名时,俄罗斯从创新潜力出发考虑了以下因素:地区经济社会发展水平、投资引力、创新发展能力。其中,投资引力是对创新潜力进行评估的主要指标,数据以联邦统计局发布的数据为主。

俄罗斯信用等级评估公司"俄新社评级分析社"的分析报告《俄罗斯地区投资吸引力排名》,对各联邦主体投资环境的优缺点进行了对比,其中考虑了各地区的投资潜力。根据该评估报告,俄罗斯可以分成9类不同的地区,每一类地区均有自己的支撑指标。这些指标包括自然资源潜力(拥有的自然资源储量)、劳动力潜力(以劳动力资源和教育文化水平为主)、生产潜力(经济活动的总体实力)、创新潜力(科技水平和科研成果的利用能力)、制度潜力(市场经济体制的发展水平)、基础设施潜力(地缘经济状况和基础设施保障能力)、金融潜力(税收水平、企业利润和居民收入)、需求潜力(居民整体购买力水平)、旅游潜力(游客接待能力)。

而地区创新潜力评估指标包括:目标单位创新积极性占地区总体的百分比;用于研发的经费占地区生产总值的百分比;从业人员中从事研发工作的人员所占的百分比。"俄新社评级分析社"的分析结果显示,有27个地区由于有效地发挥了创新潜力进入全俄前20名。如果按照经济发展的投资潜力进行排名,则有45个地区进入前20名。如果按照社会潜力进行排名,则有40个地区进入前20名。这一方面说明地区的创新发展能力比投资水平和社会潜力在时间上更稳定、更明显;另一方面也表明,区域分化现象在地区创新发展方面表现得更强烈。具体排名见表1。

表 1　俄罗斯社会潜力、投资潜力和创新潜力排名前 10 的地区一览表①

	按社会潜力	按投资潜力	按创新潜力
1	莫斯科市	萨哈林州	下诺夫哥罗德州
2	圣彼得堡市	莫斯科市	圣彼得堡市
3	莫斯科州	秋明州	莫斯科市
4	下诺夫哥罗德州	列宁格勒州	莫斯科州
5	萨马拉州	萨哈(雅库特)共和国	卡卢加州
6	秋明州	圣彼得堡市	新西伯利亚州
7	马加丹州	克拉斯诺亚尔斯克边疆区	秋明州
8	卡卢加州	莫斯科州	萨马拉州
9	斯维尔德洛夫斯克州	鄂木斯克州	乌里扬诺夫斯克州
10	萨哈林州	阿尔汉格尔斯克州	彼尔姆边疆区

在表 1 中,莫斯科市、莫斯科州和圣彼得堡市在三个排名中均进入前 10 名,而萨哈林州、卡卢加州、下诺夫哥罗德州、萨马拉州则是各有两个排名进入前 10 名。

当然,我们也应该注意一些偶然因素对俄罗斯地区排名的影响。例如,某一时期某一地区实行了投资方案(如滨海边疆区的 APEC 会议等),在这一条件下,一些中游地区,甚至落后地区,都可能暂时成为具有投资吸引力的地区,但之后会重新归位。

在俄罗斯 27 个具有创新潜力的地区中,只有 19 个地区同时又是具有社会潜力的地区,有 23 个地区同时又是具有引资能力的地区。具有创新潜力但没有进入投资潜力排名前 20 的地区有新西伯利亚州、乌里扬诺夫斯克州、沃罗涅日州、罗斯托夫州等。这些地区是老工业地区。这些地区的特点是拥有创新发展所需要的人才基础,但引资能力相对匮乏。

总之,我们可以认为,上述排名和最后的结论,是对俄罗斯各联邦主体经济社会发展指标进行综合分析后得出来的,是判断俄罗斯各地区经济发展状况的

① Дудин М. Н. Обеспечение устойчивости экономического роста на региональном уровне в условиях инновационного развития[J]. Региональная экономика: теория и практика, 2015(14).

重要依据,也是制定地区发展政策的前提。① 国家战略和规划是俄罗斯实施地区发展政策的重要工具,而具有重要地缘位置的地区则是重点,如远东和外贝加尔地区、北高加索联邦区、俄罗斯北极地区和加里宁格勒州。针对东部地区,俄罗斯曾先后通过了《2013 年前远东和外贝加尔地区经济社会发展联邦专项纲要》《西伯利亚联邦专项纲要》《2020 年前西伯利亚经济社会发展战略》《2025 年前远东和贝加尔地区经济社会发展战略》等文件。2013 年的总统国情咨文提出,21 世纪俄罗斯主要的战略任务是发展西伯利亚和远东地区,俄罗斯为此建立了远东发展部。2014 年,俄罗斯通过了《俄罗斯社会经济超前发展区联邦法》,以经济特区的形式推动远东地区的发展。这些都是中央在处理区域分化问题上的政策支撑。

总之,我们认为,实现地区经济增长、缩小地区差异和提高引资能力的最佳途径,就是提高创新能力、采用新技术、使经济效益得到快速提高。在发展前景良好的领域,投资积极性和创新积极性也会提高。对于俄罗斯的落后地区来说,为了实现地区经济社会的快速发展、挖掘创新潜力,走经济现代化道路显得尤为迫切。这些地区应改变资源供应者的地位,加大产品中创新劳动的比重。随着宏观经济的好转,国家和地区创新体系的建立和发展有条不紊地进行,从地区经济发展的层面上看,创新发展已成为俄罗斯各地区经济社会发展不可分割的一部分。

第二节　俄罗斯农业生产的地区差异和政策解析

俄罗斯具有丰富的土地资源和发展农业的优良条件,但土地资源在很长时期内没有得到足够重视。乌克兰危机后,国际社会对俄罗斯的制裁,以及俄罗斯针对美国、加拿大、澳大利亚、新西兰等国采取的粮食禁运的反制裁,给农业发展带来了机遇,农业增长和农产品出口贸易成为经济发展中的亮点。2014

① Селиверстов В. Е. Стратегическое планирование и стратегические просчеты: российские реалии и тенденции[J]. Регион:экономика и социология,2016(4).

年，俄罗斯粮食产量达到 1.04 亿吨，俄罗斯实现了粮食安全自我保障。[①] 随着农业投入的增加，俄罗斯已经成为世界粮食出口大国。

俄罗斯农业主产区主要位于黑海沿岸亚热带地区、西北部地区、南西伯利亚地区、东西伯利亚地区和远东南部地区等。从总体上看，俄罗斯农业发展的社会经济条件良好，但是自然气候、地理位置、民族结构、经济社会发展水平等因素也影响着不同地区农业的发展。此外，投资结构、农业生产的成本、农业生产的效益、农作物的种植结构、畜牧业的养殖结构等也影响着各地区农业的发展。我们通过对俄罗斯各农业区发展条件的差异性进行分析，更为全面地了解俄罗斯发展农业经济的潜力。

一、以自然气候条件和成本优势打造黑海沿岸的“粮仓”

在现代农业条件下，无论是在农业耕作和养殖的土地成本方面，还是在农业生产的经济成本方面，俄罗斯都具有可持续性的优势。

俄罗斯的黑土地面积占世界黑土地面积的 1/3，耕地面积约为 1.15 亿公顷，人均耕地面积为 0.85 公顷，发展农业的条件得天独厚。同时，俄罗斯主要粮食产地基本上集中在黑海沿岸地区，农业主产区的公路和铁路四通八达，粮食能够快速便捷地运到出口港和出口目的地。并且，随着出口份额的增大，俄罗斯在国际粮食市场定价方面的先发优势也会凸显出来。

作为俄罗斯粮食生产和出口重要地区的克拉斯诺达尔边疆区就占据了这些优势。克拉斯诺达尔边疆区是俄罗斯主要农业区，被称为“俄罗斯的粮仓”，对国家粮食安全具有重要的保障意义。该边疆区的农业用地约为 475 万俄里[②]，其中 390 万俄里[③]为耕地面积，201.5 万俄里种植粮食，7.1 万俄里种植果蔬，葡萄种植面积为 3.2 万俄里。俄罗斯 11% 的粮食（84% 的水稻和 40% 的玉米）、27% 的甜菜、20% 的向日葵籽、50% 以上的葡萄、100% 的茶叶、大部分柑橘都产自该边疆区。克拉斯诺达尔边疆区的粮食产量、甜菜产量、水果产量和浆果产量均居第一位，肉类和禽类屠宰量居第二位，蛋类产量居第三位，蔬菜和奶

① 吴焰. 加大投入，俄罗斯粮食产量“逆袭”创新高[EB/OL]. http://world.people.com.cn/n1/2017/1012/c1002-29581873.html.

② 475 万俄里约为 487.5 万千米。

③ 390 万俄里约为 416 万千米。

的产量居第四位。该边疆区有 20 000 多家农业企业，其中 12 500 多家为农场。该边疆区还有 80 多万家个体农户，有大型联合企业、工厂、小企业和个体农户共同进行食品生产和加工。①

得天独厚的自然条件给克拉斯诺达尔边疆区的农业带来了很高的经济效益。高速的经济发展和良好的投资环境也吸引了国内外众多的商家。目前，这里已经和美国、土耳其、乌克兰、德国、白俄罗斯、希腊、法国、以色列、奥地利、塞浦路斯等国家建立了长期有效的经济合作关系。该地区也为中国农机企业开拓市场提供了广阔的空间。

在农业改革问题上，俄罗斯总统普京主张搞大农业，即建立大型农业综合体。在此政策背景下，一体化农业控股公司成为包括克拉斯诺达尔边疆区在内的农业发达地区生产经营的主体。在苏联解体之前，俄罗斯农业生产和经营的主体是集体农庄和国有农场，居民的副业是作为公有经济的补充而存在的。1991 年以后，通过农业私有化改革，在改组集体农庄和国有农场的基础上，俄罗斯建立了许多新型的农业生产经营组织和大量的农户经济组织，居民个人的副业也得到了很大的发展，这使得俄罗斯农业生产结构发生了重大的变化。与其他生产模式相比，一体化农业控股公司可以通过更多的工艺和先进的农业机械进行规模化生产，更加注重效率和盈利，将资本、科技和管理有效地组合在一起，实现农业领域的现代化创新发展，使所在地区成为具有国际竞争力的大型农业生产地区。

此外，俄罗斯实行的联邦专项纲要对这一地区也有政策上的倾斜。俄罗斯在农业领域实施的纲要主要包括 2011 年批准的《2013—2020 年俄罗斯联邦农业发展和农产品、原料和粮食市场调控国家纲要》，以及 2014 年批准实施的《农业发展纲要》。除纲要中规定的各投资项目之外，地方政府也在上述纲要框架内有针对性地制定地区发展规划，保障农业生产、农产品加工、农产品运输、农产品仓储等部门的平衡发展，建立农业和其他产业之间跨部门的生产联系和经济联系，促进农业、食品工业和加工工业的发展。地方政府通过制定措施来加快企业的技术更新，对农业管理者、专业技术人员进行培训，提高其业务水平，从而最大限度地保障发达地区的领先优势。

---

① Калугина З. И., Фадеева О. П. Социально-экономическая поляризация сельского пространства России[J]. Регион：экономика и социология, 2015(3).

二、政策扶持和技术创新推动中央黑土地区的农业发展

俄罗斯欧洲部分主要位于中央黑土地区的联邦主体别尔哥罗德州、沃罗涅日州、库尔斯克州、列宁格勒州、莫斯科州、巴什科尔托斯坦共和国、鞑靼斯坦共和国、斯塔夫罗波尔边疆区、坦波夫州等也是主要的农业产区。俄罗斯农产品产量的1/3均来自这些地区。

这些地区发展农业的优势是拥有强大的引资能力和雄厚的创新潜力，而政策扶持则是基础。这里是俄罗斯扶持政策贯彻得最快、最有效果的地区。俄罗斯农业部为农业生产者提供带有政府补贴性质的农作物保险，设立了农产品价格稳定基金，以防止农产品价格波动。为了实现养殖业与饲料供给之间的良性循环，俄罗斯还对进口优良畜牧品种、奶业基础设施建设、猪肉生产和鸡肉生产等提供直接补贴。同时，俄罗斯的金融机构还会为农业生产者提供超低息贷款。

鞑靼斯坦共和国和巴什科尔托斯坦共和国就是国家政策扶持的受益者。这两个共和国都是俄罗斯农业生产的重要地区，农产品产量分别居于全俄第三位和第六位，其中，鞑靼斯坦共和国的奶产量居全俄第一位，土豆产量居第二位，肉类和禽类产量居第三位。这两个共和国的农业生产能够快速发展的原因是政策落地快、资金扶持力度大、补贴到位。从自然禀赋条件来看，这些地区的乡村布局更适合开展中小型生产经营活动，一半以上的农产品生产是由中小企业完成的。当地居民也保持着从事农业生产的传统，鞑靼斯坦共和国有10%的居民从事农业生产，巴什科尔托斯坦共和国有15%的居民从事农业生产，这有利于构建家庭生产经营模式。

地方政府扶持建立新型产业生产模式、激励创新主体的生产积极性的做法体现在别尔哥罗德州的农业发展上。别尔哥罗德州政府推出各类优惠政策，在农业生产综合体的建设和行业技术创新的进程中引入资金，同时还创造条件来推动农业经济多种经营方式的发展。为了解决工业化过程中产生的富余劳动力的问题，别尔哥罗德州政府推出家庭农场政策，以此来扶持和恢复传统农业生产，丰富粮食生产的种类，形成高质量的农产品市场。

别尔哥罗德州发展农业的先天条件并不优越。从农业用地面积和人口数量来看，别尔哥罗德州在俄罗斯仅居于第67位和第30位，别尔哥罗德州的农

业用地面积占俄罗斯农业用地面积的1%，其耕地面积占俄罗斯耕地面积的1.3%。但是，由于别尔哥罗德州实施鼓励畜牧业发展的政策，畜牧业已经成为这一地区经济发展的助力器。别尔哥罗德州也因此成为俄罗斯农业发展较好的地区。2013年，全俄1/5的肉类产品产自别尔哥罗德州，全俄27.5%的猪肉和16.2%的鸡肉均来自这里。早在2012年，别尔哥罗德州土地利用效率就已经接近世界水平，1俄里[①]耕地面积的产值为10万卢布，2013年1俄里耕地面积的产值为10.29万卢布，2014年1俄里耕地面积的产值为12.39万卢布，这样的变化当然离不开地区产品深加工能力的不断提高和生产工艺的不断创新。[②]

创新型生产加工综合体在这一地区具有明显的作用，这一地区通过广泛地采用创新技术来生产优良的肉类和禽类产品，建设大型生产加工企业，形成畜牧业生产从田间到饭桌的一体化产业链条。而生产的规模化和发展战略的全局性成为这一地区农业发展的有利条件。例如，为了应对卢布价格波动和气候变化，为了提高产品附加值，企业在统一生产体系的框架内，分离出若干个专门公司或企业来开展饲料生产经营活动，为养殖业的发展提供物质保障，同时，对生产废料进行加工利用，建立优良选种培育基地。可见，现代化集群是这一地区农业生产的典型特征，开展技术合作是未来发展的重点。

三、以中小型经营模式为主、具有发展空间的农业区

这类地区主要位于俄罗斯中央黑土区、伏尔加河流域地区、乌拉尔地区和西西伯利亚地区，包括阿尔泰边疆区、阿穆尔州、布良斯克州、弗拉基米尔州、伏尔加格勒州、伊尔库茨克州、加里宁格勒州、基洛夫州、克拉斯诺亚尔斯克边疆区、利佩茨克州、下诺夫哥罗德州、新西伯利亚州、鄂木斯克州、奥伦堡州、奔萨州、彼尔姆边疆区、秋明州等联邦主体。

这些地区的共同特点是农业用地广阔、农业生产部门种类齐全，但是农业生产以粗放型为主，开展集约化生产的资金不足，地方政府的重视程度不高，开展农业生产活动具有一定的复杂性。但是，这些地区在俄罗斯解决粮食自给自

---

① 1俄里约为1.0668千米。

② Фадеева О. П. Социально-экономический потенциал сельской многоукладности（на примере Белгородской области）[J]. Регион：экономика и социология，2012(4).

足的发展战略上具有重要的地位，发展空间广阔，潜力巨大。这些地区的投资吸引力并不大，这些地区没有大型农业生产企业入驻，农业生产和加工以中小企业为主。

投资不足和贷款利率过高阻碍了这些地区的发展。与农业发达地区相比，这些地区的农业生产设备相对落后。由于缺少资金，大型农业机械设备老化、燃料价格偏高等问题无法得到有效解决，这也造成了农业生产效率低下、产品缺少竞争力。并且，这些地区也缺少投资吸引力。由于农业并不是这些地区的主要产业，投资收益不高影响了投资者的信心，而金融机构也对资金回收没有足够的信心，没有降低利率的计划。

农村人口流失也是影响因素之一。由于资金有限，这些地区的农业生产部门和企业重视农业生产的发展，很少关注居民物质生活条件的改善和提高。国家投资也仅用于基本生活设施的维护和建设，居民的住房条件不佳，物质文化生活相对匮乏，这导致农村人口流失严重。其中，现有人口老龄化严重，青壮年人口流失严重，而农业技术人才也被发达地区高薪挖走。

在俄罗斯农业复苏的大背景下，由于具有有利的自然地理条件和适宜的气候条件，这些地区也开始加大农业扶持力度，力图推动农业的发展。出台的政策措施主要集中在以下几个方面：通过优惠政策的推出来鼓励私人投资进入种植领域和养殖领域；把依靠现代化工艺从事粮食生产、加工和贸易活动的大型股份集团公司纳入地区发展规划中，给予国家的政策扶持；简化农业用地转化为商业用地的审批手续；就农业用地的抵押问题进行调研，并推出相关政策等。

同时，这些地区也具有开展国际合作的前景，大部分地区位于中俄毗邻地区，具有开展合作的地缘优势，而中俄两国相关政策的出台也为合作注入了动力。2016 年，俄罗斯总统普京签署《远东 1 公顷土地法》，以此来吸引俄罗斯公民落户远东地区，促进地区开发。根据该法令，俄罗斯公民可获得 5 年土地无偿使用权，土地可用于个人住宅、农业开发、旅游等，到期后在可以继续开发利用的情况下，俄罗斯公民可继续租用或获得土地产权。这为农业合作提供了可能。此外，在丝绸之路经济带和欧亚联盟对接的框架内，俄罗斯投资基金会、中俄投资基金会与黑龙江省政府达成协议，共同建立总资金为 20 亿美元的投资基金,以实施中俄两国在农业领域的合作项目。[①] 而黑龙江省和阿穆尔州计划建立农产品自由贸易区,计划通过优惠的政策支持和本币结算等方式来促进中俄两国农业企业间的合作,而这一合作也必然会带动中俄两国边境地区对未开发的农业用地的利用。

四、自然条件恶劣、农业发展相对落后的地区

自然地理条件(如北部地区气候条件严酷,大部分地区为冻土地带、沼泽地带和地震高发区)的恶劣导致俄罗斯经济地理布局不合理,进而造成了居民分布不平衡。[②] 而经济结构单一、经济基础设施不完善、人口密度低、资源配置存在差异等问题,也使得俄罗斯各地区之间的差距加大。农业发展也受到了影响,俄罗斯存在很多农业发展落后的地区,其落后的原因也不尽相同。

1. 农业基础设施薄弱,但具有一定的发展潜力

这些地区主要位于西北地区、东部地区和非黑土地区,包括阿尔汉格尔斯克州、沃洛格达州、克麦罗沃州、科斯特罗马州、摩尔曼斯克州、诺夫哥罗德州、普斯科夫州、卡累利阿共和国、科米共和国、萨哈林州、斯摩棱斯克州、特维尔州、托木斯克州、楚科奇自治区、雅罗斯拉夫尔州等地区。

这些地区与俄罗斯南部农业发达地区存在差异,其一表现为不利的自然气候条件,其二是基础设施相对落后。但是,这些地区具有一定的农业发展潜力。例如,科斯特罗马州具有发展农业的条件,只是由于缺少扶持,农业生产规模被压缩,耕地面积和牲畜存栏量出现下降的趋势,如果政策和资金到位,局面很快就会改变。又如克麦罗沃州、托木斯克州等地区,不是传统的农业产区,产业结构以工业生产和资源型产业开发为主。农业投资不足,农业缺少竞争条件。但是,这些地区位于欧洲部分的农业用地的商业价值评估却很高,上涨空间大。如果俄罗斯土地私有化推广范围扩大,土地用途可以转化,这无疑会带动这些地区的发展。

2. 先天条件不足,缺乏政策支撑,以放任型发展为主

这些地区主要位于远东和西伯利亚地区,以及北高加索地区,包括外贝加

---

① Россия и Китай подписали ряд соглашений [EB/OL]. http://www. vestifinance. ru/articles/57063.

② 葛新蓉. 俄罗斯区域经济发展与政策研究[M]. 哈尔滨:黑龙江大学出版社,2015:17.

尔边疆区、堪察加边疆区、滨海边疆区、阿尔泰共和国、布里亚特共和国、印古什共和国、卡尔梅克共和国、图瓦共和国、哈卡斯共和国、哈巴罗夫斯克边疆区等地区。

这些地区30%的农业生产组织都处于亏损状态。固定资产投资不足,农产品产量在全俄的比重不到10%,畜牧业生产负盈利,产奶量低。农业生产以个体生产和农场生产为主,产量占总产量的80%以上。以外贝加尔边疆区为例,许多集体企业因失去国家扶持而濒临倒闭。农业生产领域无耕种面积限制、免税支持等措施的实行,使得东部边境地区的农业生产者以个体为主。该边疆区的养殖业为传统产业,该边疆区有意扩大养羊业的规模和开展细羊毛生产,但是低廉的原料收购价格和当地加工能力有限等问题束缚了其发展。目前,家庭生产是唯一可选择的农业生产方式和获取收入的来源。

3. 不适合发展农业的地区

这类地区的各项农业发展指标都很低。一方面,自然气候条件决定了这些地区不能进行大规模的农业生产,如萨哈(雅库特)共和国、马加丹州、萨哈林州等;另一方面,社会经济发展现状制约了农业生产的发展,如车臣共和国、达吉斯坦共和国等。这些地区的农业生产以个体生产和农场生产为主,产量有限,一半的企业处于亏损状态。这些地区只有单独打造合适的农业生产方式和机制,才能得到发展的机会。

这些地区发展的唯一路径是寻找新的引资方向和开发新产品。其中,走绿色生态产品生产之路是地方政府考虑的办法之一,但市场需求问题、类似产品的竞争力问题都需要通盘考虑。此外,发展旅游业也是可行之策,但首先要解决的是基础设施建设问题。这些无疑都需要资金的投入。此外,《俄罗斯联邦农用土地流通法》的颁布与实施,为土地流通提供了法律基础,使农用土地进入流通领域成为商品经济的一个重要因素,同时也为土地所有者出租、出售、抵押、交换等提供了法律依据。更为重要的是,如果农用土地进入流通领域,农业就可以朝着规模化和效益化的方向发展,这也为农业不发达的地区指明了发展方向。

五、俄罗斯农业将成为中俄经贸合作的亮点

2017年,俄罗斯农产品产量增长2.4%,产值达5.1万亿卢布。农业走势

良好的关键因素之一是粮食大丰收。粮食产量同比增长 11.2%，达 1.341 亿吨，其中小麦产量提高 17.1%，为 8 580 万吨，大麦产量提高 14.4%，达 2 060 万吨。但是经济类作物的总收割量有所降低，甜菜收割量下降 6.1%，向日葵收割量下降 12.6%，亚麻收割量下降 6.3%，这导致甜菜、向日葵、亚麻的总产量分别下降 8.5%、2.6% 和 2.1%。与 2016 年相比，向日葵的收割面积减少了 10.5%，亚麻的收割面积减少了 4.3%。由于种植面积减少，马铃薯的总产量减少 4.9%，蔬菜的总产量与 2016 年持平。温室蔬菜总产量为 95.26 万吨，比 2016 年提高了 17%。①

除了种植业之外，养殖业对农业的贡献也很大，特别是禽肉和猪肉，产量增长了约 5%，蛋类产量也有所增加。根据俄罗斯统计局的资料，2017 年，牲畜和家禽的屠宰量提高 4.7%，毛重量达 1 460 万吨，蛋类产量提高 2.8%，为 4 480 亿枚，产奶量提高 1.2%，为 3 110 万吨。到 2017 年 12 月末，生猪存栏量为 2 330万头(同比增加 5.7%)，家禽为 5.566 亿只（同比增长 0.7%），牛存栏量为 1 860 万头（同比减少 0.6%），羊存栏量为 2 450 万只（同比减少 1.3%）。根据俄罗斯统计局的数据，从牲畜存栏结构来看，42.5% 的牛、12.9% 的生猪、46.2% 的羊都是个体农户养殖的。②

俄罗斯近年来积极推进农产品出口，特别是粮食出口，并且在世界粮食出口国排名中超过乌克兰，居美国之后位列世界第二。在发展出口的同时，俄罗斯的农业生产者把质量较低的粮食放到国内市场销售。世界粮食贸易的领头羊依旧是美国。而俄罗斯出口的小麦占世界市场的大部分份额。俄罗斯出口的小麦多为硬质小麦，而俄罗斯国内市场销售的多为软质小麦和饲料用小麦。

事实上，进口替代和制裁使俄罗斯产品的市场份额扩大。俄罗斯最强大的竞争对手的地位正在弱化，如占据北非和西非市场的欧盟，以及占据东南亚和南亚市场的澳大利亚，这些市场大量购买了俄罗斯小麦。下一阶段俄罗斯将重点提高饲料用小麦的产量和发展肉类（牛肉）生产，而由于俄罗斯国内市场需求上升，硬质小麦的出口量将下降。

---

① Статистика：основные показатели сельского хозяйства 2015 – 2017 гг. [EB/OL]. https://agrovesti.net/lib/industries/statistika – osnovnye – pokazateli – selskogo – khozyajstva – 2015 – 2017 – gg. html.

② Статистика：основные показатели сельского хозяйства 2015 – 2017 гг. [EB/OL]. https://agrovesti.net/lib/industries/statistika – osnovnye – pokazateli – selskogo – khozyajstva – 2015 – 2017 – gg. html.

当然,一些结构性问题也影响了粮食销售利润的提高。主要问题是南部港口粮食换装能力不足,而粮食仓储面积不够也使得中间商只有有限的赢利空间。

专家认为,农业综合体面临的问题还包括主要市场过度饱和,这促使俄罗斯的农业生产者开始开发新的产品、提高原料质量、提高加工水平。俄罗斯农业市场的某些领域需要进行重组。当前,一些大型和中型的农业生产商计划开发新的市场空间,如生产非传统粮食作物、开发新的畜牧养殖业、在各领域进行深加工。

2017 年,俄罗斯农业部门共吸引了约 6 120 亿卢布的投资,而 2016 年投资额为 5 880 亿卢布,这表明投资者对这一行业继续保持兴趣,行业也存在增长点。大多数新方案均由大型集团公司实施,以扩大现有生产规模为目的。这些方案大多涉及有开发空间的肉类和蛋类行业,以及到目前为止尚未完全实现进口替代的蔬菜生产行业。大型国外公司也继续入驻俄罗斯市场。主要投资领域集中在温室蔬菜种植上。2017 年,温室蔬菜种植面积提高到 2 600 俄里①,其中 600 多俄里②是最近 5 年出现的。

从总体上看,当前,俄罗斯发展态势良好的农业区主要是自然气候条件优越的地区,集中在南部和中部,毗邻大城市和交通要道,而其他地区的发展相对落后。俄罗斯各农业区发展的现状反映出明显的社会经济发展的差异。主要原因有以下几个:自然禀赋条件、居民生活条件和农业经济关键部门的资源条件不同;经济区位不同,距离中心城市和交通干线的远近影响着农业的发展;不同地区居民的民族构成、居民传统的生产方式和社会精英状况也影响着农业的发展。此外,固定资产投资规模的影响也很大,农业生产成本是投资大小的决定因素,俄罗斯各地区农业领域的投资额有所不同,最高可达 213.83 亿卢布,最低仅为 3.09 亿卢布。③ 农业生产组织形式的不同、各地区生产结构的明显差异也是影响因素。俄罗斯有些地区以规模化生产为主,有些地区偏重于作坊式生产,农场的贡献并不太大。当然,地方政府对不同规模的农业生产综合体所

---

① 2 600 俄里约为 2 774 千米。

② 600 多俄里约为 640 多千米。

③ Забелина И. А. Приграничное сотрудничество и его влияние на качество экономического роста（ на примере Забайкальского края）[J]. Эко , 2013(5).

实施的政策也影响着当地农业的发展。上述均是我们在对俄农业合作中应该考虑的因素。

第三节 俄罗斯预算政策推动地区与联邦财政关系变革

俄罗斯预算法案的主要任务是保证长期预算稳定。对于俄罗斯来说，长期商业循环的不利因素是需要实行刺激性预算政策，同时，贸易条件恶化和石油收入降低又迫使预算在低收入水平上维持平衡。为了应对这一挑战，俄罗斯有关部门考虑进行改革，实施反周期性预算法规、改变用于稳定(或限制)地方预算的体系、改变国家主权财富基金的资金收入和支出方法等都在考虑范围内。

一、提出预算改革的主要任务，提高预算政策的调控功能

1. 在设置支出警戒线的问题上，考虑把预算支出和石油价格关联在一起

石油基准价格应采用两个数值的平均值：其一是近 30 年石油平均价格；其二是以官方预测为基础的未来 3 年预算周期的石油平均价格(或者是由一系列权威组织给出的预测，包括经济发展部、国际能源机构、世界银行)。这种计算方法既有通过对过去一个时期的价格进行观察而得出的保守预测，也有对未来走势进行预测的灵活性。这种计算方法综合考虑到了历史数值无法反映的未来发展趋势。而从稳定性的角度来考虑，过去 30 年的平均价格所占的比重应更大(例如可以占 75%)。为了使预算更好地适应可能出现的危机状况，计算方法还应具有更大的灵活性。在中等危机的情况下，国内生产总值每下降 1 个百分点，俄罗斯联邦政府有权将支出总量提高 1 个百分点。

2. 在国家主权财富基金管理方面建议保留主权财富基金，但应改变其收入和支出方式

俄罗斯储备基金的基本职责是在世界市场碳氢化合物资源的价格出现大幅度波动时，灵活机动地消除对预算收入的影响。如果石油预测价格低于基准价格，就动用储备基金来弥补预算收入，反之则把多余的收入储备起来。俄罗斯不允许动用储备基金来弥补预算中非石油收入产生的缺口，也不允许动用储备基金来弥补预算缺口。当石油价格高于基准价格时，新的预算法规允许用多

余的石油收入购买美元并纳入储备基金。此举可以避免卢布汇率过度走高，同时也可以增强俄罗斯经济的竞争力。每年动用的储备基金总量应设置警戒线，即每年使用额度不能超过年初储备基金总量的30%。其余的预算收入缺口可以通过统一预算方式来弥补，也可以采用借款的方式来弥补。

从自身发展来看，国家福利基金正在转化为支持基础设施建设项目基金（开始管理俄罗斯联邦投资基金会管辖的正在运转的项目）。同时，国家福利基金所拥有的所有的可变现资产（与政府投资决议有关的资产除外）都转到国家储备基金名下，这样可以用前几年依靠油气收入拨款积攒下来的资金来增加储备基金的收入。在预算长期预测和预算法规均发挥作用的情况下，俄罗斯完全没必要在现有的国家主权财富基金的架构内建立其他储备基金形式，也完全没必要允许其发挥作用（特别是以反危机为目的）。当然，紧急状况下的储备基金除外。

3. 实施灵活的顺周期性债务政策

俄罗斯可以实施灵活的顺周期性债务政策，这样在有利的对外经济条件下就可能获得更多的外部借款，以满足预算平衡的需求。在这种情况下，多余资金可存入联邦预算统一国家账户（也可能是某个子账户），联邦国库局也可以把这些资金作为储备金。这些资金可能在非石油收入不足或本年度出现结构性缺口的情况下补充到联邦预算中，或者在经济环境变差、资金流入市场受限的情况下代替国家借款。在对风险预测水平的要求不断提高的条件下，以及在俄罗斯国内外投资水平提高的条件下，这种方法能够提高国家债务政策的效率。

俄罗斯在各类战略文件中明确规定，2018—2035年，国债（联邦和地区）总额不能超过国内生产总值的5%—7%。[①] 因此，俄罗斯有关部门和专家建议通过立法来规定国家和地方债务使用额度（例如，每年不超过联邦预算确定的国内生产总值的1.5%，在不考虑地区预算中央拨款的情况下不应超过预算收入的15%）。同时，从降低使用型预算支出的角度出发，俄罗斯应及时调整债务结构。还有人建议以平衡出发点来制定对地区预算的限制措施，例如，新增加的大部分法规和措施应该针对高补贴地区和高债务地区，这些地区应建立健康的

① Основные направления бюджетной, налоговой и таможенно-тарифной политики на 2018 год и на плановый период 2019 и 2020 годов [EB/OL]. https://www.minfin.ru/ru/document/? id_4 = 119695.

财政秩序，以保证相关法规和措施的施行。从 2020 年起，对于一些高债务地区，俄罗斯转而实行渐进式长期刺激措施，如在某个特定时期实施零赤字预算政策。

二、加强对预算支出的管理，提高预算政策的实施效益

为了提高预算效率、实现预算稳定，以及获取适应现有经济发展水平的生产性支出和非生产性支出的比例关系，俄罗斯有关部门应进行如下改革。

1. 发展预算规划文件体系

对于预算规划文件的作用和内容必须重新审议。俄罗斯有关部门应制定两个长期预算预测方案，这两个方案共同形成一个“预测走廊”，对于社会经济长期发展的战略任务所需要的预算支出，既有乐观预测，又设置最低门槛。作为基础，俄罗斯有关部门应该以社会经济长期发展预测指标为依据来制定一个保守方案（结构性增长速度、对石油价格的保守预测、纲要规定的结构性和制度性改革的实施情况等）。为了应对预算风险，俄罗斯有关部门还应制定一个悲观（应急）方案，以实现社会经济发展的最低保障。长期预算预测的这两个方案还应该按轻重缓急的顺序对支出结构进行排列，以便于在不同收入的状况下按重要程度进行支出拨款。同时，俄罗斯有关部门也要完成“撰写经济及其他预测完成情况报告”这一预算规划的任务，解释未完成的原因（负责撰写预测完成情况报告的机构是俄罗斯经济发展部和财政部）。

2. 明晰各环节的目标

在国家纲要中，俄罗斯有关部门应该明确保证上述两个方案中各项措施的实施，这样就可以在规划制定阶段明确可能成为统一预算对象的各项措施。这能够加强国家纲要在长期预算预测和预测法规之间的纽带作用。在国家财政其他领域每年制定的所有文件中，预算政策的主要方向、税收政策的主要方向、关税政策的主要方向、债务政策的主要方向的共同点，是想尽一切办法使长期预算预测中阐述的措施与短期面临的各种限制相适应，应对预算法规制定周期内所面临的挑战和风险，并将其统一到由政府批准的文件中。同时，俄罗斯可以更改预算法规制定的期限，在制定 1 年预算时，把 5 年税收和非税收收入的预测纳入预算体系中。

3. 扩大预算实施周期

预算周期应该从更早就开始，可以从每年 3 月份开始，这时候关于预算执行情况的各类报表草案均能够完成。为了提高预测指标的可信度，使收入评估更接近财政年开始时的数字也是很重要的，同时俄罗斯有关部门也要考虑到国家杜马审议期限，以便能通过预算、制定预算清单等。这些变更可以提高预算指标的可信度，使预算政策在杜马院内与经济政策、税收政策、货币信贷政策更好地呼应。

4. 规划支出责任的办法

为了保证对预算资金的全面管理，在进行预算支出规划时，俄罗斯有关部门应首先对现行支出责任调整的依据和必要性进行评估，然后根据规定程序审议通过新的支出责任。同时，俄罗斯有关部门应简化程序，主要依据规划指数和决定这些指数的因素来履行当前的支出责任。预算收入优化是对国家政策措施体系进行重新审议的结果，有利于预算资金主要执行人所获得的资金在规定领域发挥作用。优化的方法是确定预算政策的基本方向，或者把所有财政政策统一到一个文件中。俄罗斯有关部门应该根据国家纲要的实施结果开展预算支出的优化活动，在提高国家纲要实施质量的同时，必须在预算规划实施进程中对结果进行系统评估。

三、加强对预算政策实施的全程监督，提高实施效率

1. 建立监督机制

俄罗斯通过设立隶属于俄罗斯联邦总统的常设机构——联邦委员会，来实现对国家纲要的直接统筹管理。其权力包括以下几个方面：发挥监督功能，保证相关调整领域的所有战略文件的关键指标均体现在国家纲要中；明确每个国家纲要所有的注入资金；协调部门项目的责任清单、基本措施和目标任务；确定国家纲要的执行单位和参加单位；明确对国家纲要实施质量和效益的监督要求；根据制定水平和实施效益来协商国家纲要的排名方法，根据每年的排名定期对国家纲要进行独立、全面的鉴定；以监督和排名为基础对国家纲要的实施效果进行评估，同时对国家纲要进行修订，促使纲要执行单位、联合执行单位和参与单位在权限范围内采取相应的措施来解决问题。

2. 明确国家纲要的行政流程

国家纲要的行政流程包括以下几个方面：国家纲要预算拨款的所有权力均强化到执行人手中；缩减国家纲要的参与者数量；提高预算执行的灵活度，也就是说，可以在国家纲要各项目间进行资金（不超过总拨款的10%）再分配，但仅限于支出种类的资金，并且不能降低目标效果；以国家统计局为主体，对国家纲要指标进行有组织的系统监督。

3. 变更国家纲要的实施对象

具体变化包括：把国家纲要细化成更具体的、有针对性的纲要（如部门行业纲要、子纲要等）；不再按照地域原则制定国家纲要；在国家纲要中制定总支出规划，同时不再制定联邦专项纲要；使国家纲要与战略文件保持一致，所有关键指标均要在国家纲要中有所体现；把联邦预算的所有支出（保证联邦总统活动、联邦委员会、联邦法院、联邦总检察院、联邦审计署的支出除外）全部纳入国家纲要；把某些子纲要中的综合性支出（全行业统一投资、人才资本发展所需要的支出和创新发展所需要的支出）和保障性支出（维持国家机器运转的支出和其他类似的行政支出）单列出来；把以完成某一任务为主的专门方案纳入国家纲要；对国家纲要的关键指标和规划项目，以及相关领域的国家纲要的制度性发展进行核算和反核算；按照“一个国家纲要一笔补助”的原则，在国家纲要框架内统一中央与地方的预算间补助。

4. 实现各类发展纲要的协调一致

为了实现国家纲要与单一发展项目优先发展方向的协调一致，俄罗斯可以进行以下改革：在国家纲要中设置各类方案，将其作为相关措施的汇总，以便在总的战略发展框架内，通过项目执行人的协商一致来解决更重要的问题、应对更重要的挑战；各方案之间、项目之间、地区行业纲要之间的协商机制由联邦总统直属的预算委员会负责建立，而这些项目内容在国家纲要中均要有所体现；为了实现对每一个项目的管理，俄罗斯应该按照联邦政府的决议成立工作组或项目管理委员会；项目总结应单独进行，但应在国家纲要总结的框架内进行。为此，俄罗斯需要改变现行的国家纲要保障方法。

四、建立预算拨款网络平台，实现财务公开

1. 预算投资管理方法

给商业组织提供预算补贴应按照以下原则来实现：通过指定执行人（银行、开发机构、地区全权代表机构）将预算资金划拨到商业组织账户中，实现预算与补贴受益人关系的最小化；降低补贴的目标指向和行业指向，不应指明款项是用于财政刺激和创造劳动岗位的，也不应指明款项是用于提高企业效益的，与此同时，更多地运用切实可行的方法；在选择最有效的商业组织扶持工具的基础上，在采用规划方法确定扶持措施和实施者的基础上，协调各类国家扶持工具；实现补贴目标与受益人直接活动成果的有机联系（对 1 卢布投资的预算补贴、对 1 卢布商品的预算补贴、对 1 个移居居民的预算补贴等）；通过购买投资者生产的商品来对私人投资项目进行扶持，或者通过提供代偿权国家担保来进行扶持，而不通过直接预算拨款的方式进行扶持。

为了实施公私合作项目，俄罗斯应该发放国家基础设施建设债券，这样可以提高拨款的透明度，同时也可以使有国家参与的项目的商业模式有据可依。在单一开发机构的基础上建立统一的基础设施管理体系是很重要的，该体系将全方位、多环节地对项目进行扶持。

俄罗斯应分阶段缩减开发机构的预算扶持数量和规模，应该扶持具有很高的社会效益的开发机构和非商业性的项目。俄罗斯应把一些具有效益的、主要运用应归还和应偿还的形式进行拨款的开发机构，转变为在财政上能够独立进行预算的机构，撤销长期低效运转的开发机构。

2. 提高预算网络平台的服务功能

根据对服务需求规模和结构的长期预测，俄罗斯应该对网络平台进行结构性调整，应该根据拨款数额来确定必须提供和能够提供的国家服务规模，不提供追加服务拨款，也不针对高质量的社会服务进行拨款。服务结构和服务质量应尽可能地通过逐步缩减国家任务和扩大私人领域服务订单的方式进行改善。更重要的是，不允许把其转化为国家任务和国家订单。

俄罗斯应依据服务强度来确定预算领域所需人员的数量标准，此外，应该最大限度地实现国家或地区服务的电子化。

对于一些非竞争性机构，俄罗斯必须保证这些机构提供的服务不会被私营

机构代替,对这些机构的拨款不会因市场的变化而改变。

为此,从服务需求和潜力来看,预算领域现有机构在规模指数方面承担的服务任务应不低于规定水平。在完成国家任务时,预算领域现有机构按照统一折中的标准进行拨款。同时,由于地区特色和行业特色不同,拨款标准也会有所不同。维持运转的所有费用全部来自预算,预算主要用于完成国家任务。预算领域现有机构在必要条件下可以动用部分资金进行维修,可以取消对未使用资产的管理。

在这种情况下,俄罗斯必须采取措施来提高支出效益和社会福利质量,应该通过缩减非生产性支出来实现支出的平稳下降,同时还应保持现有的税收条件,以保证预算缺口不高于国内生产总值的3%。

在提高税赋的同时,通过提高经济发展水平来改善支出是行之有效的办法。2018 年以后,随着经济的增长和对国家信心程度的提高,俄罗斯开始提高税收,以防止税收收入下降。在这一时期,俄罗斯可以逐渐提高支出水平(主要是生产性支出)。但支出总量的增长速度应慢于收入总量的增长速度,从而达到收支平衡。

区域经济问题是大国经济社会发展的重大战略问题。区域协调发展是一国经济平稳、健康、高效发展的前提。而对于自然条件复杂的多民族国家来说,各地区均衡发展不仅是重大的经济问题,也是重大的政治问题、社会问题和包括非传统安全在内的国家安全问题。为了尽快缩小地区间发展的差距,政府一般要制定并实施相应的区域经济政策,以促进地区经济协调发展。这是国家宏观调控的重要方面,也是各国解决地区发展不均衡问题的通用做法。

俄罗斯区域经济发展政策形成的条件是,从国家对地区的中央集权管理向国家调节过渡,从建立统一国民经济综合体向建立统一经济空间过渡。在新的政权垂直体系形成的过程中,内外部条件也发生了变化,例如广泛地引入了市场关系,自然资源所有权和管理权得到重新分配,经济体系的非中央化和非军事化色彩加重,国家经济开始迅速地加入到世界经济体系中,外资在俄罗斯经济发展和地区经济发展中的规模不断扩大,等等。

当前,俄罗斯预算政策的战略目标是达到两个平衡:一是使预算资金能够满足社会经济发展的需求,然后根据选定的国家参与经济社会发展的模式在现实需求和发展任务之间进行资金分配;二是保证国家预算体系稳定地发挥功能。由此可见,根据利益平衡(稳定预算和完成发展任务)原则寻求最适宜的支出水平是预算政策的基本任务。因此,俄罗斯必须持续缩小预算缺口,调整预算支出结构,提高预算效益,同时,也必须考虑预算税收政策与货币信贷政策之间的关系。

第四章　俄罗斯东部地区的经济发展与政策协调

区域经济理论中的点轴开发理论与网络开发理论是俄罗斯地区发展纲要制定的理论基础。这两个理论是空间一体化理论在区域开发战略选择方面的具体体现。其中,点轴开发是空间一体化过程中前期开发的必然要求,而网络开发理论则是空间一体化过程中后期开发的必然选择。在点轴开发理论中,“点”是指在一定地域的各级中心城市,即各类“增长极”,而“轴”是指连接各个“点”的以交通运输线路或网络为主的基础设施。所谓点轴开发,就是指把开发重点放在由点和轴在一定地域内有机组合而成的核心区位上。在点轴系统发展比较完善后,进一步开发就可以实现空间一体化。网络开发理论的基本含义是,依据空间一体化的一般规律,在区域点轴体系完善后,开发重点应放在点轴与其腹地之间的综合网建设上,以推进区域经济一体化进程。综合网由点轴体系向外伸展,可将发展机会传播到更多的地区,生产要素的利用更加充分,空间结构与产业结构更趋合理。网络开发是区域经济发展走向成熟阶段的标志。①

第一节　东部地区的经济基础和早期开发

俄罗斯东部地区包括西伯利亚和远东地区,作为一个共同的经济空间,西伯利亚和远东地区与俄罗斯经济核心地区(即欧洲部分)有着明显的区别。从综合发展的角度来看,俄罗斯部分精英人士认为,主要任务是使西伯利亚和远东地区的经济发展水平达到亚太地区的整体水平,应该以大区形式把西伯利亚和远东纳入俄罗斯区域经济发展规划中、列入俄罗斯国民经济优先发展和区域

① 陈秀山,张可云.区域经济理论[M].北京:商务印书馆,2003:378.

经济发展的蓝图中，并从大区角度对西伯利亚和远东地区所有的经济社会发展规划的实施情况做出总体评估。下一步的主要任务是制定这一大区的移民进度表和劳动力布局规划表。在经济发展的拉动力上，投资将是西伯利亚和远东地区经济增长和发展的驱动器，是资源保障的主要因素。由于国内投资不足，俄罗斯必须为吸引外资创造良好的经济环境。在国际分工中，俄罗斯应该凭借原料资源，也就是凭借矿物原料资源的开采与加工，以及产品的分配与出口，来赢得竞争的胜利。在租赁协议的基础上实现大项目投资是目前最有效的机制，也是西伯利亚和远东地区经济发展的主要任务。矿物原料基地是这一地区最大的资源优势，目前的矿物原料基地主要建成于苏联时期，当前的任务是制定全面开发纲要，以开采新的资源，使其成为经济增长的拉动力。

近年来，俄罗斯政府特别重视促进西伯利亚和远东地区的经济发展，把该地区视为俄罗斯实现亚太地区一体化的一个载体。俄罗斯政府认为，开发这一地区对于俄罗斯贯彻经济战略、实现经济现代化、融入亚太地区的经济空间，都具有重要意义。目前，亚太地区实际上并没有大型国际商品原料交易所（迁至香港的伦敦金属交易所除外），而作为粮食、石油、煤炭、金属、木材、化肥和其他矿物原料等资源的最大供应商，俄罗斯具备成为原料商品贸易主要交易所的所有条件，远东地区则有条件成为亚太地区最大的商品原料交易所。此外，由于投资额不高，旅游业也可成为西伯利亚和远东地区经济发展的方向之一。在不宜耕种的土地上进行生态燃料生产也可以激活农村经济。同时，西伯利亚和远东地区具有发展跨境运输的潜力。总之，要想把上述这些想法付诸实践，俄罗斯需要出台西伯利亚和远东发展总体战略。

一、东部地区的经济基础

与俄罗斯欧洲部分相比，东部地区具有一些共同的特点：处于边缘化地位，在地理位置上与亚太地区相邻；大部分领土的经济开发程度还不高；大部分地区的自然气候条件不佳，这对居民生活情况、农业发展和其他活动都有不利影响；集中了俄罗斯绝大多数的矿物资源、能源资源、森林资源、水资源和海洋生物资源，在这种条件下，地区经济中原料部门所占的比重偏大；生产部门在俄罗斯国内市场中有自己的特色，对俄罗斯在世界经济关系中的地位起决定作用。

俄罗斯东部地区在经济、社会、地缘政治等方面都有自己的特色。为了开展对战略规划、地区发展纲要等国家调节手段的管理和协调工作,东部地区各联邦主体通过联邦区、地区经济互助协会与大型经济区联合起来。

西伯利亚和远东共同拥有的这些特点在很大程度上决定了俄罗斯针对西伯利亚和远东地区采取的区域政策也具有共同特点。这些特点表现为:对生活在自然气候条件极其恶劣的地区的居民实行保护政策,支持小民族的发展;根据自然环境、地理状况和经营方式的不同建立迁移体系;调节地区之间的移民(包括从北向南的移民),以防止居民大量地从亚洲部分流出,调节从中亚和东亚国家迁来的外来移民;建立新的生产工艺机制,以及法律、组织和经济机制,以实现对自然资源的开发,其中包括对极北地区的开发;建立统一的运输体系、能源体系和通信体系,特别是跨大陆运输体系;加强地区一体化进程,建立大区市场,并将其作为统一俄罗斯经济空间的分体系;在针对亚太国家实行的对外政策上,解决安全领域的问题,实现经济、科技和人文领域的合作,使西伯利亚和远东地区加入亚太地区经济一体化进程,利用国际运输走廊实现俄罗斯欧洲部分与亚太地区的联结。①

(一)东部地区的经济潜力

资源是人类赖以生存的物质来源,是经济和社会发展的物质基础,也是人类生存环境的基础要素。合理利用和有效保护资源是人类面临的长期任务,也是实现人类社会可持续发展的一个重要组成部分。在一定的经济技术条件下,产业的地区组合和企业规模,都受到地区资源禀赋的制约。第一产业的产品直接取自自然资源,它的分布必须与自然资源的分布完全一致。农业的发展主要取决于土地的情况,矿业的发展则取决于矿产资源的分布情况。第二产业的产品间接地来源于自然资源,因此它的分布出现多种情况。从传统形式来看,工业接近原料产地和消费地区,就近取得所需要的原料和燃料,这是自然资源对第二产业产生影响的最直接的体现。当然,随着科技的进步,自然资源对工业布局的约束越来越小,布局的自由度加大,自然资源对工业布局的影响更多地以间接的形式表现出来。工业企业在远离原料、燃料产地的市场区域或交通枢纽进行布局,这使得工业生产和自然资源在空间上脱节。但在俄罗斯东部地区,自然资源潜力仍是决定地区经济增长的重要因素。在未来20至30年间,

① Гранберг А, Ишаев В. Программа экономического и социального развития Дальнего Востока и Забайкалья: первые шаги[J]. Экономист, 1997(9).

俄罗斯国内经济发展和世界经济发展对各类资源的需求，都将促进东部地区资源的开发。

从经济发展水平来看，西西伯利亚是俄罗斯东部最发达的一个地区。与之相邻的东西伯利亚次之，远东地区居末位。而从开发程度来看，西伯利亚与远东南部自然气候条件较适宜的广大地带是开发程度最高的地区。中部的近北地区属于半开发地带，而极北地区，除西西伯利亚的一些天然气田和东西伯利亚等地的一些工业点外，基本上都是未经开发的地区。东部地区的资源分布和工业布局情况如下所述。

西西伯利亚的面积约占西伯利亚面积的27%，人口约占该地区人口总数的62%，其工业总产值占该地区工业总产值的61%，农业总产值占69%。该地区是俄罗斯重要的石油、天然气、煤炭、黑色冶金工业中心。世界闻名的秋明油田、乌连戈伊天然气田、库兹巴斯煤田和乌拉尔－库兹涅茨克钢铁联合企业都在西西伯利亚境内。此外，该地区还是电力工业、石油化学工业、机械制造业的生产基地，这一地区的农牧业也比较发达。西西伯利亚按其经济部门的特点又可以分为南部地区和北部地区。南部地区以发展黑色冶金工业、机器制造业、电力工业、石油化学工业、轻工业和农业为主；北部地区在丰富的矿物资源和森林资源的基础上重点开采石油、天然气和森林资源。

东西伯利亚的专业化部门主要是采掘工业和产品初加工业。有色金属冶金业是该地区重要的经济部门，主要开采和冶炼铜、钨、铝、锌、铅、镍、锡等。东西伯利亚的森林工业发达，那里是世界上最大的多林地区之一。该地区的木材加工业主要是制材业、森林化学工业和制浆造纸业，该地区分布着俄罗斯闻名的大型木材加工业综合体。东西伯利亚的动力工业十分发达。苏联政府于20世纪50年代中期着手大规模开发安加拉－叶尼塞河水力资源，先后兴建了伊尔库茨克水电站、克拉斯诺亚尔斯克水电站、乌斯季伊利姆斯克水电站、布拉茨克水电站、萨彦水电站和许多火电站，这为耗能量多的工业部门提供了充足的、价格低廉的能源。

远东地区的采掘业在工业部门结构中占主要地位，有色金属、稀有金属和非金属矿石的采掘部门是具有重要意义的专业化部门。燃料工业、黑色冶金业、机器制造业、金属加工业、化学工业和石油化学工业也都具有一定的生产规模和能力。此外，林业、木材加工业、制浆造纸业、机器制造业和渔业也是比较重要的经济部门。

东部地区经济社会的发展依靠下面几个因素。

第一,东部地区经济增长的长期因素之一是多年形成的工业潜力。西伯利亚主要有燃料动力综合体、有色冶金工业、钢铁工业和食品工业。而远东地区主要的工业部门是有色冶金业和渔业。此外,西伯利亚还有很大的潜力来发展化学工业和石油化学工业。但远东地区的工业部门则相对单一,这也成为远东地区经济结构改革面临的巨大困难。

第二,科学技术和科学教育潜力是东部地区经济长期稳定增长的重要因素。仅西伯利亚地区就分布着俄罗斯科学院西伯利亚分院100多个研究所和研究中心,它们的很多研究成果都在俄罗斯现代技术和工艺中居于领先地位。如果对这些研究成果进行大规模的转化和利用,俄罗斯可以明显地降低工业生产的高耗能性和高耗材性,提高劳动生产率。西伯利亚和远东地区众多的教育机构则可以为经济发展提供高级人才。

第三,西伯利亚和远东地区的地理位置也是经济增长的重要因素。作为俄罗斯的大区,那里是亚太国家和欧洲之间天然的运输桥梁。此外,北方海路也是东部地区有利的运输因素。

总之,如果能充分发挥西伯利亚和远东地区多年形成的工业潜力,以及科学和教育潜力,东部地区就可以实现稳定的经济增长。东部地区的发展所依靠的推动力量就是国家采取的支持政策。

(二)东部地区面临的主要问题

事物在发展过程中,除了受到有利因素的影响以外,也会受到不利因素的影响,东部地区的发展也是如此。其实,在东部地区开发之初,一些消极因素也在积累,经过一个时期就显现和爆发出来。

人口数量下降和劳动力不足等问题一直影响着东部地区的发展。东部很多地区的居民生活水平和居住条件都明显落后于俄罗斯欧洲部分,人口密度低,交通不便利。同时,地区内部在经济社会发展水平上的分化也很严重,东部地区既有俄罗斯最富裕的地区和比较富裕的地区,也有最落后的地区。随着苏联的解体,俄罗斯东部地区失去了国家的政策扶持和资金扶持,地区内部和地区之间的经济联系一度中断,经济形势不乐观。1998年经济危机以后,东部地区的经济和其他地区的经济一样,出现了恢复性增长的趋势,但发展速度和主要经济指标依旧在俄罗斯平均线以下。俄罗斯东部地区面临的主要问题有以下几个。

第一,结构性调整举步维艰,主要经济部门发展失衡。苏联解体前,东部地区的经济一直以自然资源开采业、粗加工业和军事工业为主,而农业和以农业为基础的食品工业和轻工业则明显落后。苏联解体之后,由于资金和技术设备短缺,又没有必要的政策扶持,东部地区的经济结构调整进程极为缓慢,这种状况对于合理地利用当地资源、实现各部门均衡发展和提高经济发展水平极为不利。

第二,自然资源丰富,但开采程度低,效益差。俄罗斯东部地区已探明石油、天然气储量均居世界前列,森林资源和矿物资源也很丰富,但由于设备老化,技术更新和改造能力低,开采和加工水平远远落后于世界先进水平。

第三,投资需求量大,但投资环境不佳。东部经济开发历史短,许多新的工业开发项目都需要生产性基础设施建设和非生产性基础设施建设同时进行,需要投入大量的人力、物力和财力。这样大的投资规模仅靠中央或地方财政是无法实现的,东部地区只能借助外国投资。但由于缺乏相应的法律保障和必要的优惠政策,外国投资者顾虑重重。

第四,科技实力雄厚,但科技市场薄弱,科研成果转化率低。苏联解体后,东部地区的科技事业在走过一段低谷后开始复苏,取得了很多新成果,其中一些成果仍处于世界领先地位。但由于科技市场刚刚兴起,科技人才和成果走向市场的步伐缓慢,许多科研成果不能及时转化为生产力。

第五,劳动力需求量大,但人口却呈下降趋势。劳动力不足的问题已经成为困扰东部地区的一大难题。苏联解体后,由于经济持续衰退,人口出生率下降。同时,由于苏联时期吸引中、西部地区的劳动力开发东部地区的各种优惠政策已有名无实,东部地区不但不能有效地吸引外来人口,反而由于地区差距加大,加剧了人口的流失。

21 世纪初,西伯利亚和远东地区还面临着一系列的共同威胁。这些共同威胁包括:原料附属地职能在俄罗斯经济和世界经济中进一步加强,与后工业化国家和创新型国家的距离越来越大;资源消耗严重,环境恶化;出生率下降和人口外流造成进一步的人口危机,邻近国家流入人口增加。

尽管东部地区在经济开发的过程中面临着许多问题,但其开发前景仍然较好。普京执政后更加重视东部地区在整个国家经济复兴中和在东北亚区域经济合作中的作用,给予东部地区必要的财政支持和优惠政策。随着俄罗斯政局的日趋稳定和经济的持续发展,东部地区也开始出现外国投资的热潮。这些都是东部地区经济发展的有利因素。

二、东部地区的早期开发

沙俄政府在 17 世纪陆续征服西伯利亚大部分领土后,就开始搜集该地区的资源、人文等各方面的资料,但那时还谈不上系统而深入的研究。18 世纪,由于俄国对西伯利亚进行开发,并以此为跳板向北太平洋扩张,西伯利亚顿时“热”了起来。彼得大帝曾两次派白令进行探险。白令在第二次大考察——北方大考察中,组织专家对西伯利亚进行了较为全面的考察。同一时间,俄国著名学者克拉舍宁尼科夫首次考察堪察加半岛,并写下了《堪察加地志》,这可以视为俄国第一部研究西伯利亚与远东经济、历史和民族等问题的专著。

M. B. 罗蒙诺索夫认为,只有俄罗斯东部地区能增加国家的财富。罗蒙诺索夫的断言是建立在对俄国东部地区的了解,以及对其所拥有的丰富的自然资源的了解的基础上的。

现在人们则认为,包括西伯利亚和远东在内的东部地区不仅能增加国家的财富,还决定着俄罗斯的命运。俄罗斯的对内对外政策、经济政策和国防政策的制定在很大程度上取决于东部地区经济、政治、社会、人口和民族进程的发展走向。

东部地区的开发在不同的历史时期具有不同的内容和形式。

(一)沙俄时期的开发

东部地区开发的第一个阶段是武力侵占和向当地居民索要贡品的时期。这一阶段始于 16 世纪末期,一直到 18 世纪初,沙俄势力到达北冰洋和太平洋沿岸,完成了对这片土地的占领。在这一时期,东西伯利亚和西西伯利亚的开发特点都是在北部的原始森林中修建大量的城堡和居民点,以此为中心来保证对周边地区的军事统治和管理。

城堡和居民点的建立使东部地区(这时主要指西伯利亚地区)的开发从武力占领阶段进入对南部地区的经济开发阶段(主要是发展农业和采矿业)。当然,经济开发的深入引发了俄罗斯欧洲部分大量移民的涌入。例如,18 世纪前

25年,西伯利亚地区的男性居民为24.1万人,其中俄罗斯人为16.9万,到18世纪末,这两个数字已相应地提高到59.5万和41.2万。

采矿工业区成为西伯利亚发展生产和安置居民的重要区域。西伯利亚围绕着每个工业区都建立了居民点,逐渐形成了城市体系,出现了大型行政中心。19世纪中期,乌拉尔以东地区有6个人口超过1万的城市:鄂木斯克(1.84万)、托博尔斯克(1.59万)、托木斯克(1.41万)、巴尔瑙尔(1.17万)、秋明(1.03万)、伊尔库茨克(2.8万)。

1891年西伯利亚大铁路的修筑也是西伯利亚开发史上的一件大事。这条长度近万千米的交通干线促进了西伯利亚经济的发展和对外经济贸易关系的扩大,推动了西伯利亚经济从资本主义向垄断资本主义的过渡。随着西伯利亚大铁路的铺设,大规模的移民行动得以实现,西伯利亚的生产力开始以前所未有的速度发展。1897至1917年的20年间,铁路沿线地区的城市从40座增加到63座,各城市的居民人数增加了2倍、4倍甚至8倍不等。

从总体上说,十月革命前,俄国政府对西伯利亚地区实施掠夺式的经济政策,没有采取多少有利于当地经济发展的措施。西伯利亚生产力的发展水平非常低,经济发展水平远远落后于全俄平均水平。在整个经济结构中,农业占绝对优势。1913年,西伯利亚的农业总产值占本地区工农业总产值的78%,同年,西伯利亚的工业总产值仅为俄国的1.5%。当时,除采矿工业外,西伯利亚地区的其他工业部门都是极端落后的。黑色冶金业几乎没有,重工业生产的中间产品和最终产品所占的比重微不足道,轻工业产品几乎全部都要从俄国的欧洲部分输入。沙皇的殖民政策阻碍了西伯利亚地区的资源开发进程和工业化进程。

十月革命以后,西伯利亚地区的资源开发进程和工业化进程加快,西伯利亚地区的经济开发进入了新的历史时期。

(二)苏联时期的开发

苏联不同历史时期的国家领导人都十分重视西伯利亚与远东的经济社会发展问题,总是把加速西伯利亚与远东的经济开发视为实现国家基本经济战略目标和促进全国经济社会发展的关键性因素。经过70多年有计划地开发和建设,西伯利亚和远东地区成为全国重要的工业基地和能源生产基地。

列宁把西伯利亚与远东的开发同国家政权的存亡与稳定联系在一起,以发挥其在全苏经济发展中的基础作用。列宁的构想包括:把西伯利亚与远东建成未来强大国家的后方基地,使其充分发挥社会主义建设物质技术基础的作用;在可靠的物质技术基础上逐渐从西部向东部转移生产力,把长远规划与现行计划结合起来,发展地区生产力,合理配置基础设施;利用外资促进地区和专门化部门的发展等。斯大林继承和发展了列宁的开发思想,为此制定了多个详细的“五年计划”:一五计划(1928—1932 年)是重点建设西伯利亚东部地区的第二大煤炭冶金工业中心;二五计划(1933—1937 年)是重点完成西伯利亚地区第二大冶金工业基地和其他相关产业的建设,从而奠定西伯利亚和远东地区工业发展的基础;三五计划(1938—1942 年)是有计划地建设战备、后方供应基础设施;四五计划(1946—1950 年)是重点开发安加拉 - 叶尼塞河的水力资源。马林科夫把开发西伯利亚与远东的资源看成是实现国家超越英美战略的关键,提出利用东部地区的水力、燃料、原料等建设起发达工业和国民经济动力系统的重要思想。赫鲁晓夫加以补充,形成了西伯利亚与远东开发著名的“三个基地”(即全苏最大的燃料动力基地、耗能最多的产品生产基地和粮食生产基地)的思想。勃列日涅夫强调开发的综合性,要求把资金、技术、人力、基础设施、生产设施和交通运输条件统一起来;把石油、天然气、煤炭、电力等能源作为发展国民经济的基础;强调开发要有科学性,要遵循经济规律;突出了开发的稳定性。一是保持开发战略与规划稳定,这表现为战略与规划的目标、内容保持不变;二是保持从事开发工作的人员与干部稳定。安德罗波夫结合新出现的问题,又提出了西伯利亚与远东开发要注重长远规划、基础研究、生态环境建设等综合发展的思想。

西伯利亚与远东的第一个开发阶段始于 20 世纪 30 年代。当时的苏联政府根据 1918 年列宁提出的大工业要靠近原材料产地的生产力配置思想,着手在西伯利亚兴建乌拉尔 - 库兹涅茨克煤炭钢铁联合企业。该综合体实际上是苏联第一个跨地区的区域生产综合体。此后,在该综合体的基础上,苏联政府因地制宜地发展了化学工业、焦炭工业、动力工业和交通运输业,苏联形成了一个规模巨大的工业开发区。乌拉尔 - 库兹涅茨克煤炭钢铁联合企业和以它为核心所形成的巨大的经济开发区,成为以后陆续把开发重点向东方、北方转移的重要基地。该综合体的兴建,是十月革命以后苏联政府在西伯利亚与远东地区实施的第一个长期投资纲要,它为这一地区的综合开发与建设提供了可供借鉴的经验。

20 世纪 40 年代,德国入侵,西伯利亚和远东地区作为全苏的战略后方,接纳了欧洲部分上百个重工业企业。这对提高西伯利亚和远东地区的经济实力起到了重要作用,为该地区以后的发展创造了有利条件。

20 世纪 50 年代,苏联政府把经济开发的重点推向了东西伯利亚,在安加拉－叶尼塞河流域兴建了一系列的大型水电站和火电站,利用廉价的电力资源和当地丰富的原料来发展制铝工业、化学工业、有色金属冶炼业、采矿业和其他工业。这是生产力进一步向东推移的标志。这个项目比乌拉尔－库兹涅茨克煤炭钢铁联合企业的建设规模更大、所用时间更长。安加拉－叶尼塞开发计划的实施极大地推动了克拉斯诺亚尔斯克边疆区和伊尔库茨克州生产力的发展。西伯利亚经济因此进入了一个高速发展的阶段。这个阶段的目标是更加广泛地开发西伯利亚地区的自然资源,并且在此基础上建立若干个生产结构复杂的大型区域生产组织。时至今日,这一地区仍对东部地区乃至全俄的经济发展发挥着极其重要的作用。

20 世纪 60 年代,秋明油田的开发和西西伯利亚区域生产综合体的组建,标志着西伯利亚与远东经济开发又进入到一个新阶段。秋明油田的开发使西西伯利亚变成了吸引资金和劳动力最多的地区。秋明油田的开发按其规模来说,大大超过了乌拉尔－库兹巴斯煤炭冶金基地和安加拉－叶尼塞综合体。在秋明油田开发 10 年后,苏联原油产量居世界第一,出口石油成为苏联主要的创汇手段。这一时期,苏联在秋明州和托木斯克州以石油和天然气开采工业为核心,形成了一个以石油加工工业、石油化学工业、机器制造业、木材加工业和动力工业为主要部门的西西伯利亚区域生产综合体,并形成了托木斯克和鄂木斯克这两个大型的石油化工基地。

20 世纪 70 年代,横贯东西伯利亚和远东中部地区的贝阿干线开始建设,这是通向太平洋的第二条交通大动脉。全长达 3 145 千米的贝阿铁路的建设,是苏联加速发展东部地区经济的又一个重大举措。随着这条铁路的建设,资源开发的重点逐步推向极北的广大地区。那里储量丰富的煤、铁、铜、锌、镍、石棉、云母、磷灰石和森林等资源,也被纳入开发战略中。

20 世纪 80 年代,苏联为了调整国内能源消费结构,决定采取新的能源战略。其主要做法是在能源结构中增加天然气、煤炭和核能的比重,减少石油的消费量,将石油更多地用于化工生产和出口创汇。为此,苏联在 20 世纪 80 年代将西伯利亚开发的重点放到了西西伯利亚极北地区的各大天然气田的开发上,建成了世界著名的扬堡和乌连戈伊等大型气田。

总之,经过苏联政府几十年有计划、分阶段的大规模的经济开发与建设,西伯利亚与远东形成了独具特色的地区经济结构和优势。西伯利亚与远东地区是俄罗斯最重要的燃料、动力基地和多种工业原料生产基地。同时,其林业、木材加工业、渔业、机器制造业等也占据着显著地位。西伯利亚与远东地区的经济开发主要集中在西伯利亚大铁路沿线地区。目前,这里形成了一条巨大的走廊式开发地带。在这一开发区中,居民密集,大、中、小城市沿着漫长的铁路线一字排开,开发区内工业、农业生产部门配置集中。沿西伯利亚大铁路的走廊式开发区是整个西伯利亚与远东的经济发达地区,它对近北和远北广大区域的开发发挥了辐射作用。另外,被称为"第二条西伯利亚大铁路"的贝阿干线横贯东西伯利亚与远东。在苏联解体以前,政府曾沿贝阿干线划出 150 多万平方千米的开发区,希望那里成为第二条走廊式开发地带,在这一区域内集中发展林业、木材加工业、有色金属矿石开采业,并建成上百座城市和居民点。苏联政府希望通过第二条走廊式开发地带的开辟,将西伯利亚与远东地区的经济开发推上一个新台阶。但是,苏联解体打断了西伯利亚与远东地区正常的经济发展进程。

从总体上看,苏联时期的开发使东部地区的经济达到了相当的规模和发展水平,也取得了明显的成就,但苏联时期的开发并没有提高东部地区的自我发展能力。无论是在战前还是在战后,苏联时期的东部开发都具有军事目的,战前是为了建立战略后方,战后则是为了与美国进行全面抗衡。与其整体的经济发展战略相同,苏联在东部开发中实行的也是优先发展重工业(特别是军事工业)的方针。这使得东部地区原本不合理的产业结构和工业结构,以及粗放低效的增长方式在地区经济开发过程中没有得到改善。东西部之间在经济社会发展水平方面仍存在较大的差距,东部地区没有形成经济持续发展的内在潜力,东部地区富庶的自然资源并没有促进经济全面发展。与西部地区相比,东部地区工业结构的重型化、原料化倾向更严重,经济军事化程度更高。

第二节　东部地区经济发展的作用因素

苏联解体后,东部开发的模式也发生了根本性转变。这表现在三个方面。第一,以往生产力东移的模式被自我发展的模式取代,全国生产力配置的原则由原来最大限度地保证全国的经济效益转变为满足市场需求和提高企业的竞争力。第二,开发投资主体多元化,开发投资由原来的主要靠中央财政支持,变为中央、地方、企业、个人多元投资。国家仅对地质勘探和基础设施进行投资,尽量吸引外资,建立合资企业。第三,恢复和发展东部地区的经济,挖掘地区自身的潜力。俄罗斯东部开发战略和模式的转变表明,仅靠开采自然资源不会带来真正的发展,东部开发必须遵从市场经济的原则,要有明确的目标定位。

与此同时,东部地区在俄罗斯国民经济中的地位与作用也在不断提高。原因有四个:第一,苏联解体后,原有的各加盟共和国纷纷成为独立的主权国家,它们之间长期形成的经济联系几乎全部中断,在对外经济联系中断的形势下,东部地区几乎成为俄罗斯唯一重要的燃料、动力和多种工业原料的供应基地;第二,苏联解体以后,远东地区各港口成为俄罗斯最重要的出海口,远东则成为俄罗斯加强与亚太地区,特别是东北亚地区贸易和经济技术合作的基地与实验场;第三,东部地区拥有巨大的工业实力和雄厚的科技力量,这是俄罗斯实现全国工业现代化的基础;第四,东部地区的石油、天然气、木材、多种有色金属和海产品是俄罗斯在国际市场上主要的出口创汇物资。此外,东部地区拥有庞大的军工企业群,它们所生产的各类先进武器、军事装备,也是俄罗斯极为重要的出口产品。

俄罗斯联邦中央对加快东部地区的经济发展也十分重视,普京就任俄罗斯总统后,与议会、政府领导人相继考察东部地区的经济社会形势,研究东部地区的发展战略。2000 年 11 月普京发表了《俄罗斯东方:新的前景》一文,强调指出:"俄罗斯今后将继续坚定不移地向亚太地区倾斜,利用其东部——西伯利亚与远东地缘政治、自然资源、交通运输和科学技术等优势,积极参加东北亚和亚太地区经济一体化。"①

---

①　赵立枝. 俄罗斯西伯利亚经济[M]. 哈尔滨:黑龙江教育出版社, 2003:14.

在博鳌亚洲论坛2015年年会上，俄罗斯远东发展部部长亚历山大·加鲁什卡向与会者指出了远东经济发展的机遇。俄罗斯经济发展在一定程度上取决于亚洲部分，东部邻国经济增长与俄罗斯的贸易增长、国家间大规模的合作有关。21世纪，俄罗斯的优先发展方向是加快促进东西伯利亚与远东的发展，而缺少与亚太国家的合作是行不通的，合作领域包括基础设施建设。同时，他指出，俄罗斯政府采取了改善远东投资环境的举措，在远东建立快速发展地区，采用区域发展新方法，借鉴国际经验，管理地区企业。亚太国家可参与跨西伯利亚与贝阿铁路的大规模现代化建设，增加北部航线的潜力，保障来自亚太国家的物流向欧洲稳定运输。

在此背景下，地区发展纲要成为东部地区经济持续稳定发展的主要经济政策。《西伯利亚经济社会发展纲要》和《远东和外贝加尔经济社会发展联邦专项纲要》的制定就是俄罗斯的决策者们在地区经济发展上迈出的一步。①

在区域经济政策的制定和实施工具的问题上，俄罗斯科学院院士、区域经济学家A. Г. 戈兰别尔格提出了自己的看法，这些观点也被政策制定者们广泛认可和采用。他认为，俄罗斯的经济政策应首先确定国家经济和地区经济空间结构改造的主攻方向和步骤，而区域经济政策应把上述方向、步骤与地区经济社会的发展协调起来。俄罗斯针对东部地区所制定的政策不应该忽略其本身具有的特点，国家在这一地区的一项重要任务是完善其行政区域建制，其中包括确定联邦区和地区经济互助协会的功能和权限，以及确定俄罗斯联邦主体的组成。在大区实行统一的国家政策的实质并不是取消某一地区，而是实现多样化地区的统一。针对东部地区采取统一的国家区域政策能得到国家的承认和批准，其核心是已经通过的《西伯利亚经济社会发展纲要》和《远东和外贝加尔经济社会发展联邦专项纲要》等，东部地区通过上述纲要的实施来完成国家区域经济政策的目标和任务，发挥辐射作用，带动整个东部地区的全面发展。②

戈兰别尔格和东部地区其他专家学者们认为，地区发展纲要的主要目的是巩固国家统一的经济空间、政治完整性和国土安全性，使所有地区都能够在利

① A. Г. 戈兰别尔格. 俄罗斯发展战略中的西伯利亚与远东（报告提要）[C]// 2001年哈尔滨中俄区域合作与发展国际会议论文集. 哈尔滨，2001.

② Гранберг А. Г. Сибирь и Дальний восток: общие проблемы и свойства экономического роста [J]. Регион: экономика и социология, 2003(1).

用资源潜力和竞争优势的基础上按照自己在俄罗斯和国际劳动分工中的最佳专业方向协调发展。纲要的首要任务是结束转轨时期，实施一系列能够引发生产力布局、自然资源利用、环境状况、人口迁移系统和交通通信发展发生质变的大型规划，以使大多数地区步入稳定发展的轨道。纲要的具体方向是解决对全俄罗斯来说有重要意义的问题，其中包括推进中西伯利亚和南西伯利亚的现代化进程、发展远东与亚太地区经济空间一体化、建立新增长地带和高效运作的运输走廊等问题。总之，实现地区经济现代化和跨地区基础设施现代化可以为所有联邦主体高效率地加入俄罗斯市场创造条件。①

戈兰别尔格认为，地区发展纲要的每项计划都应与对社会、宏观经济、工业和结构等方面政策的预测，以及所要采取的措施保持同步。国家调整经济系统的基础是，看它是否符合地区发展纲要所提出的目的和任务。

俄罗斯对东部地区采取的区域政策的主要方向有四个。第一，所采取的政策必须要缩小地区经济社会发展水平的差距，因为这一差距已经威胁到俄罗斯的联邦制和完整性。第二，建立新的针对北部和东部地区的扶持体系。第三，在充分了解地区特点的基础上，通过刺激实业界的积极性和实施新的投资政策，重点发展有经济增长点的产业。第四，在解决地区问题时应综合考虑联邦、地区和地方政界、实业界和居民的意见。

一、区域经济政策对西伯利亚地区的影响

正如上文已经提及的，要发挥俄罗斯区域经济政策的作用，在东部地区所能采取的最有效的方法是制定地区发展纲要，把东部地区的经济作为国民经济的重要组成部分。制定俄罗斯地区发展纲要这一问题在 20 世纪 90 年代初重新被提及，俄罗斯一些联邦区（西伯利亚、远东、乌拉尔、伏尔加等）开始了大区发展纲要的制定工作。西伯利亚联邦区就是类似工作的先行者，2001 年，受俄罗斯联邦总统普京的委托制定了《西伯利亚经济社会发展纲要》，并得到了俄罗斯联邦政府的批准，2005 年又对这一纲要进行了修改。这两版纲要在西伯利亚经济发展中发挥了重要作用，为地区经济提供了多个增长点。

（一）西伯利亚在俄罗斯经济发展中的地位

俄罗斯政府把开发、建设西伯利亚提到了重要的议事日程上来。由于缺乏

① A·格兰贝格. 俄罗斯的区域发展战略[J]. 东欧中亚市场研究，2001(2).

建设资金、劳动力和必要的技术、设备,西伯利亚地区急切地期待着国内外投资者的加入。同时,西伯利亚地区极为丰富的自然资源也吸引着国内外投资者前来投资、开展经贸合作、实现共同发展。

在对西伯利亚地区区域政策的前景进行分析之前,应先研究一下西伯利亚地区各联邦主体的工业发展特点。

与俄罗斯大部分地区一样,西伯利亚地区的工业生产走势首先是由工业结构决定的。一些地区以发展电力、燃料动力和有色冶金等出口导向型的工业为主,另一些地区的工业生产主要满足内部市场的需求。克拉斯诺亚尔斯克边疆区、伊尔库茨克州、克麦罗沃州、鄂木斯克州、汉特－曼西自治区、亚马尔－涅涅茨自治区、阿加布里亚特自治区属于前一类,阿尔泰共和国、布里亚特共和国、图瓦共和国、阿尔泰边疆区、新西伯利亚州、托木斯克州、泰梅尔自治区、埃文基自治区属于第二类。只有赤塔州兼有面向国内市场和国外市场的生产方向。

西伯利亚的工业发展面临的有利条件有两个:第一,国际原材料市场对其倚重较大,这就为原料开采和初加工提供了有利条件;第二,西伯利亚一些地区的电力价格低廉,这有利于发展铝生产。由此看来,西伯利亚工业中再加工行业产品具有很大的竞争力,这一地区在俄罗斯经济发展中具有潜在的作用。

西伯利亚地区分布的工业企业以资金耗量大和耗能性强为主要特征,并且生产条件危险,但劳动生产率比全俄罗斯平均水平要高一些。其中,燃料工业和有色冶金业是西伯利亚的支柱产业。

由于西伯利亚地区的能源资源丰富,燃料动力工业成为该地区发展最为迅速的国民经济部门,对地区经济发展起决定作用。石油、天然气和煤炭是西伯利亚主要的出口商品,是换取外汇收入的主要来源。燃料动力工业不仅拉动了地区经济社会的发展,也提高了西伯利亚在俄罗斯经济发展中的地位。西伯利亚燃料动力工业还决定着俄罗斯燃料动力综合体的发展,保障国家的能源安全和经济安全,以及石油天然气生产和出口大国的地位,提供全俄几乎一半的外汇收入。在 1992 年至 1999 年经济危机时期,石油天然气工业是俄罗斯最稳定的经济部门,是预算和外汇收入的主要来源。1999 年以来,国际市场中石油和原材料的价格持续上涨,该部门较强的生产和出口能力使俄罗斯外汇收入剧增,是俄罗斯经济形势好转的重要因素之一。俄罗斯相关专家认为,西伯利亚的燃料动力工业在很长时期内仍是俄罗斯举足轻重的经济部门。

丰富的金属矿物资源是西伯利亚地区主要的经济优势之一。西伯利亚地区拥有多种多样的有色金属资源，铜、铅、锌、锡、镍、钼和钴等有色金属资源储量丰富，开发前景广阔。依托这种资源优势形成的有色冶金业发展较快，是俄罗斯重要的工业部门之一。西伯利亚有色冶金业的发展方向主要是对铜镍矿、铅锌矿、钨钼矿、锡矿和钴矿资源进行冶炼。有色金属开采和冶炼主要集中在东西伯利亚地区，该地区铝、铜、锡、钨等矿产资源的储量居俄罗斯前列，贵金属和稀有金属的储量也很大。这一地区拥有丰富且廉价的水电资源，这为有色冶金业的发展奠定了基础。有色冶金业已成为东西伯利亚地区的支柱产业。

铁路是俄罗斯运输体系的支柱，俄罗斯亚洲部分特有的地缘条件使其成为连接欧亚大陆的枢纽。在西伯利亚地区实施运输方案不仅可以改变地区内部的状况，还可以影响俄罗斯经济的发展。运输方案具体表现为以下几点：第一，把西伯利亚大铁路变成韩国和捷克之间的国际运输走廊，分阶段地完成俄罗斯北部铁路枢纽的建设；第二，恢复北方海路和内河运输体系的作用，加强北方海路在西伯利亚地区货物运输中的作用；第三，建立国际空中运输路线，开辟从东南亚经俄罗斯领空到达美国和加拿大的空中航线。

西伯利亚地区正处在前所未有的发展阶段。俄罗斯政府在西伯利亚的开发、建设过程中积极调整国内政策和措施，进一步扩大对外开放，积极引进资金和先进的技术、设备，不断扩大与其他国家的经济技术合作，使西伯利亚地区走上了快速发展的道路。

（二）西伯利亚地区经济发展的不利因素

人口问题是西伯利亚地区面临的最现实的问题，俄罗斯的人口问题在西伯利亚地区表现得最为尖锐。普京在 2006 年的一次有关西伯利亚发展前景的工作会议中着重指出，生活水平低是人口问题出现的主要原因，西伯利亚地区的人均实际工资水平仅是全俄平均水平的 85%，但消费价格却高于全俄平均水平。这是西伯利亚地区人口大量流失的主要原因。俄罗斯科学院西伯利亚分院经济与工业生产力研究所的学者 B. B. 库列绍夫认为，人口流动是一个晴雨表，可以判断出一个地区在生产发展和居民生活条件改善之间的资金投入是否正确。只有提高不同地区的生活水平，才能使居民转移到劳动力缺乏的地区。在计划经济时期，国家在快速发展的地区和先开发的地区采取了从经济到行政上的各类措施，以吸引劳动力到这些地方工作。这首先表现在高额工资上，高额工资主要是用于补偿当地不利的气候条件和复杂的劳动条件等。当然,这需要国家提供财政保障。

西伯利亚地区各联邦主体之间的差异也很大。就工业发展水平、工业结构和社会经济指数来说,西伯利亚的联邦主体可以划分为三个完全不同的类型:原料型、萧条型和落后型。

西伯利亚的原料地区属于相对富裕的地区,特别是汉特-曼西自治区和亚马尔-涅涅茨自治区(在俄罗斯联邦每年进行的地区经济社会水平统计中,通常会把这两个地区单列出来,不把这两个地区纳入对西伯利亚地区整体水平的评估中),这两个地区的人均生产总值、工业总产值、税收收入、人均收入等都是全俄平均指数的几倍。未来,威胁这些地区富裕程度的将会是自然资源不可避免的枯竭,其中也包括没有采取足够的措施对矿物资源基地进行再生产。

萧条地区主要是指一些以机械制造工业为主的地区(最典型的代表就是新西伯利亚州)。这些地区拥有较为完善的基础设施和专业化的人才,依靠这些条件可能使生产恢复到原有的水平。

落后地区的情况是最复杂的。这些地区的经济发展水平一直不高。这些地区基本上没有自己的工业部门,缺少发展经济的条件。大多数民族自治区都属于落后地区。

除了上述区别外,西伯利亚各地区在气候条件上也有很大的差异。从北部干燥寒冷的极北气候到南部适合农作物生长的大陆性气候,在西伯利亚地区都有体现。

因此,对于这样一个整体发展水平不均衡的地区来说,俄罗斯在实施区域经济政策时要做诸多的考虑。

(三)地区发展纲要在西伯利亚地区的实施

西伯利亚地区自身的特点表明:首先,需要对西伯利亚地区的国家行政区划进行细化,然后再制定政策措施体系;其次,在对西伯利亚地区的经济发展前景进行评析时,应考虑到个别地区在改革前就形成的在国家经济发展中的地位。西伯利亚是俄罗斯大区内部发展不均衡最明显的例证。

当前,俄罗斯在西伯利亚推行的地区发展纲要的基本战略思想是,有效地利用整个地区在生产、劳动和智力方面出现的新的政治经济条件,实现西伯利亚经济的稳定发展,提高居民的生活水平。俄罗斯时期的纲要与苏联时期乃至更早以前的纲要的区别在于,前者的制定和实施是在一个新的经济模式中进行的,依靠的是国家在各联邦主体之间的协调作用。正如许多学者和官员们的看法,在西伯利亚发展中起重要作用的应该是国家,西伯利亚的区域经济政策的制定应建立在对各地区发展前景的正确认识的基础上。否则,制定的经济政策就会因为缺少国家预算支持而面临无法实施的危险。

2005 年 1 月,西伯利亚联邦区和西伯利亚地区互助协会在托木斯克举行联合会议,决定制定西伯利亚经济发展的新纲要。纲要的基础是 2002 年被俄罗斯联邦政府批准的《西伯利亚经济社会发展纲要》。

《西伯利亚经济社会发展纲要》的制定分为以下几个阶段:纲要理论基础的论证;纲要草案的准备;经济发展与贸易部对西伯利亚地区内部的资源进行讨论;对纲要的原始内容进行修改;确定最终方案,并提交给俄罗斯联邦政府;俄罗斯联邦政府对纲要草案进行讨论,并予以通过;在西伯利亚联邦区实施这一纲要。目前,《西伯利亚经济社会发展纲要》已成为正式的政府文件。

与 2002 年的《西伯利亚经济社会发展纲要》相比,2005 年的《西伯利亚经济社会发展纲要》的进步性表现在四个方面。第一,西伯利亚经济社会发展的重点不再是获得额外的国家拨款,纲要较全面地反映了西伯利亚和联邦中央的关系。第二,它具体指出了地区经济社会发展的方向。第三,由于俄罗斯预算收入的增加,新纲要所需资金的落实情况得到了保障。第四,西伯利亚各联邦主体对《西伯利亚经济社会发展纲要》的态度也发生了积极的变化,因为这些联邦主体全部被纳入纲要的实施对象中,成为纲要实施的受益者。

2002 年批准实施的《西伯利亚经济社会发展纲要》中,针对西伯利亚地区经济发展的主要政策有以下几个方面。

西伯利亚在资源储量丰富的地区加强矿物原料基地的建设和改造,重新发挥它们在地区经济结构中的主导作用。

为了解决远离产品销售市场的问题,西伯利亚地区应加强两方面的建设。一是发展以高新技术为主体的运输成本较低的工业产业。这类产业主要集中在新西伯利亚州和托木斯克州,因为那里拥有全俄最优秀的科研人员和科研基地,俄罗斯的一些大型石油天然气公司都有意利用俄罗斯科学院西伯利亚分院的科技潜力在西伯利亚地区发展石化工业、石油加工工业、进口替代机器的生产等。二是发展运输设施。西伯利亚运输业的发展首先与远东—西伯利亚—

欧洲这一运输走廊的建设有着密切的关系。虽然西伯利亚地区面临着亚太地区其他国家的竞争,但这一运输走廊势必会对西伯利亚地区产生显著的影响。

此外,西伯利亚地区的权力机关还应通过加强立法来改善投资环境。

但是,从执行效果来说,这一战略并没有达到预期的目标。这具体表现在,在纲要实施期间,一部分联邦主体的地区预算仍需要联邦预算的帮助。而在俄罗斯大多数地区的人均生产总值都保持着较高的增长速度的条件下,西伯利亚地区的人均生产总值在总体上仍持续多年地低于全俄平均水平。

2005 年的《西伯利亚经济社会发展纲要》是在 2002 年纲要的基础上重新修订的。纲要指出了 2008 至 2015 年西伯利亚经济社会发展的主要方向。普京在 2006 年托木斯克会议上的发言中就主要强调了其中的五大方向。普京认为,要实现经济增长,西伯利亚首先应加入到全俄经济一体化的进程中,同时也要融入世界市场。第一,西伯利亚地区应提高自然资源的利用效率,这是最具竞争优势的领域,是解决区域能源问题的关键。普京指出,西伯利亚丰富的能源资源使其成为东西方关系发展的关键地区。第二,西伯利亚地区应积极利用现有的、有着较高发展水平的科技创新资源。普京指出,西伯利亚很多科研成果由于缺少资金而无法实现产业化,西伯利亚应该吸引投资解决科技转化的问题。第三,在工业比较发达的地区,应该大力提高加工产业的生产能力。第四,完善西伯利亚的铁路设施。西伯利亚地区拥有西伯利亚大铁路这一国际陆地运输走廊,它不仅连接了欧俄部分与远东地区,也是连接欧洲与亚太地区的桥梁。普京提出,亚太地区是当今世界发展势头最好的地区,对于俄罗斯来说,俄罗斯完全有可能通过自己的国家优势来开辟这一新市场,同时,俄罗斯也要发展航空业,修建新的公路,恢复北方海路的作用,以此来提高客流量和货物流量。只有提高居民的流动性,开辟新的行业,才能实现居民生活水平的提高。第五,开展边境地区的国际合作和地区间合作。普京认为,这是实现地区发展的重要因素之一,西伯利亚地区应加快边境设施的建设工作,完善跨地区合作的法律机制。

2020 年前西伯利亚发展的战略项目包括:科技、创新产业和经济特区;石油开采业、天然气开采业和管道运输业;煤炭开采和煤炭化工业;水电、核电和热电;石油加工业、油气化工业和氦工业;北方海路、铁路和公路建设,航空运输业和多模型交通运输枢纽;林业、木材加工业和纸浆造纸业;采矿业和有色冶金业；机器制造业和金属加工业等。通过这些部门的发展，西伯利亚联邦区地区总产值在俄罗斯联邦地区总产值中所占的比重可提高 1.4—1.6 个百分点，达到 12.4%—12.6%。[①] 西伯利亚地区将出现许多新建的居民点，现在居民点的人口也将增加，这将带动医疗卫生和文化教育事业的发展，使西伯利亚地区人口减少的态势得到遏制，推动整个地区的经济发展。

总而言之，西伯利亚发展纲要的实施和完成，有助于俄罗斯在开放东部地区的长期对外政策下，执行国家在该地区的能源、交通和基础设施等项目，进而巩固西伯利亚和远东地区在俄罗斯与亚太国家合作中的基础地位。

二、区域经济政策对远东地区的影响

远东不仅是俄罗斯的一个地区，而且由于具有特殊的地理位置而成为影响俄罗斯命运的地区。远东决定着俄罗斯地缘政治的未来。由于经济落后，远东地区的人口大量流失。俄罗斯国内学者指出，如果不加大对远东地区的开发力度，远东地区不仅在经济发展上被边缘化[②]，在人口上也会出现真空，这将直接威胁到俄罗斯的国家安全。同时，由于综合国力不断增强，俄罗斯已经有能力加大对远东地区的开发力度，改变其以资源出口和原料出口为主的经济现实，使其向深加工和成品出口的方向发展。

（一）远东地区在俄罗斯经济中的地位

远东和外贝加尔地区的总面积为 699.87 万平方千米（占俄罗斯联邦国土总面积的 40.99%）。这一地区拥有丰富的自然资源。从勘探储量来说，铁矿石约为 120 亿吨，锰的储量超过了 1 500 万吨，锡的储量超过 200 万吨，钨的储量为 40 万吨，铅的储量为 180 万吨，锌的储量为 250 万吨，铜的储量为 80 万吨，萤石的储量为 1 670 万吨，银的储量为 38 000 吨，黄金的储量为 2 000 吨、水银的储量为 31 000 吨，硼的储量为 350 万吨，钽的储量为 103 万吨，锑的储量为 25.4 万吨，白金砂的储量为 47 吨。同时，该地区还分布着丰富的金刚石资源、森林资源和碳氢化合物资源。

独一无二的自然资源潜力也是远东和外贝加尔地区的特点。贝加尔湖位

① B. B. 库列绍夫.《西伯利亚》联邦专项新纲要评述[J]. 西伯利亚研究，2006，33(4).

② 李靖宇，孟昭彬. 关于俄罗斯加强远东地区开发问题的现实论证[J]. 俄罗斯中亚东欧市场，2007(10).

于这一地区,该湖的淡水储量占世界淡水储量的20%。贝加尔湖是联合国教科文组织公布的世界自然遗产之一。堪察加州30%的领土、萨哈(雅库特)共和国30%的领土都属于自然保护区。

远东和外贝加尔地区在俄罗斯和亚太地区都占据着有利的地缘经济地位,与中国、日本、韩国、朝鲜、蒙古国毗邻。同时,远东和外贝加尔地区位于西欧国家到亚太地区的最短的道路上。贯通欧亚的西伯利亚大铁路和贝阿铁路干线都有到远东港口的出口,北方海路也途经远东海岸边。

由于亚太地区在世界经济发展中作用的提高,作为俄罗斯在亚太地区实现对外经济、文化和其他形式合作的大陆地区,远东地区的地位也在不断提高,同时远东地区对俄罗斯的战略意义不断加强。

由于具有地缘战略地位和资源保障能力,远东地区拥有吸引资金流和物流的潜力。对这些潜力的利用将有利于俄罗斯的经济发展,也有利于保障俄罗斯的国家安全。

(二)远东地区经济发展的不利因素

劳动力不足是影响远东和外贝加尔地区经济发展的制约因素。远东和外贝加尔地区的居民主要在南部与中国交界的地区生活。这一地区的居民人口密度不仅低于俄罗斯联邦其他地区的居民人口密度,也低于亚太地区的居民人口密度。20 世纪 90 年代初期,这一地区的人口数量进入了一个危机时期,当时,地区居民数量骤降。其主要原因是人口自然下降(死亡率超过了出生率)。同时,这也与人口的大量外流有关。从 1996 年到 2006 年,远东大概有 72 万人口流出,这些流出的人口占居民总数的10%。并且,离开这一地区的主要是有劳动能力的成年人和专业人员。

影响远东地区自然资源开发的因素有以下几个:受地质勘探规模所限,有关资源储量、资源状况和开发形势的信息都不足;在自然资源的开发问题上存在着基础设施不完善的问题,特别是能源环节和运输环节;地方生态体系的稳定性比较低,在自然资源的开发过程中要求投入额外的环保费用;原料的综合加工和再加工发展缓慢,且规模不大,这影响了对原料基地的合理利用;远东和外贝加尔地区大部分自然资源行业的劳动生产率都低于亚太发达国家;劳动力缺乏,专业人才的培养体系不完善。

(三)地区发展纲要在远东地区的实施

俄罗斯在远东地区的目标是,保证俄罗斯在太平洋区域的军事政治影响力和经济影响力，对远东地区最重要的战略资源进行控制，并通过这些资源在太平洋地区国际分工体系中谋取利益。[①] 只有促进远东地区的经济发展，才能保障并巩固俄罗斯作为太平洋地区强国的地位。为了达到这一目标，俄罗斯优先发展远东地区的优势产业，并发挥其在地区经济中的辐射作用，在此基础上，保证地区经济体系在国际劳动分工和俄罗斯国内分工中的稳定发展，为居民提供舒适的生活条件。[②] 但是，如果远东和外贝加尔地区不能独立地处理好市场、宏观经济体系和各部门间的关系，就无法实现上述战略目标。在这种情况下，俄罗斯就需要通过国家经济社会发展政策来对其进行调节。远东和外贝加尔地区在经济方面长期处于被抑制的状态，在地区政策中没有明确的方针，缺少落实这些方针的机制，这些都对俄罗斯太平洋沿岸的州和边区产生了不利的影响。在这种情况下，为了提高该地区在全俄和国际劳动分工中的地位，必须完成以下任务。第一个任务是推行国家区域政策，其内容包括明确规定远东的优先产业、在资金上给予保证；第二个任务是在远东实施经济结构改革政策，重点发展出口加工部门。[③] 实际上，不论是在苏联时期，还是在俄罗斯时期，针对远东和外贝加尔地区所推行的地区纲要都基本上遵循了上述原则。

早在20世纪80年代初，远东和外贝加尔地区经济发展缓慢。出现这种情况的原因之一是远东和外贝加尔地区某些自然资源出现枯竭的现象，经济部门中的开采行业由于缺少投资而无力维持生产和进行工艺改造。俄罗斯在这种情况下出台了《1986—2000年远东和外贝加尔经济社会发展联邦专项纲要》，希望通过实施这一纲要来改变危机状况。但这一做法并没有取得特别的效果，因为这一更类似于行政命令的纲要没有为远东带来更多的中央拨款。从1990年起，中央甚至停止了对远东地区的拨款。这就无法保证地区工业生产的增长，以及运输设施和能源部门的发展，也不能实现居民生活水平的提高。

1992年以后，由于俄罗斯从市场原则出发进行资金分配，远东地区的经济已经开始落后于西伯利亚地区，更不用说俄罗斯欧洲部分了。1999至2000年，

---

① Минакир П. А.，Михеева Н. Н. Стратегия Дальнего Востока и Забайкалья до 2010 года[J]. Регион：экономика и социология，2002(3).

② Минакир П. А.，Михеева Н. Н. Стратегия Дальнего Востока и Забайкалья до 2010 года[J]. Регион：экономика и социология，2002(3).

③ Минакир П. А.，Михеева Н. Н. Стратегия Дальнего Востока и Забайкалья до 2010 года[J]. Регион：экономика и социология，2002(3).

俄罗斯工业生产总值下降了43%,而远东和外贝加尔地区的工业生产总值下降了59%。从1990年起,居民的实际收入和名义收入也出现了大幅下降的趋势。

1993年的政治和财政上的动荡把地区政策问题(确切地说是缺少地区政策的问题)挤到次要地位。俄罗斯中央和地方之间的单独协议代替了明确和有效的地区政策,这种做法使远东地区受到了很大的伤害。1993年,远东地区甚至无力保持在俄罗斯和独联体市场中的竞争能力。地区经济改革(主要内容为从单一地面向国内市场转向在快速发展出口生产的基础上面向国内和国外两个市场)也未获得国家在税收、关税和财政等方面的支持。

在地方精英的压力下,当时的俄罗斯联邦总统叶利钦在1996年签署了1996至2005年地区发展纲要,希望通过纲要的实施分阶段地改变远东和外贝加尔地区的发展趋势。在纲要的实施过程中,1999至2000年地区经济出现了增长。但这一纲要在2000年前并没有完成,远东和外贝加尔地区的局势并没有得到根本改善,从一些经济社会发展指标来看,社会经济消极发展的趋势仍在继续。投资不足是纲要无法完成的主要原因。如根据这一纲要中规定的发展方案,1996至2000年对纲要的投资应为2 200亿卢布,但是这一时期国家财政对远东和外贝加尔地区的全部投资仅为2 100亿卢布。①

地区发展纲要作为国家调节远东和外贝加尔地区经济发展的工具并没有取得预期的成果,但这并不意味着国家放弃了这种调节地区经济发展的工具。远东学者 П. А. Минакир 和 Н. Н. Михеева 认为,那种认为国家规划不适用于市场经济的想法是幼稚的,但也应该对这一调节工具进行重新修改。原因有两个:第一,很多发达的市场经济国家都在经济发展中使用国家规划这一调节手段,并取得了成效;第二,不管是在计划经济时期还是在市场经济时期,纲要在远东地区都没有发挥明显的作用。这表明,问题的关键在于国家纲要本身,更准确地说,在于国家的发展战略和实施这一战略的工具。② 在这一背景下,俄罗斯对上文所说的纲要进行了两次修改和论证,分别为《2010年前远东和外贝加尔经济社会发展联邦专项纲要》和《2013年远东和外贝加尔经济社会发展联邦

① Гранберг А. Г., Ищаев В. Программа экономического и социального развития Дальнего Востока и Забайкалья: первые шаги[J]. Экономист, 1997(9).

② Минакир П. А., Михеева Н. Н. Стратегия Дальнего Востока и Забайкалья до 2010 года[J]. Регион: экономика и социология, 2002(3).

专项纲要》。

2014 年以来,俄罗斯最高领导层一直对远东发展问题保持关注,在俄罗斯联邦总统会议上,政府成员对远东发展的基本问题展开了 5 次讨论。此外,在俄罗斯联邦会议总统年度咨文中,普京提出一系列新的战略决议,提出把俄罗斯发展成亚太强国,加快发展东部地区。普京提出,在符拉迪沃斯托克建立自由港,发展北部航线,依靠新项目实施所得税收来扩大远东发展基金会资本。2014 年,梅德韦杰夫先后 6 次就远东发展的现实问题召开会议,其中包括在发展电能、渔业和林业的国家纲要中,以及在远东投资项目的实施中如何资助远东的问题。根据加快发展远东的任务,俄罗斯政府修正了 7 个国家纲要,批准了《2016—2025 年千岛群岛(萨哈林州)社会经济发展》联邦专项纲要。纲要的目的是综合发展经济,使千岛群岛居民拥有有利的生活条件和发展条件。鉴于千岛群岛自然灾害的威胁,纲要中规定了建立现代综合安全体系和降低紧急情况风险体系。同时,俄罗斯制定了大乌苏里岛(黑瞎子岛)俄罗斯部分的发展方针,把大乌苏里岛(黑瞎子岛)俄罗斯部分建成一个旅游休闲区。俄罗斯将与中国一道,将大乌苏里岛(黑瞎子岛)建成国家旅游休闲和文化发展区。

同时,地区发展方案的顺利执行不仅要有完备的基础设施、土地、税收等方面的优惠政策,还要求不断改进行政管理模式。俄罗斯要将远东地区打造成具备世界竞争力的亚太地区前沿领地。梅德韦杰夫也表示远东地区优势发展领域的建设会吸引世界各地的高技能人才,会大力促进远东和西伯利亚地区的发展。

远东地区与经济快速发展的亚太地区毗邻。远东地区应发挥地缘优势、资源优势和物流通道优势,建立面向亚太地区市场的发展模式,与亚太地区的国家实现经济一体化,这是远东地区的优先选择。

2014 年 4 月,俄罗斯联邦政府出台了《关于远东建立超前发展社会经济区及国家支持措施》的联邦法律草案。草案规定,国家为社会经济跨越发展区内企业经营活动和其他经济活动建立特殊法律制度。该特殊法律制度包括:土地使用特殊制度;制定优惠租金;税收减免和保险优惠;国家和市政监管特殊制度;加强基础设施建设;提供公共服务;采用自由关税区的海关程序;应用发达国家的技术和卫生法规;以快速和优惠的方式吸引外国高技能人员就业。在职能机构建设方面,这一地区设立俄罗斯联邦移民局、税务局、海关局,设立俄罗斯联邦消费者权益保护与监督局,设立俄罗斯联邦环保、技术和原子能监督局,设立医疗保险基金、社会保险基金和俄罗斯退休基金等。与自由经济区不同的是,一方面,远东社会经济优先发展区是一种集工业、商业、旅游与休闲功能于一体的模式,而自由经济区内只有入驻型企业享有优惠政策;另一方面,远东地区发展部对该优先发展区拥有更多的自主权。地方政府、专门公司和投资者本身都是监管委员会的成员。

俄罗斯重视亚太地区,有其现实的考虑,即搭乘亚太经济增长快车,缩小地区之间发展的差距。西伯利亚和远东地区的经济发展和自然资源利用需要大量的投资。西伯利亚和远东地区必须加强国际合作,吸引资金和技术。《远东社会经济优先发展区联邦法案》的出台是落实俄罗斯联邦政府推动远东联邦区发展的战略纲要的又一举措。此前远东开发的第一个步骤是建立 2013 年通过的远东地区优先出口发展模式,旨在将优先发展加工企业与完善地区基础设施结合起来。而俄罗斯联邦政府借鉴新加坡自由港的模式,旨在打造超越亚太其他国家同类区域的优先发展模式,以吸引国内外投资者。

三、大型投资方案对东部地区经济社会发展的作用

现代区域经济发展的过程表明,一个区域的经济发展,不仅表现为产值或收入等总量指标的上升,而且必然伴随着产业结构的改善。在发展过程中,区域经济总体发展水平与区域产业结构是密切相关、相互影响的,而且产业结构在一定程度上决定了区域经济增长的速度。

区域产业结构处于动态变化的过程之中,导致其发生变化的因素很复杂,主要有技术创新、需求结构、区际贸易结构、区域政策、区域资源禀赋等。

在俄罗斯东部地区的经济部门结构中,开发和利用自然资源的经济部门占有相当大的比重。丰富的自然资源已成为其摆脱经济危机的基础。西伯利亚与远东地区的各州、边疆区都把开发和利用自然资源确定为重点发展产业,向外国投资者提供准确、可靠的信息,把自然条件较好的林地、矿山、油气田、渔场等租让给外国投资者。为了增加投资市场的透明度,西伯利亚和远东地区还召开大型国际投资研讨会,发布有关吸引外资的政策,公布对外合作的重点项目。这些措施都为外国投资者进入西伯利亚与远东地区开发和利用自然资源提供了先决条件。

早在1996年,外资就开始大举进入俄罗斯石油、天然气等自然资源的开发活动中,一批大型国际合作项目启动并投入运作。其中仅萨哈林1、2、3、4号方案的外资总额就高达350亿至400亿美元,“萨哈林天然气”管线合作计划预计利用外资170亿美元。“西西伯利亚行动纲领”中各种输气方案预计投资500亿美元。随着俄罗斯自然资源开发领域开放度的提高,外国一些大公司已看好俄罗斯丰富的资源。如果政府和议会通过必要的立法,他们将继续向石油产业投资。外资的大量流入会对俄罗斯经济发展产生积极影响,不仅可以大大缓解俄罗斯国内资金短缺的局面,还有助于提高俄罗斯自然资源开发工业的技术水平,不仅可以使俄罗斯充分利用产品分配协议中外国协议方的销售网来拓展国际市场,还可以带动国内相关产业(如机器制造业、石油化工业、冶金业和运输业)的发展,并可以提供大量的就业机会。

俄罗斯东西伯利亚和远东的天然气总储量据初步估计达52.4万亿立方米,大陆架的储量达14.9万亿立方米。同时,该地区有关天然气潜力的地质研究程度极低,陆地上只探明7.3%,大陆架上探明6%。俄罗斯政府计划在这里建立一系列新的大型石油天然气开采中心,以便长期满足东部地区的需要和出口亚太地区。为此2007年俄罗斯政府出台了东部天然气计划,俄罗斯天然气总公司负责具体实施工作。该公司已经在萨哈林州和堪察加边疆区建立了新的天然气开采中心,积极筹建雅库特天然气开采中心,建立伊尔库茨克中心和克拉斯诺亚尔斯克中心。东部天然气计划规定,在建立天然气开采中心和统一的天然气输送系统的同时,进行天然气加工和天然气化工生产,其中包括生产氦气和液化气。

根据俄罗斯天然气总公司的官方网站的消息,2009年至2013年该公司在萨哈林州的投资额超过2 500亿卢布。资金主要用于实施下列战略项目:建设“萨哈林-哈巴罗夫斯克-符拉迪沃斯托克”天然气输送系统,进行基林斯克凝析气田(萨哈林-3项目)设备安装,铺设从基林斯克凝析气田到天然气输送系统的“萨哈林”压气总站的天然气管道。

在实施东部天然气计划的框架内,俄罗斯天然气总公司在雅库特的恰扬达凝析油气田建立了大型天然气开采中心。恰扬达凝析油气田的天然气储量超过1.2万亿立方米。恰扬达凝析油气田在2014至2015年的地质勘探过程中钻探了18个钻井,从2017年开始开采天然气,每年开采250亿立方米。这对雅库特的社会经济发展起到了强大的推动作用。为了更好地进行地质勘探工作,俄罗斯天然气总公司下属的地质勘探子公司与雅库特的连斯克区和米尔内区签订了合作协议。协议规定双方在投资活动、科技活动和创新活动等方面相互合作。

俄罗斯东部地区经济发展有三个增长点,分别是石油天然气开采综合体、电力能源综合体和运输综合体。

大多数专家认为,西西伯利亚和东西伯利亚的石油天然气开采综合体拥有最大的发展潜力,同时也是东部地区加入亚太一体化进程中的重要因素。根据俄罗斯工业能源部的数字,2010 年亚太国家对俄罗斯天然气的进口需求为 450 亿—800 亿立方米,这为东西伯利亚和北部地区天然气工业的快速发展提供了契机。为了推动东部地区石油天然气综合体的发展,政府推行积极的政策是必不可少的。

西伯利亚和远东地区拥有独一无二的电力能源潜力。叶尼塞河和安加拉河上的大型水电站为当地和俄罗斯欧洲部分的工业发展提供了必需的能源。同时,富余的发电能力也为这一地区的电力出口提供了可能。

运输设施也是东部地区经济发展的重要条件之一,这是由该地区的地理位置特点和居民分布特点决定的。21 世纪,东部地区面临着实现铁路干线现代化、建设公路设施和恢复北方海路的任务。

以上三个任务的完成需要大量的直接投资,这一方面来源于国家的预算支持,另一方面也要依靠国际合作方案来吸引国外投资。

(一)俄罗斯能源政策中的东方因素

在当今世界经济发展的大趋势下,能源出口在俄罗斯对外贸易中的地位日益提高,这促使俄罗斯重新调整其经济政策和能源政策的基本方向。苏联解体后作为一个主权国家出现在世界舞台上的俄罗斯,随着其欧洲部分地缘空间的一再压缩,开始利用其横跨欧亚大陆的地缘优势积极加入到亚太地区的政治经济事务中,而能源出口就成为俄罗斯进入这一地区的有力武器。此外,俄罗斯与亚太国家开展互利合作,特别是与在世界经济发展中居领先地位的一些东北亚国家开展能源合作,这也符合这些国家能源进口多元化的战略。而西伯利亚和远东地区则是与上述地区开展合作的前沿阵地。

当前,亚太地区对俄罗斯的重要意义丝毫不逊于欧洲。21 世纪俄罗斯在亚太地区的发展战略指出，俄罗斯与亚太国家合作的目的是使俄罗斯经济与亚太经济形成巨大的互补性，并通过这种互补性来保障俄罗斯在亚太地区的有利地位。俄罗斯要凭借资源优势加入到亚太地区经济一体化的进程中，而首要的任务就是以中国、日本、韩国这三个东北亚国家为主要伙伴来合作开发和利用东部地区的油气资源。国际原子能机构发布的信息表明，2010 年前，与世界其他地区相比，东北亚是石油等能源资源需求增长最快的地区，中国、日本、韩国则是这一地区能源需求最大的国家。这为俄罗斯东部地区的能源开发提供了契机。

近年来俄罗斯欧洲部分的油气资源日渐匮乏，俄罗斯欧洲部分对东部地区资源的依赖性越来越强。自 20 世纪 80 年代后期以来，位于俄罗斯欧洲部分的老油气区的产量已进入持续递减阶段，有些主力油田甚至进入衰竭阶段。为了改变这种状况，俄罗斯政府加强了对东部地区的勘探开发工作。《2020 年前俄罗斯能源战略》也详细地阐述了东部地区在国家能源政策中的地位和基本发展方向。能源战略指出，将在东部地区建立新的能源动力基地，以保证俄罗斯的能源安全，同时以能源带动经济的发展，在东部地区建立统一的石油天然气出口运输体系和电力出口系统，实现对亚太地区，特别是东北亚地区的能源出口。

（二）俄罗斯东部地区的能源潜力

俄罗斯东部地区拥有大型的燃料动力基地。石油天然气等碳氢化合物资源的储量在世界上是独一无二的。从勘探储量和开采价值来看，西伯利亚南部地区和萨哈林大陆架上的油气产地是最具潜力的。现有数字表明，这两个地区的天然气年开采量可达 800 亿—900 亿立方米，石油年开采量为 5 000 万—6 000万吨，除满足国内需求外，每年可向东北亚地区出口 500 亿—600 亿立方米天然气和 3 000 万—4 000 万吨石油。

俄罗斯东部地区的油气资源虽然非常丰富，但尚未被大规模地开采。这一方面是由于历史上俄罗斯一直重视欧洲部分的发展，国家的重心在欧洲部分，另一方面也与东部地区自然环境恶劣、产地开采难度大、投资额高有关。因此，现阶段俄罗斯对东部地区能源开发采取国际合作的方式，以吸引国外资金，降低本国的投资风险。

由于中东地区的不稳定因素加剧，作为中东石油传统进口国的东北亚国家开始寻求能源进口的多元化，俄罗斯能源对东北亚国家的吸引力越来越大。而从俄方角度来说,相对于巨大的能源生产量,国内能源市场的需求是有限的,这就为对东北亚国家的出口提供了稳定可靠的物质保证。俄罗斯已经充分认识到与东北亚国家开展能源合作的必要性。目前,俄罗斯正在实施国际能源合作方案,吸引外国投资者对东部地区的能源进行共同开发。俄罗斯还计划制定一个与东北亚各国开展能源合作的长期战略,但是,这一战略的制定和实施都将是复杂的工作。因为这一战略具有国际多方合作的色彩,俄罗斯要协调各国之间的分歧和矛盾,最大限度地满足各方利益。

俄罗斯能源发展战略的主要目标是在东西伯利亚和远东地区形成新的石油天然气开采和加工中心,向亚太地区提供石油、天然气和油气产品。

东西伯利亚和远东地区的石油储量超过150亿吨,占全俄石油资源的18%以上,已探明的石油储量超过12亿吨。东西伯利亚和远东地区还集中了超过54万亿立方米的天然气(约占俄罗斯天然气总储量的21%),已探明的大面积天然气储备有4.9万亿立方米,约占全国总量的10%。东西伯利亚和远东地区天然气资源的勘探量分别占8.6%和11.3%,进行新的地质勘探工作的前景广阔。东西伯利亚和远东地区凝析油的初始总资源约有33亿吨,已探明的储量有2.2亿吨,勘探量分别为6.3%和7.9%。[①]

2020年,东西伯利亚和远东地区的石油开采量可达到9 500万吨。2030年,东西伯利亚和远东地区的石油开采量将达到1.12亿吨。

与天然气气田开采直接相关的凝析油的开采量在2020年可达到1 050万吨,预计到2030年达到1 180万吨。已开采的部分凝析油将与石油一起通过输油管输送到国内市场和出口到其他国家。另一部分凝析油将满足现有的和计划建成的石油天然气加工综合体、石油天然气化工综合体(下波伊玛天然气加工厂和国家控股公司、萨彦斯克天然气加工厂和国家控股公司、哈巴罗夫斯克天然气加工厂和国家控股公司、哈巴罗夫斯克炼油厂、符拉迪沃斯托克炼油厂和国家控股公司等)的需要。

石油和凝析油的总开采量在2020年可达到约1亿吨,到2030年将达到1.19亿吨。东西伯利亚和萨哈(雅库特)共和国液态碳氢化合物的开采量在2020年可达到7 600万吨,到2030年将达到8 700万吨。远东地区的该项指标

① Нефтегазовый комплекс Восточной Сибири и Дальнего Востока: тенденции, проблемы, современное состояние[EB/OL]. https://burneft.ru/archive/issues/2015-12/3.

在 2020 年可达到 2 100 万吨，到 2030 年将达到 3 200 万吨。

如果营销和投资环境有利，那么在东西伯利亚和远东地区的油气田开采过程中，天然气开采总量在 2020 年可达到 1 580 亿立方米，到 2030 年将超过 2 300亿立方米。

（三）东部地区在东北亚各国能源战略中的地位

东北亚地区最主要的油气消费国是日本、俄罗斯、中国和韩国，其中俄罗斯和中国是油气生产国，也是油气消费国，而日本和韩国基本上是单纯的油气消费国。从 1993 年起，我国已经成为石油净进口国，油气缺乏将是一个日益尖锐的问题。不断增加石油和天然气的进口量是不可避免的趋势。日本和韩国也是石油和天然气的消费大国，它们本国没有石油、天然气资源，生产和生活所用油气全部依赖进口。因此，中国、日本和韩国一直谋求能源来源的多元化，减少对中东等不稳定地区的依赖。日本、韩国都看好西伯利亚和远东地区的油气资源，陆续把资金投向萨哈林大陆架的油气开发。针对上述情况，俄罗斯提出在东北亚地区建立由俄罗斯、中国、日本和韩国参加的国际石油战略储备构想，以此作为维护东北亚各国能源安全和稳定东北亚地区石油供求关系的主要举措，同时也作为俄罗斯与中国、日本、韩国开展密切的经济合作，以及推动东北亚地区区域经济一体化的重要行动。根据这一构想，当世界石油市场价格迅猛上涨，影响到各国经济安全的时候，东北亚各投资国可以以原来商定的适中价格动用战略储备石油，以此来减少国际市场油价动荡造成的损失。这一提议得到了东北亚各国的积极响应。

从总体上说，中国、日本、韩国等东北亚国家对俄罗斯能源有着很大的需求潜力，但各国对俄罗斯能源的进口政策又有所不同。

由于围绕归属问题产生了领土争端，俄罗斯和日本的经贸发展合作一直未能达到应有的水平。与日本公司在印度尼西亚、苏丹、墨西哥、伊朗等石油出口国的投资相比，日本对俄罗斯的投资从规模和数量上看都不大，并且现有的投资活动多以与美国公司合作为主，这主要是为了规避风险。目前最受日本投资者关注的是俄罗斯萨哈林地区，萨哈林大陆架的油气资源丰富，萨哈林大陆架是俄罗斯能源产地中最具开发前景的地区。随着萨哈林大陆架国际能源开发方案的实施，日本公司也加入其中，与俄罗斯、美国共同参加了萨哈林 -1号油气开采项目的实施工作。但从目前日本的能源战略来分析，中东仍是其石油进口的主要来源地,俄罗斯则被作为其未来能源需求储备国。

韩国把积极开展与俄罗斯在能源领域的合作作为其能源战略的一部分,并且把日本作为潜在的竞争对手。韩国公司也加入到萨哈林大陆架的国际能源开发方案的实施过程中,在油气资源的开发、分割和销售上与日本、美国等形成竞争局面。韩国开展对俄能源合作的深层意义是以合作和投资项目为工具,促使俄罗斯推动朝韩关系的发展。

近年来,随着经济的快速发展,我国对石油的需求量不断增加。自 1993 年成为石油净进口国以来,我国面临的石油进口压力逐年增大,这就迫使我国必须寻找稳定、安全的能源供应基地。俄罗斯油气资源丰富,俄罗斯与我国的政治经济关系日益密切,在目前的国际形势下,俄罗斯是我们开展能源合作的理想伙伴。目前,中俄双方政局稳定,政治关系良好,经贸合作不断深化。巩固和扩大中俄能源合作,符合两国战略协作伙伴关系,符合两国人民的根本利益,更是两国经济发展的现实要求。在中俄两国政府和相关企业的共同努力下,两国在石油和天然气领域的合作都取得了实质性的进步。

第三节　东部地区区域经济政策评析

区域经济政策是立足于区域问题而制定的,区域问题的产生和发展有着特定的自然、历史和社会背景,因此区域经济政策的作用不是立竿见影的。

俄罗斯东部地区经济社会发展纲要的制定建立在对该地区资源潜力和其在一体化世界中的地位的正确评估的基础上。我们认为,俄罗斯应该最大限度地利用东部地区所特有的有利的地域空间特点、自然资源特点和地缘政治特点。目前,这一地区已经成为国际经济一体化的组成部分,在世界原料和能源市场上有着一定的竞争力,其原料资源已经成为俄罗斯乃至世界经济链条中的一个环节。与俄罗斯西部地区不同,东部地区的经济发展可以实现资源的自我保障,这在中央与东部地区的关系中起着重要的作用。

通过对东部地区经济政策的分析,我们初步总结了俄罗斯地区发展纲要制定的特点、理论基础、制度基础和评估体系特点等。

区域的特点决定区域经济的特点,区域经济的特点决定了地区发展纲要的具体内容和实施方式。由于同一个国家的不同地区在自然地理、资源、社会发展、经济基础、文化传统等方面存在差异,经济发展模式和途径有很大的区别。因此,俄罗斯在制定地区发展纲要时充分考虑到了以下三个因素。其一是区域自然条件的差异性。由于自然资源分布具有非均衡特点,由不同的资源组合而成的区域优势是最容易被看到的,而这种资源优势很少有两个以上的区域是完全相同的。其二是区域社会文化条件的差异性。不同的地域所传承的文化传统具有差异性,在不同的社会文化条件下形成的区域发展条件在各区域基本上是不相同的。其三是区域经济基础的差异性。各地区的经济基础是一个积累的过程,不是短期形成的。由于区域经济发展的时间、地点和方式存在多样性,完全相同的发展基础是不存在的。

地区发展纲要制定的理论基础是政府干预理论。政府通过制定合适的政策去对区域经济进行干预。这种干预一般分为两类。一是目标性干预,即通过对区域未来发展的远景进行展望,确定区域未来发展的目标,以此来引导区域经济发展,这是思想性和展望性的干预。二是问题性干预,即发现区域经济发展中的现实问题,提出解决问题的方法,对已有的纲要进行修改,调整区域经济发展的方向,这是适应性和策略性的干预。

在地区发展纲要具体发展方向的制定上,俄罗斯又充分考虑了区域经济理论中的点轴开发理论和网络开发理论,以点带面,促进地区的全面开发和一体化发展。

在区域经济政策的具体实施中,俄罗斯则是在依靠市场的基础上,进行强有力的政策支持。从区域经济规划的角度制定的政策体系的基本目标可以归纳为三点:运用政府力量,保证发展战略的实施;高效配置资源,保证产业健康发展;协调各种关系,解决区域冲突。其根本目的是使规划区域的经济快速增长、资源得到合理配置、区域间的收入差距缩小。

区域经济政策主要在以下几个方面起作用。

一是调节资源的配置。区域经济发展的资源是有限的,而且各地区资源的分布极为不平衡。政府的作用是在规划中克服市场作用的盲目性,使资源配置符合绝大多数人的利益要求。政府可以引导投资和人力资源流向最需要的地区,使各地区形成公平发展的态势,同时也可以根据资源的空间分布来调节资源的开发顺序。

二是地区税收的分配。从财政收入来看,关税、消费税等归中央,营业税、房地产税、个人所得税归地方,企业所得税、资源税、增值税归中央和地方共享。地方的收入直接成为地区管理和经济发展的资金来源,增加地方的收入是地方政府长期追求的一个重要目标。中央的一部分收入经过二次分配返回地方,成为重点项目建设的主要资本来源之一。

三是财政分配。中央政府投入是保证地区生产经营活动正常进行和社会经济环境正常构建的重要因素,主要用于全国性和地方性的能源、原材料等基础工业的建设,用于交通、邮电通信等基础设施的建设,用于农业、教育、科技等基础产业的建设。这包括地区企业的技术改造、高新技术开发、基础设施建设,以及能源、原材料的开发等。

对地区发展纲要进行绩效评估时所遵循的一个基本原则是这一政策是否取得了积极成果,是否达到了预期的目标。对区域经济政策对国家整体经济增长速度的影响进行评估是很复杂的工作。因此,在谈到区域经济政策的结果时,我们通常指的是它是否完成了目标,即它是否缩小了地区社会经济发展水平的差异(这是工业发达国家区域经济政策的基本目标)。为此,我们可能对各地区的社会经济发展指标进行对比,这些地区包括得到国家财政援助的地区和没有得到国家财政援助的地区。如果受援助地区的经济发展速度超过了全国平均增长速度,那么我们就可以认为区域经济政策是成功的。这样,问题地区经过一段时间后就可能达到先进地区的发展水平,地区差异最终也就消失了。反之,我们认为区域经济政策的基本目标没有实现。在后一种情况下,在对区域经济政策进行评估时我们就要考虑,如果不实施这一区域经济政策,那么地区会发生什么样的变化。如果区域经济政策的实施延缓了问题地区经济的发展,那么我们认为这一政策是具有局限性的。

从区域经济发展的角度来看,俄罗斯东部大部分地区与欧洲部分相比属于落后地区。在经济发展中,发达地区对落后地区既有正面影响,也有负面影响。由于发达地区与落后地区的要素收益存在差异,劳动力、资本、技术、资源等要素通常由落后地区向发达地区流动,这使得落后地区与发达地区之间的经济差距有不断扩大的趋势。这种落后地区受发达地区不利影响的现象就是经济学中的"回波效应"。但当经济发展到一定阶段后,发达地区将会通过投资、贸易和技术与产业转移等方式,向落后地区扩散经济发展的利益,从而带动落后地区的发展。发达地区对落后地区的这种积极影响被称作"扩散效应"。

自俄罗斯经济转轨以来,西部发达地区与东部地区之间的回波效应远远大于扩散效应。东部与西部之间的经济差距日渐增大。世界上大多数国家的经济实践表明,市场力量通常倾向于增加而不是减少区际发展的不平衡,因此,在市场经济条件下,为了防止区际经济发展差距的无限扩大,俄罗斯不应消极地等待发达地区产生扩散效应来消除这种差距,而应由政府采取一定的特殊措施来刺激不发达地区的发展,其中财力上的支持是最基本的手段。但从国际视野来看,与东部地区相邻的亚太地区是较发达地区,它们与东部地区之间的扩散效应远远大于回波效应。因此,如果单纯从区域经济发展的角度来看问题,俄罗斯东部地区未来的发展在更大程度上有赖于积极参与亚太地区的国际分工,走“国际化”的发展道路。

第五章　俄罗斯经济现代化与区域创新政策

根据世界银行的资料，俄罗斯人均国民生产总值和人均个人购买力与世界发达国家存在一定的差距。我们认为，俄罗斯如果不使经济快速转入创新发展的道路，就无从谈及赶超世界发达国家。当前世界发达国家的经济发展都具有创新的特点。这些国家形成了一种新的科技氛围，这种氛围以提高经济增长速度为主要目标，而经济增长则主要依靠使用先进的科技成果（发达国家占60%—80%）。

2008年，俄罗斯政府批准通过了《2020年前俄罗斯联邦社会经济长期发展构想》。根据这一文件，2012年前的主要任务是为经济转型创造条件，通过经济创新实现经济的全面现代化（包括基础设施、技术设备、管理方式和经营手段等方面的现代化）。

2009年，俄罗斯政府通过了《2010年政府反危机行动基本方针》，重启经济现代化计划。激发经济创新积极性、实施支持创新的长期措施、发展关键性的高技术部门和基础设施等成为当前经济发展模式转型的重点。

区域创新体系是指一个区域内由参与技术发展和扩散的企业、大学和研究机构组成，并有市场中介服务组织广泛介入和政府适当参与的为创造、储备和转让知识、技能和新产品而形成的一个相互作用的创新网络系统，具有输出技术知识、物质产品和效益三种功能[①]。

---

① Заусаев В. К. Российский Дальний Восток：ответы на новые вызовы 21 век［J］. Всероссийский экономический журнал，2009(6).

第一节　俄罗斯区域创新体系的构建特点

地区创新发展的前提是,存在一个能完成创新发展战略管理任务的高效能的结构体系。建立地区创新发展体系的方法与实现政府干预的方式应对地区改革产生明显影响。

一、区域创新体系建立的目标

俄罗斯建立地区创新体系的主要目的是,在地区经济多样化、现代化和提高产品附加值的基础上,为地区经营主体的发展创造科技、工艺法制环境和社会经济条件,建立保证地区经营体系发展的机制,提高居民的生活水平。

俄罗斯地区经济体系第一阶段的目标是:对地区内能实现经济稳定和快速发展的关键产业创造条件,保证生产和再生产的顺利进行,如石化产业、机械制造产业、化工产业、食品工业、农业;使各地区成为具有跨地区意义的创新中心;在国内外先进工艺的基础上实现地区经济和经营活动向创新发展转变;扩大地区内部市场和外部市场对创新产品和新工艺的需求。

二、俄罗斯区域创新体系建立的阶段

地区创新体系的建立可分为三个阶段。第一阶段是创新体系组织机构的建立。这一阶段应确定相关科研院所和机构,建立管理委员会。这将影响下一阶段方案的实施。第二阶段是制定地区工业化战略,建立集群、工业集团和行业集团。这需要全面分析地区科技潜力、教育潜力和创新潜力,最终确定地区科学工艺发展方向。第三阶段就是前两个阶段提议制定的创新方案的实施阶段,可以称为现代化阶段。①

由于创新过程在很大程度上受到经营环境、对市场的研究水平、科研活动发展水平、高等教育和职业教育机构的水平等因素的影响,俄罗斯要认真考虑所有可能的影响因素。例如,鉴定中心就有可能成为地区创新发展的关键因

① Александрова М. В. Сотрудничество смежных территорий России и Китая: история, факты и пути осуществления[EB/OL]. www. prt – vlad. ru.

素。鉴定中心收集与工艺和市场有关的信息分析资料,对规划制定效益进行评估,组织各相关机构交流意见,保证每一个发展方向和作用方向均获得最大效益。

俄罗斯联邦走出工艺技术危机的出路是建立集体开发新工艺的中心。这种集体工程技术中心可同时向几个企业提供新工艺。这种现代化机制是合理的、具有经济公平性的机制。类似方案的投资方可以是对此感兴趣的金融集团和国家私人合作的经营组织。类似的中心可以使企业在合作研制开发的基础上缩短开发周期和减少支出,进而提高产品的竞争力。类似的中心在俄罗斯并不太多,但仅有的几家也显示出较高的功效。这些中心目前都是由大型企业建立的。

上述的每个阶段都要制定规划,每个规划都是为了解决地区存在的系统问题。从本质上说,地区创新体系规划就是要明确当前没有完成或完成得不好的任务,并且通过已有的机构或重新建立的机构对这些任务进行重新划分。这一规划下的改革一定具有系统性和由各方协商确定的发展方案。

从这个意义上说,采取各方协商制定的方式是一种有效的方式。这种方式也被广泛地用于制定复杂的规划。

当前,国家方案是各类规划的主导,这能保证各类方案在各个层级上协调一致,这也是俄罗斯知识产权的基础。此外,国家方案还能帮助建立国家和地区创新体系发展专家库。国家创新方案的实施结果将成为地区创新体系联邦援助方案的基础。这是在俄罗斯发展知识经济的最佳途径。

三、俄罗斯区域创新体系的结构

从总体上说,俄罗斯创新体系模式表现如下:是基本活动分支;是受保障的活动分支;是投资活动分支;是每个主体创新性的指标;具有创新体系主体内部结构特点;在开展创新活动时各主体间相互影响、相互作用;是创新体系的外延。

在俄罗斯,集团公司、国家企业、大型工业企业、中型工业企业、小型创新公司是从事创新活动的主体。俄罗斯科学院地区分院、创新活动所需人才的专业培训机构、科学中心、高等学校、集团公司的科研中心等为创新活动提供了保障。地方权力机构对创新活动进行管理和调解,制定支持和发展纲要,对创新体系的发展状况进行监督,对纲要和方案的完成情况进行验收。在地区创新体系中,科学是体系的产生因素,也是保障因素。

在实际运作中,俄罗斯各地区的创新体系可能会与上述理想模式有所不同,一些方面可能发展得比较完善,另一些因素可能会完全不具备。地区创新体系中存在大量的创新活动主体,这些创新活动主体在结构、作用等方面都有很大的不同,他们完成不同的任务,存在某些特定的关系。

四、俄罗斯区域创新体系的管理

为了实现地区创新体系的一体化和管理的有效性,就要建立一个协调中心,如地区战略制定中心。它的地位可以不确定,但它的合法性必须同时得到地方政府、国家机关、部委的认可,其活动方向在很大程度上决定了地区发展的优先方向。这一中心拥有一定的自治权和代表权。

地区创新体系作为一个战略机制具有以下特点:确定经营体系和社会领域创新发展的中长期优先方向,并集中相关资源以支持其取得积极结果;建立创新活动产品内部需求市场;具有工艺集群化特点,建立地区产业孵化器;促进基金市场健康发展;在国家－私人合作经营的基础上以规划方式进行拨款;发展基础设施,支持地区创新活动;在创新主体契约基础上实现跨地区发展。

地区创新体系的结构功能依靠以下措施的实施来实现:对经济社会发展的现实问题进行鉴定;参照国际标准对现有生产工艺水平进行评估;通过鉴定方式对高新技术生产企业进行登记,并为其提供国家扶持政策;组建地区银行,支持地区纲要的实施,保证具有较高竞争力的产品的生产;建立地区创新保险公司。

为了达到上述目标,俄罗斯首先应该制定并以法律形式确定地区创新政策,确定科技体系和高新技术产业的发展方向,提高投放到国内外市场的产品的竞争力,同时,也应注意发展具有世界水平的高等教育,注意人才培养问题。

地区创新体系的建立还要求成立地区创新发展基金,以鼓励发展新的经营主体。其活动主要集中在以下几个方面:保证现有科研单位和设计单位能快速融入新的地区创新体系中;建立一个大型企业,大型企业起到主要创新集群的作用,引领中小企业共同走向创新道路;对新体系建立信任感,由最高管理层、国家和经营主体共同组成的监察机构对经营活动进行监督;通过创新发展基金提供工艺帮助,包括培养人才、促进产品认证、为经营主体提供科学技术信息等。

地区创新发展战略的基本思想包括:加强战略管理;发展具有科技和生产潜力的集群;发展和完善投资经营活动的政策机制。

第二节　国家在地区创新体系中的作用

一、区域创新体系与地区创新政策

地区创新体系的形成和发展是俄罗斯经济创新发展的重要组成部分。简言之,地区创新体系主要包括以下内容:采取综合措施增加地区高校和研究机构,以及与之有紧密联系的产业部门的数量;吸引高级专业技术人员,对已有专业人员进行有效利用;建立孵化器,经营网络,支持创业公司的发展;建立长效资金扶持机制,支持面向地区工业集群技术发展的科研机构的活动;建立有效的协调体系,以促进地方公司、地方研究机构和国家机关之间关系的发展;以正式或非正式的途径来保证地方经营主体之间的密切联系;保证地区发展资金的持续。

(一)地区创新政策的主要任务和目标

地区创新体系是在经济全球化和地区经济一体化的影响下形成的,反映地区生产条件和生产因素的经济现象。一个国家创新发展的前景在很大程度上取决于该国所实施的国家创新政策。对于俄罗斯各地区来说,地区创新政策的制定受各地区经济社会发展现状和特点的影响非常大。地区创新政策的基本目标是激发地区创新活动,制定地区创新活动的实施机制,在维持现代工艺合理需求和科研－研制领域现有产品产量平衡的基础上,对工业部门进行工艺改造。通过对俄罗斯49个地区的相关法律法规的分析,我们发现地区创新政策主要用于完成以下任务:确定创新政策的优先方向,实施有效的创新方案和纲要;制定和实施相关措施和机制,以有效地利用创新潜力、科学集约工艺、创新基础设施,最终生产出新的、有竞争力的产品;采取措施支持新产品投放市场,包括支持俄罗斯生产的新产品打入国外市场;支持在教育、医疗、文化、社会公共事业、机关和经济管理机构中引用最新技术;支持科学、教育、生产和金融领域在发展创新技术方面的相互作用;加强国家通过建立预测机制、规划机制、投资机制、经济激励机制和建立各领域创新监督机构的方式对地区创新活动进行调节和支持。

实施地区创新政策有两个目的:一是完成地区竞争生产发展和科技潜力发展的战略任务;二是保证地区经济社会发展的稳定。

地区创新政策的任务不仅包括在利用地区科研组织潜力的基础上解决具有创新性质的宏观任务,也包括提高企业创新积极性、加强各经营主体之间的联系、制定各类保证经济一体化的机制等任务。这就要求制定一个明晰的创新发展战略,确定地区创新活动的发展目标和优先方向,以及达到这些目标的途径和方法。

(二)地区创新政策的实施手段

作为俄罗斯地区战略管理系统中的重要因素,国家地区创新政策最重要的任务包括确定创新政策的优先方向、实施有效的创新方案和纲要。

保证地区创新发展的制度因素包括:地区创新战略和纲要(部门间战略和纲要,地区间战略和纲要,中期发展战略与纲要);国家扶持科研和实验研制成果的商业化机制;良好的经济环境和投资环境;科研机构、创新组织和地区工业企业之间的合作;对地区创新发展活动的监督。

地区创新活动结构环境要在地区权力机关的直接参与下形成。能反映国家参与地区创新设施建设的典型例子是在《2007—2010 年伯良州创新设施发展州纲要》的实施中,2010 年中央财政的拨款达到了 65.1% 。①

信贷投资保证和财政保证,以及财政资金和工业资金的统一是创新方案实施的基础。俄罗斯地区创新方案的投资商包括俄罗斯联邦政府、国家专业投资机构、各联邦主体政府、银行、其他信贷机构、国内外小投资商等。主要任务是加强对商业银行、保险机构、预算外基金和国外投资的利用。一些专家建议降低这些资金的利润税。

对于支持创新活动的手段,一些地区采用补贴、税收优惠和其他保护性税收等措施。如《2008—2010 年莫斯科市创新体系建设目标专项纲要》中,用于支付商品、劳动和服务生产者的支出就占总支出的 65.3% 。②

---

① Григориев Л. М. Капиталовложения-региональные аспекты[M]. Москва:ТЕИСБ, 2013: 152.

② Григориев Л. М. Капиталовложения-региональные аспекты[M]. Москва:ТЕИСБ ,2013: 152.

地区创新纲要中也应写明创新活动在地区经济社会发展中应达到的目标。而一些既能取得经济效益，又能对地区经济部门的发展起到推动作用的方案，也可以包括在地区创新纲要中。与创新领域其他主体（如科学机构、教育机构和工业企业）相互作用是创新纲要制定的必备条件。在创新纲要的实施过程中，科教潜力、工业潜力和劳动力潜力相互作用的程度，决定了地区经济发展的一体性和平衡性。

地区或联邦层面创新纲要实施的效益评估是由既定目标的实施效果决定的。而宏观经济结果不仅是由给宏观经济带来一定成绩的方案的实施效益决定的，也是由地区创新纲要实施中各创新活动主体相互作用的效益，以及融入创新活动中的主体的数量决定的。

由此引出的问题是，需对创新纲要及其实施的评估结果使用一套标准。纲要和方案的评选体系应与既定目标的预期结果一致。结果评估应按社会经济发展指标进行，因为社会领域、科教领域和生产领域的进步是创新领域改革的目标。

由此产生了一个基本公理：通过对宏观层面创新活动主体相互作用所引发的预期宏观效益的评估所得出的经济论断，决定了地区创新纲要的宏观经济效益。

二、逻辑推理模式在俄罗斯区域创新体系建立中的作用

规划纲要在俄罗斯地区经济发展中拥有传统优势。当前，规划纲要被赋予了新意义：它是包括建立地区创新体系在内的复杂的经济体系改革计划表。地区创新经济的所有参与者首先应对达到的目标、改革过程中应改变的对象达成协议，然后邀请专家制定相应的改革发展战略以达到既定目标。最后战略被采用，相关人员对结果进行衡量和评估。如果目标没有达成，战略就会被修改，或者确定新的目标，新的改革过程就会重新开始。

传统的规划纲要的制定方法有一些明显的缺点：在制定规划纲要时事先确定了一些极其明确、具体的目标，而这些目标在实施过程中往往会被改变；制定的改革战略过于庞大，需要地区内部所有生产者的全部参与；实施周期过长，没有全面考虑实施过程中可能遇到的风险；依靠外部专家制定规划，这可能产生专家对本地区特点的理解存在偏差的问题，从另一个角度来看，专家往往不能

参与到战略实施中，因而不能对规划纲要的实施情况进行监督。

近年来，欧盟国家为了克服上述缺点，对创新体系制定提出了新的方法论——逻辑推理方法。根据这一方法，一个规划的实施是从确定对制度和组织体系的需求开始的，无须事先签订关于实施目标和对象的协议，也不用制定直接干预战略。这时，地区创新体系的发展和改革可视为一个动态的过程。各地区通过对各阶段的改革和发展结果进行研究，对规划的下一步走向进行校正。此举被认为可以加强地区经营主体的创新性。

地区创新体系规划的制定至少应包括两个层级：第一，应创造条件，保证大型联邦和跨地区创新方案，以及国家投资方案的实施；第二，应激励中小企业开展创新活动，其中包括已有的或正在研制的工艺的转化，以及能明显提高地区企业经营活动的工艺转化。

三、集群发展是地区创新政策实施的新手段

集群发展是地区创新政策的新方法。近年来，对地区集群和创新体系的兴趣的提升，反映出在激发竞争性和工业企业创新潜力方面对地区资源重要性的认识的改观。

在联邦层面上，集群通过地区集群产业的一体化使集群政策成为地区经济社会发展战略的优先方向之一。在行业政策上，集群发展的行业特点是其成为行业政策的重要因素。在体制发展上，对集群发展的支持，有助于完成基础设施建设等任务，有助于提供投资和创新方案实施所需的前提条件。

与西方发达国家不同的是，俄罗斯集群产业的形成主要依靠行业特点。集群产业是在苏联时期就已形成的工业联合企业的基础上形成的。而在西方发达国家的创新和技术改造中起主导作用的中小企业，在俄罗斯所起的作用并不大。

激励和发展集群产业的措施是否有效，取决于集群政策在国家管理中的地位和作用。创新企业集群是被作为地区发展主体来进行考察的。因此，企业发展的差异性使我们要把它分为两类：一类是成为创新发展领头羊的企业；一类是落后企业。

从自身的角度来说，集群产业在经济发展中的作用是它们能促进经营主体形成集群积极性。这也正是一些国家把集群政策作为创新政策一部分的原因。

同时,我们也应该注意,俄罗斯当前大部分正在实施中的集群纲要都是地区政策内容。

集群方法是独特的创新政策方法论,它实现了工业政策、科技政策、小企业扶持政策和地区政策的结合。在俄罗斯集群发展中,联邦政府和地方政府以国家的形式加入进来。

联邦政府的作用包括:推动集群产业的发展;通过实施基础设施方案促进经济一体化的形成和发展;为集群发展提供信息、教育和方法上的支持,对其活动效益进行监督;支持地区间集群发展;为地区发展纲要提供财政支持。

地方政府的作用包括:直接参与地区集群产业的发展;解释和分析集群形成的潜力;推动地区集群发展整体战略的制定;参与集群方案;评估自身参与集群规划的效益。

研究表明,转型国家集群产业的发起者占第一位的是政府,然后才是经营主体,而国家支持则是集群发展的有力保障。主要原因包括:国家能根据经济、地理和历史特点对集群产业的需求做出及时反应;国家能够在需要支持时迅速强化一些基本因素的作用,有效地把握机会;国家的调解方式可应用于集群产业发展的各个阶段;国家是集群发展的基础,能预见到集群发展经营结构的需求,而不是追随其发展;国家支持主要体现在集群产业的核心领域。因此,有关专家认为,国家应该保证供应安全,促进新的供应商和需求商的产生,以核心产业为中心,不断催生新的核心企业。

通过发展集群产业来促进创新发展的经验表明,以集群产业为基础的经济政策不同于传统政策。不同点表现在三个方面:第一,所有集群产业在某种程度上都是重要的,因为集群内部的生产效率是判断一个国家或地区经济活跃程度的标准;第二,集群政策是地区经济发展最基本的政策手段,是推动经济增长的杠杆;第三,集群政策通过发展竞争机制促进了创新活动的发展。

最近几年,在俄罗斯地区集群产业发展构想中,对中小企业的关注开始加强。联邦发展纲要中体现出中小企业的部分主要包括:对创新企业(低于50万卢布)的建立提供担保;为创新公司提供补贴,这类公司主要从事与技术创新有关的机器和设备的设计和研制工作,对与创新、营销、认证和专利活动有关的人员进行培训;对参与会展活动提供补贴;建立专门机构为中小经营主体的活动提供支持和援助,专门机构包括技术销售转让中心、集体获得高技术设备中心、工程中心、工艺权限中心、契约中心、工艺转让中心、原创和工业设计中心等；对中小经营主体进行工艺监察活动的支出进行补贴，主要包括对公司现有工艺水平、质量管理体系、新产品设计和研制体系进行评估的补贴，以及对俄罗斯与国外竞争者进行对比分析活动的补贴等。①

上述许多措施都与集群政策框架内创新设施的发展有密切关系。而在联邦制定的支持集群发展的措施中，重点是建立中小经营主体的集群中心。而地区集群中心（不仅仅是针对中小经营主体）应该成为集群参与者的基本机制。其主要作用表现在以下几个方面：合作制定针对产品和供应商的统一标准；制定集体营销方案和合作进入新市场的方案；在降低成本、提高质量、提高信息交流技术水平等方面制定合作纲要；开展基准营销，保证集群企业符合新市场需求商的要求。

集群的形成和发展面临的主要问题之一是如何确定其建立费用。一些发达国家的成功经验表明，国家应该参与到集群建立的过程中。并且，一个集群产业的建立通常有三种模式：自上而下模式、自下而上模式、混合模式。俄罗斯的经济发展现状决定其采用的是混合模式。而这种模式要求集群产业在建立时可采用不同的投资方式：预算资金、集群中心企业资金或混合使用以上两类资金。

对于国家影响集群建立的方式，最能被接受的是把集群方式融入创新政策中。原因有三个：第一，在创新经济设施保障领域，对创新方案进行直接或间接的财政支持的手段均可得到采用；第二，这一方式建立在创新设施得以不断完善的制度环境的基础上；第三，根据这一方式，国家机构在解决经营机构网络组织问题上所面临的任务与中小企业集群化是一致的。联邦机关可以有效地发挥分析、倡导、协作、支持、协调、中介和监督功能。地方机构可以间接地刺激集群企业的发展，也可以发挥直接调节和管理的功能。

在联邦主体的层面，在集群政策实施的资源保证方面，主要意向是建立地区投资基金，这是与联邦投资基金的功能相近的活动机制。这样，联邦预算资金将根据以下两个条件决定是否拨款：一是是否存在地区投资基金；二是现实的投资方案如何。拨款将下发到地方预算以实现预算均衡。在资金划拨上，俄

① Шумпетер Й. Теория экономического развития: капитализм, социализм и демократия[M]. Москва:Эксмо, 2009: 859.

罗斯还要考虑地方预算保证水平和地区居民数量。

俄罗斯地区发展部制定地区创新发展的综合投资方案,方案的重要目标是实现地区经济的增长。也正是由于这一点,地方政府制定地区发展方案的积极性出现明显下降的势头。

如何加大地方在集群发展中的作用是俄罗斯面临的一大问题。国家创新政策在地区所达到的效益取决于不同部门的协调作用。如果缺乏有效的协调,规划在实施中则会出现资金划拨不和谐和投资效益下降的问题。此外,国家以外的投资者对投资方案缺乏信心等也影响着创新政策预期效益的达成。

第三节 中小企业在俄罗斯地区经济创新发展中的作用

中小企业是市场经济的重要组成部分,扶持和发展中小企业是近年来各国政府和学术理论界关注的热点之一。合理地界定中小企业的范围,可以明确政府部门扶持和发展的对象,也有助于各国、各个地区之间进行交流。因此,关于中小企业的界定问题,是一个具有重要意义的问题。

在俄罗斯,中小企业有特定的含义,而且这种含义是变化着的。1991 年俄罗斯政府通过的《关于俄罗斯联邦发展和扶持小企业的措施》,把就业人数在 200 人以下、固定资产在 100 万卢布以下的企业列为中小企业,其中,工业和建筑业的就业人数在 200 人以下,科技企业的就业人数在 100 人以下,其他生产领域的就业人数在 50 人以下,商业和公共饮食业的就业人数在 15 人以下。中小企业不得是博彩公司、消费税商品生产企业和矿产开采企业。事实上,50 到 200 人的中小企业的就业人数只占中小企业就业人数的 7%,可见俄罗斯大部分中小企业的就业人数在 50 人以下。[①] 在 2002 年 4 月举行的关于小企业发展问题的会议上,俄罗斯政府把年营业额在 1 000 万卢布以下、职工人数不超过 20 人的企业定义为中小企业。

目前,除上述标准外,在俄罗斯能够纳入中小企业主体的企业还应该符合以下标准:企业法定资本中的国家参股总额或基金参股总额不超过 25%,而外

① 陈新明. 俄罗斯私有小企业的劳动就业[J]. 东欧中亚研究,1998(3).

国法人参股不超过49%。目前俄罗斯经济发展部提议取消适用于中小企业的不允许外资参股超过49%的规定。相关法律修正草案建议取消外国法人在俄罗斯中小企业法定资本或合股资本中参股总额不得超过49%的限制。俄罗斯中小企业具有不容忽视的作用,是俄罗斯经济的重要组成部分。

一、俄罗斯中小企业发展的主要历程

(一)叶利钦执政时期俄罗斯中小企业的发展

1987年,苏联颁布了《苏联个体劳动活动法》,这是苏联时期首个关于个体劳动的法律。一些私人劳务在这项法律中被准许了,但是关于在居民生活服务和家庭手工业领域进行自由的个体劳动活动的规定很少,还没有达到30项。同年,苏联出台了一部有关企业经理人的法律,即《苏联国有企业(联合企业)法》。它以法律的形式界定了企业经营者的权限,可以让企业经理人更加独立地管理企业。1988年出台的《苏联合作社法》是自列宁以来第一部允许成立合作型企业的法律。虽然这些法律没能完全区分开大企业和中小企业,但是苏联从此出现了一个新部门——私营部门。它为企业的发展奠定了法律基础。此时,中小企业迅速增多,原因是中小企业善于利用各种有利的经济环境来促进自身的发展和壮大。

从1992年起,通过自由化立法,大部分中小企业开始出现转变。企业的数量也发生了很大的变化,其中,私营企业迅速发展,而合作企业的数量却开始逐步减少。私营企业的核心特征是小规模化。1994年3月,大部分小企业的私有化改革已经完成,大部分是零售行业、日常生活服务行业和餐饮行业的小企业。从1992年到1993年,中小企业在数量上增长很快,然而紧接着的是宏观经济环境的恶化。为了改善严峻的经济形势,联邦政府于1992年制定并实施了一系列的宏观调控政策,宏观调控政策具体包括货币紧缩政策、预算收紧策略和控制信贷资源等。同时,商品交易所、股票市场和商业银行开始出现。发展比较快的是涉外的商品交易和外汇买卖领域的中小企业。对俄罗斯早期市场经济的发展有着重要影响的是小私营企业,在这一时期,它们为俄罗斯市场经济的发展做出了巨大的贡献。

(二)普京和梅德韦杰夫执政时期俄罗斯中小企业的发展

2000年,普京当选俄罗斯总统,致力于恢复和发展俄罗斯的经济,对市场经济继续进行改革,加强了国家对经济的宏观调控,俄罗斯经济逐渐恢复。俄罗斯实施全面私有化后,出现了一批金融寡头,这些金融寡头垄断了银行、原料出口等行业,这使得资源很难流入中小企业,中小企业难以获得企业生产所需的资源。普京执政后通过清理寡头促使俄罗斯经济正常发展。普京认为,在俄罗斯经济中既应有工业财团、大公司的发展空间,也应有中小型企业发展的一席之地。普京注重保障市场公平,主张减少国家对经济的干预程度。普京上台后在第一份政府计划中就提到,2001 年俄罗斯经济发展的关键是改善投资环境和企业经营环境。普京多次强调中小企业对于俄罗斯经济发展的特殊意义。这是中小企业发展的一个转折点。普京多次指示政府要积极关注中小企业的发展,并制定相关的措施来帮助其发展。《扶持和发展小企业国家政策构想》在 2001 年的政府工作会议上被正式通过。此后,中小企业进入了繁荣时期。2008 年,俄罗斯小企业已达到 134.7 万家。

2008 年 5 月 7 日,梅德韦杰夫成为俄罗斯第三任总统,普京被任命为政府总理。普京在离任前夕做了题为《关于俄罗斯到 2020 年的发展战略》的报告,这为俄罗斯经济社会的发展制订了大框架。该战略强调,俄罗斯要促进经济实现创新型发展,增加人力资本的投入,积极发展高新技术,调整经济结构,发展有竞争力的市场经济。这份战略已经提出通过创新来实现经济现代化。2009 年,梅德韦杰夫在《前进,俄罗斯!》中提出,俄罗斯今后要在高效节能技术、核子科技、航天技术、医学技术与战略信息技术等五个战略方向不断发展。2008 年全球金融危机爆发后,受到油价暴跌、资本外流和内需下降等各种因素的影响,俄罗斯经济陷入了十余年来最为严重的衰退中,这引发了一系列的经济社会问题,俄罗斯中小企业也受到不同程度的影响。2008 年到 2012 年间,私营部门减少了 30 万个工作岗位,同时期国有部门增加了 110 万名员工。中小企业只占俄罗斯 GDP 的 14%。中小企业过少是俄罗斯经济的一个弱点,在经济危机的情况下,中小企业无法抵御经济风险。虽然金融危机使俄罗斯预算赤字居高不下,但是俄罗斯政府在 2009 年 1 月 1 日仍然下调了企业利润税率,企业利润税率由 24% 降低到 20%,计提折旧从 10% 提高到 30%。同时,俄罗斯政府还提高了个人所得税和财产扣除标准。虽然这一系列的减税措施使俄罗斯的税收收入减少了,但是这对处境艰难的中小企业起到了雪中送炭的作用,减少了贷款违约的企业的数量,有力地支持了企业的投资和业务拓展,使得企业在金融危机中生存下来。

二、俄罗斯中小企业发展的现状与问题

俄罗斯的中小企业仍然集中在投资规模较小、能快速得到收益的贸易和餐饮服务行业，而在制造、建筑、运输、通信等行业，中小企业较少。当前俄罗斯中小企业迅速发展，数量增多。虽然中小企业在整个 GDP 中所占的比重远远不能和其他的大型企业和金融集团相提并论，但是我们不能因此就抹杀中小企业在其他方面的突出作用。例如，中小企业减轻了俄罗斯的就业压力，有效地缓解了社会中某些不稳定的因素，优化了产业结构，缩小了社会贫富差距，甚至在俄罗斯市场经济意识的提高方面也做出了很大的贡献。但是中小企业在俄罗斯经济现代化中的作用仍然有限，从事高科技和具有创新性的中小企业呈现出逐年递减的趋势。虽然俄罗斯一直试图打造一个公平、开放的市场来吸引投资者进行投资，政府简化中小企业的进出口业务报表，并且降低关税，但是这对俄罗斯中小企业整体发展的作用并不大，在俄罗斯从事进出口业务的中小企业数量有限，利益集团反而成为该政策的实际受益人。

（一）俄罗斯中小企业的地区布局

中小企业在经济发展中具有重要作用，俄罗斯政府已经开始重视中小企业的发展，扶持和促进中小企业的发展也已经成为俄罗斯政府工作的重点之一，因此分析俄罗斯中小企业的发展现状和存在的问题，具有重要意义。

截至 2008 年，俄罗斯中小企业的数量约为 134.8 万，根据俄罗斯联邦经济发展部的统计数据，俄罗斯中小企业的就业人数达到 1 141.2 万。俄罗斯政府逐渐改变对中小企业的态度，政府在这方面制定的政策也变得越来越具体。近年来俄罗斯中小企业分布的领域没有太大的变化。在贸易和餐饮业，就业人数占中小企业就业人员总数的 65% 左右；在工业生产领域，就业人数约占中小企业就业人员总数的 15%；在建筑领域，就业人数约占中小企业就业人员总数的 10%；在农业领域，就业人数约占中小企业就业人员总数的 4.7%；确保市场运作的中小企业约占 3.1%；在科学领域，就业人数仅占中小企业就业人员总数的

0.7%。[①] 消除中小企业行业结构的不均衡、实现国家制定的计划是小企业主管部门最重要的任务。但是现在在俄罗斯，在经济、建筑、科学、医学、教育等重要行业，中小企业盈利很少，这导致中小企业分布不均匀。

另外，俄罗斯中小企业在各个联邦区的分布也不均匀。中央联邦区、西北联邦区、伏尔加河沿岸联邦区和西伯利亚联邦区的中小企业的数量最多，占俄罗斯中小企业总数的一半以上。在远东联邦区、北高加索联邦区、乌拉尔联邦区和南部联邦区，中小企业的数量较少。但是从总体上来看，俄罗斯中小企业的数量呈上涨趋势。

(二)以创新发展为导向的扶持政策

发展中小企业旨在创新。据专家研究，中小企业更加具有活力，对创新更敏感。中小企业对资本的使用效率是一般企业的4倍，是大型企业的24倍。中小企业不仅可以开发高新技术，还可以使研究活动商业化，创造价值。中小企业的创新能够提高俄罗斯产品在国内市场和全球市场的竞争力，但是在俄罗斯仅有2%的中小企业从事科学和技术研究，其中仅有15%的中小企业能申请专利。政府是创新中起关键作用的主体，创新需要国家投入大量的资金和人力，没有国家的支持，根本无法实现。

俄罗斯政府注意到了中小企业对于创新的重要性，开始积极扶持中小企业。俄罗斯在1999年颁布的“国家扶持和发展材料和创新领域中小企业一系列措施”的决议中确定了政府优先发展的行业，其中政府为从事生产和创新领域的中小企业提供支持。这些措施大多没有落实，而且用于扶持中小企业创新发展和产业发展的投资也没有到位。

2006年，俄罗斯政府确定了一些具体领域来支持创新型中小企业。政府为中小企业提供基础设施(特别是经济特区的基础设施)方面的支持，支持有竞争力的中小企业开展出口导向型项目，促进为中小企业提供贷款的银行的发展。从2006年开始，俄罗斯中小企业迅速发展。

2008年，普京在离任时做了题为《关于俄罗斯到2020年的发展战略》的报告。2009年，梅德韦杰夫发表了《前进，俄罗斯!》一文。这两份战略报告都指

① Черепанова И. В. Вестник Омского университета. Серия Право. Прововое регулирование малого предпринрмательства: политика, ограничения, федеральный и региональный аспекты [J]. 2007.

出,俄罗斯要建立创新体系,利用科技振兴经济,从资源型经济向发展型经济过渡,提高经济发展质量,降低对能源的依赖。政府对科技创新领域的中小企业加大扶持力度,例如建立企业孵化器、建立科技园区、对中小企业进行培训、对中小企业给予资助等。

三、中小企业对地区经济发展具有促进作用

中小企业的作用首先是促进经济增长,其次是为消费者提供产品和服务。中小企业还是科学和技术进步的催化剂。除此之外,中小企业还有一个重要的作用,那就是社会作用,即通过中小企业,许多人可以发挥自己的创造潜力,同时中小企业可以为弱势群体(如妇女、学生、残疾人、退休人员、难民等)提供大量的就业机会。这是大型企业很难达到的。中小企业的重要作用在于,它提供的就业岗位的数量非常多,新产品和服务增多,能够满足众多大型企业的市场需求和生产特殊产品的需求。

(一)中小企业的发展有助于建立和完善俄罗斯市场经济体制

市场经济的根本属性是竞争,而竞争又是保持经济活力的关键。中小企业通过反对垄断,形成了保持竞争的压力。只有保持竞争,才能避免过分集中,才能为经济不断注入新的活力。中小企业是促进竞争与防止垄断的推动者,同时又是与垄断竞争的强有力的对手。在俄罗斯经济转型的进程中,中小企业对俄罗斯市场经济的完善具有重要作用。

(二)中小企业的发展能够增加俄罗斯的就业机会,稳定社会秩序

企业的规模越大,资本的集中程度越高,吸纳每一个劳动力就业所需的资本也就越多。与大企业相比,中小企业同等数量的投资可以吸纳更多的从业人员。另外,组织成本低、经营灵活性大、适应外部环境变化的能力较强也是中小企业保持较高的就业机会的重要因素。一般来说,在经济萧条时,大企业为了转嫁因萧条而造成的损失,都采取裁员的做法。而中小企业在这方面的震荡要少一些。在经济繁荣时期,大量的中小企业带来了大量的就业机会。中小企业快速发展,形成了巨大的劳动力需求,吸纳了绝大部分劳动力,缓解了就业压力。俄罗斯中小企业吸引了大量的失业人员,对维护社会稳定做出了重要贡献。

(三)中小企业能够促进俄罗斯的科技创新

俄罗斯产业结构面临转型,这必然要依赖科技创新,中小企业在这方面具

有很大的优势。中小企业的存在和发展有助于推动技术创新,推动社会技术进步。中小企业进行的技术创新大都是市场拉动型的。中小企业熟悉市场环境,了解客户关心的问题,一开始就瞄准了特定的市场。这样不仅成功率高,而且在引导消费者认同新产品方面还可以节省大量的开支。一些发达国家的资料表明,在中小企业中平均每个雇员完成的创新成果是大企业的两倍。与此同时,高新技术产业是一种高风险、高利润的产业,技术前景与市场前景的不确定性使大企业在涉足高新技术领域时往往抱着一种谨慎、保守的态度。而由于具有市场竞争的压力和追求竞争优势的动力,中小企业与大企业相比更具有紧迫感,在开发和利用高新技术成果方面表现得更为积极和主动。

中小企业在技术进步中的一个突出作用是推广和扩散技术。与大企业相比,中小企业在与科研机构协作方面具有更大的灵活性和迅速地把科研成果推向市场的能力。中小企业成了依靠科学技术来促进经济发展的一支重要力量。这是由其自身的产权结构决定的。中小企业组织规模小,对个人的主动性和创造力的约束小,中小企业成为科研人员的试验场所,对生产造成的损失也小。中小企业面对竞争和生存的压力,这使它更具有技术革新的动力和意识。这种内在的原动力引导着中小企业在技术创新领域,尤其是在高新技术行业发挥着越来越突出的作用。

(四)中小企业能够促进俄罗斯的经济发展,增加出口和改善居民生活

中小企业在俄罗斯开始快速发展,这与俄罗斯政府实行私有化密切相关。在私有化后,中小企业迅速发展,俄罗斯经济快速增长,居民生活大大改善。苏联在 1991 年解体时面临的是高度集中的指令性计划经济体制,在这种体制下,俄罗斯轻工业不发达,经济结构不合理,消费品短缺,企业生产什么,商店只能销售什么。这严重影响了人们的生活。长期以来,苏联市场紧张,一直被称为"短缺经济"。在私有化后,中小企业快速发展,俄罗斯市场也迅速地丰富起来。由于中小企业具有广泛的社会性,能够为俄罗斯居民提供基本的日用品和服务,市场上商品的种类和数量逐渐增多,排长队抢购商品的情况得到了极大的改善。这给俄罗斯居民提供了很大的便利,大大改善了人们的生活。

众所周知,在俄罗斯的经济结构中,重工业和轻工业的比例不合理,而中小企业正好能弥补此缺陷。在服务业、轻工业、高新技术创新方面,中小企业都具有很大的优势。发展中小企业,有利于推进经济结构的改革,减轻俄罗斯经济对能源的严重依赖。如果国家政策运用得当,中小企业的发展更会带动俄罗斯产业结构的调整。俄罗斯的产业结构逐步由工业向服务业转型,这更加需要发展中小企业。而且中小企业是市场经济的重要组成部分,能够迅速地适应外部环境,使俄罗斯形成良好的竞争环境。中小企业竞争激烈,这还会加速促进科技创新。金融危机爆发时,中小企业在缓解失业矛盾方面发挥了巨大的作用。

四、俄罗斯政府扶持中小企业发展的政策和措施

俄罗斯政府已经宣布中小企业的发展是其经济政策的重点。由于中小企业对经济发展和社会发展的重要性日益增强,俄罗斯政府支持中小企业的举措相继出台。俄罗斯政府通过增加对中小企业的投资、鼓励中小企业开展创新活动、增加大型企业对中小企业的合作兴趣等政策,来推动中小企业的迅速发展。这使得世纪之交的俄罗斯在很大程度上克服了从计划经济向市场经济转型的负面影响。

俄罗斯在向市场经济转型的初期就提出政府要帮助中小企业。1995 年,俄罗斯制定第一部关于国家支持发展小企业的联邦法律。2007 年,俄罗斯又制定了新的关于发展中小企业的联邦法律。近 20 年来,俄罗斯连续制定和实施国家帮助中小企业的联邦规划,建立起国家帮助中小企业的政策和机构体系,在资金、资产、财政、税收、信息、咨询和培训等方面形成了一整套帮助中小企业的措施。这些措施在发展经济和保障就业等方面发挥了重要作用。其中,政府帮助中小企业的做法值得借鉴。俄罗斯政府对中小企业的支持主要体现在以下几个方面。

(一)完善商业运作的法律制度,促进中小企业的发展

中小企业的现代化发展需要俄罗斯政府制定充足的法律。1994 年,俄罗斯政府注意到中小企业的发展势头和作用,首次通过了《关于支持小企业发展》的法律,制定了多项措施来支持中小企业的发展。俄罗斯政府以国家财政拨款、贷款、投资、保险等方式促进中小企业的发展,并对其实施了十分优惠的税收政策。

1995 年,俄罗斯联邦进一步放宽了中小企业的经营范围。重新界定的领域涉及建筑、出版、保险、银行、运输、信息工程、法律、贸易、医疗、保卫、日常服务等行业。

1995 年,俄罗斯颁布了第一部关于俄罗斯中小企业的法律,该法律划分了俄罗斯小企业的标准,并且规定了一些具体的国家支持小企业的措施。

1996 年,俄罗斯国家杜马审议出台了有关中小企业发展的 4 项重要法律。其中 3 项法律涉及中小企业不动产管理、财产抵押等问题,另一项法律涉及仲裁法,为解决中小企业的财产管理、经济纠纷等问题提供了法律依据。

俄罗斯在叶利钦执政时期、普京执政时期、梅德韦杰夫执政时期,先后通过并完善了《俄罗斯联邦国家支持小企业法》《税法典》《国家注册法》《许可证法》《股份公司法》《国家监察法》《扶持和发展小企业国家政策构想》《俄罗斯中小企业发展法》等一系列涉及保护中小企业的法律。颁布这些法律法规的目的就是减少不必要的行政干预,简化注册、登记、审批程序,降低中小企业进入市场的门槛,保护中小企业股东的应有权益。这一系列法律法规的颁布受到了俄罗斯各界,尤其是中小企业的广泛欢迎。有了法律制度的保障,中小企业得以沿着良性轨道又快又好地发展。

(二)俄罗斯政府在财税方面大力支持中小企业

由于 1994 年国家税收法的调整给小企业带来了很大的震动,不少小企业为了逃避税收,投身到“影子经济”中。1996 年俄罗斯政府规定,在对小企业实行第一年和第二年免税,以及第三年和第四年优惠的基础上,再免去优惠税。也就是说,在小企业经营的前 4 年的时间里,国家对小企业分文不收。

俄罗斯总统在 2010 年国情咨文中提出,税收改革未来的发展应该转向“刺激创新经济的发展”,税收政策应该有利于推动创新产品的生产和研发,刺激对创新产品及其技术的需求。2010 年 3 月,俄罗斯颁布《2011 和 2012 ~ 2013 年税收政策基本定向方案》。扶持创新是该草案的主要方向,除此之外,促进小微企业的发展也成为俄罗斯促进创新经济发展的方向之一。2010 年,俄罗斯有各类注册的企业 486.7 万家,其中小微企业共有 162.2 万家,约占全部注册企业的 33%。小微企业成为俄罗斯创新发展的主要力量之一。

俄罗斯政府不断加大政策支持力度,不断完善创新机制,激活企业的创新能力。俄罗斯政府不断改进税收条件和服务环境,为中小型创新企业制定强制保险的附加优惠条件,为其扩大税收优惠,重点为企业的工程技术业务和 IT 业务提供减免税收和强制保险等优惠。俄罗斯政府在反垄断领域将进一步简化兼并与收购程序。俄罗斯政府提出,对组织机构进行结构改造,逐渐把宏观金融调控方向转向国家支持的创新活动上，在资金、税收、信贷、风险保障等各个环节为科研组织提供全面的政策优惠，如对创新企业提供税收政策优惠，在财经领域不再征收新的税种。自 2011 年 1 月 1 日起，俄罗斯取消了长期投资的收入税。在斯科尔科沃创新中心，投资者可享受到如下优惠政策：在税收方面，自在该创新区注册登记起，10 年内年收入不到 10 亿卢布和累计利润未达到 3 亿卢布的企业，可免利润税、财产税和土地税，可减免增值税和企业为员工缴纳的社保费率等；在关税方面，创新中心内的企业可以免税进口用于建筑和装修的商品。

（三）俄罗斯政府为中小企业提供各种融资信用担保

1999 年，俄罗斯政府建立了政策性银行"俄罗斯开发银行"。2007 年，"俄罗斯开发银行"被划归为国有公司"对外经济和开发银行"的全资子银行，同时改称为"俄罗斯支持中小企业银行"。"俄罗斯支持中小企业银行"的主要任务是为生产型、创新型和高科技型的中小企业提供资金支持，并优化信贷结构。其具体做法包括以下几个方面。

第一，为签约商业银行提供专项融资。"俄罗斯支持中小企业银行"与参与"国家帮助中小企业规划"的商业银行签署伙伴关系协议，确定授信额度，对符合条件的中小企业发放贷款、提供专项融资，并对资金使用情况进行监督。

第二，为签约小型金融机构提供专项融资。"俄罗斯支持中小企业银行"与小额贷款公司、租赁公司和保理公司签署协议，对符合条件的小企业发放贷款、提供专项融资，并对资金的使用情况进行监督。

第三，为地方政府的政策性基金提供专项融资。俄罗斯各地方政府普遍建立了帮助中小企业发展的基金。其中包括"帮助小企业贷款基金"。其主要资金来源是当地政府预算，主要任务是对符合条件的小企业贷款提供担保。"俄罗斯支持中小企业银行"为经济困难地区的地方基金提供融资帮助。

2009 年，俄罗斯联邦为"国家帮助中小企业规划"拨款 300 亿卢布，由"俄罗斯支持中小企业银行"负责分配和使用。2010 年，获得"俄罗斯支持中小企业银行"融资帮助的中小企业提供的生产和服务总值为 5 938 亿卢布，提供的税收为 178 亿卢布，提供的就业岗位为 46.5 万个。

根据俄罗斯银行的统计数据，俄罗斯银行对中小企业的贷款达到 30% 至 40%，俄罗斯商业银行对中小企业简化了贷款手续，并且采用紧急的小额信贷和常见的长期贷款这两种方式来支持中小企业,解决中小企业的资金困难。

五、政府对中小企业人力资本的投入和组织保障

人力资本在经济现代化进程中发挥着越来越大的作用。知识经济时代的竞争能力和创新能力越来越依赖于人的专业技能。因此,俄罗斯不可能依靠廉价的劳动力和压缩教育、卫生开支来保持在全球经济中的竞争优势。[①]

普京强调,俄罗斯的未来取决于人的教育和身体素质,取决于人对自我完善的追求,取决于人发挥自己的才能,俄罗斯要过渡到创新发展的道路上,首先就要大规模地对人力资本进行投资。因此,发展国家教育体系、强调科研的重要性是重点。世界银行的相关资料显示,在发达国家的国民财富中,自然资本所占比重不超过10%,但是人力资本所占比重在70%以上。相比之下,在俄罗斯的国民财富中,自然资本所占比重高达86%至88%,而人力资本所占比重仅为5%至7%。因此,提高人力资本质量、改善人力资本状况,以及充分发挥人才优势、治理优势和人力资本在社会经济发展中的决定性作用,成为摆在俄罗斯面前的重要任务。普京特别强调了科研的重要性,提出要为科研活动创造良好的环境。

俄罗斯政府不断加快创新基础设施建设。为了加大在全球竞争中的优势,近年来俄罗斯不断建立和发展创新基础设施和创新活动咨询服务网,如在莫斯科郊区建立斯科尔科沃创新中心,建立新西伯利亚科技园、莫斯科国立大学科技园和日古力谷科技园等。据俄罗斯政府预计,在斯科尔科沃创新中心工作和生活的人将达到2.55至3万人,这些人将主要研发新的通信产品、核技术、生物科技、创新型医疗设备、信息技术、清洁能源和新型LED灯等。而信息技术、航天技术、生物技术、核能和节能是斯科尔科沃创新中心的五大优先研发方向。此外,俄罗斯还推动建立科技领域的小企业,以及知识产权和科技服务交易所,建立强大的、全方位的现代化研究开发中心,不断优化技术创新的环境,建立和完善信息保障体系,为参与创新的企业和私人提供一系列实用的服务信息。同时,俄罗斯还不断完善开放的信息,引入和建立特殊形式的投资公司(如天使投资基金、风险投资基金)。

---

① 李作双.俄罗斯经济现代化问题研究[D].大连:东北财经大学,2010.

俄罗斯政府设立扶持机构,俄罗斯共有68个地区设立了“支持小企业基金会”。不少机构,如“俄联邦支持小企业委员会”“支持和发展竞争基金会”“发展与支持小企业委员会”等,以国家、社会、集体等不同形式的投资来支持小企业的发展。诺夫戈罗德、图拉、圣彼得堡、科米还相继成立了“小企业发展协会”。目前,全俄有21个地区设立了发展小企业的信息网。欧洲市场经济发达的国家(如瑞典、瑞士、芬兰)的中小企业已经实现了通过企业孵化器来进行发展。企业孵化器为初期创业者提供援助,如经验、房地租金咨询、会计服务、法律服务等。

企业孵化器、特殊经济区和科技园区可以在早期阶段增加中小企业的效益,但并不能明显地影响产业结构。这在很大程度上取决于地方当局。俄罗斯在不同地区已创建了60家企业孵化器,而且政府中期的计划还包括继续创建至少300家企业孵化器。

俄罗斯政府制定了一系列措施来促进中小企业的发展,其中一个重要的措施就是对中小企业实行政府采购,通过政府采购来促进中小企业对本企业的设备进行现代化改造,同时进一步提高中小企业的生产能力。此外,俄罗斯政府为中小企业提供相关的贷款支持和相关的政府担保,进而促使中小企业进行设备改造。俄罗斯还将进一步优化服务中小企业的金融环境,为一些小微企业提供微贷款。政府要求银行提供专门针对中小企业的金融银行服务。同时,政府还建立了针对中小企业的税收机制。俄罗斯政府出台的这些措施将会促进中小企业的发展。

第四节　信息化发展成为缩小地区差异的潜在路径

信息化是当今世界的大势所趋,也是推动社会变革的重要力量。自20世纪90年代起,信息化的浪潮席卷全球,信息化对各国的政治、经济、社会、文化等产生了深远的影响,悄然改变着世界的格局。当前,以物联网、云计算、大数据为代表的新型信息技术正在加速普及,并朝着引领经济发展的方向进行转变,今后有望成为促进俄罗斯经济发展的重要驱动力。

一、信息化主要领域的发展稳中有升

(一)云计算

云计算(Cloud Computing)是分布式计算(Distributed Computing)、并行计算(Parallel Computing)、效用计算(Utility Computing)、网络存储(Network Storage)、虚拟化(Virtualization)、负载均衡(Load Balance)、热备冗余(High Available)等传统计算机和网络技术发展融合的产物。“云”是网络、互联网的一种比喻说法。云计算的定义有多种说法。现阶段广为接受的是美国国家标准与技术研究院(NIST)的定义:“云计算的本质是一种服务提供模型,通过这种模型可以随时、随地、按需地通过网络访问共享资源池的资源,这个资源池的内容包括计算资源、网络资源、存储资源等,这些资源能被动态地分配和调整,在不同用户之间灵活地划分,凡是符合这些特征的IT服务都可以称为云计算服务。”①

1. 俄罗斯云计算市场的规模

随着生活节奏和全球化进程的加快,社会对于数据处理技术的要求也不断提高。西方发达国家已经将云技术作为解决这些问题的一种手段,并加以广泛应用。与此同时,俄罗斯的云服务市场才刚刚起步,其市场规模还不到世界的1%。而世界上一些领先的云技术提供商,诸如亚马逊网络服务(Amazon Web Services)、微软、软件营销部队(Salesforce)、甲骨文(Oracle)、谷歌(Google),已经覆盖了70%的全球市场份额。

俄罗斯云服务市场的收入主要来自三项服务。一是SaaS服务(Software as a Service,软件即服务)。通过互联网提供软件的模式,厂商将应用软件统一部署在自己的服务器上,客户可以根据自己的实际需求,通过互联网向厂商定购所需的应用软件服务,按订购的服务多少和时间长短向厂商支付费用,并通过互联网获得厂商提供的服务。二是IaaS服务(Infrastructure as a Service,基础设施即服务)。提供给消费者的服务是对所有计算基础设施的利用,包括处理CPU、内存、存储、网络和其他基本的计算资源,用户能够部署和运行任意软件(包括操作系统和应用程序)。三是PaaS服务(Platform as a Service,平台即服务)。提供给消费者的服务是把客户采用的关于开发和收购的应用程序部署到

① 陶皖. 云计算与大数据[M]. 西安:西安电子科技大学出版社,2017:6.

供应商的云计算基础设施上去。

根据俄罗斯 iKS 咨询公司的评估,2015 年俄罗斯云服务市场总额达 276 亿卢布,与上一年相比增长了 40%。其中,SaaS 服务的市场份额达 222 亿卢布;IaaS 服务贡献了 44 亿卢布;PaaS 服务的市场份额达 10 亿卢布。iKS 咨询公司还预测,截至 2020 年,整个云服务市场将增长近 3 倍,达到 786 亿卢布。其中,SaaS 服务领域的市场规模将达到 552 亿卢布,IaaS 服务领域的市场规模将达到 194 亿卢布,PaaS 服务领域的市场规模将达到 40 亿卢布。①

2. 云计算在俄罗斯的应用情况

自 2014 年以来,俄罗斯经济一直处于低迷状态,这导致技术设备采购的成本提高了,因此,俄罗斯国内急需节流开支以开发企业的软件设备,而将开发信息技术基础设施的服务外包给云提供商可以从根本上解决这一问题。2015 年 9 月 1 日,俄罗斯联邦颁布了《关于修订俄联邦信息通信网络个人数据处理的某些法律条款》,要求保护本国公民的个人数据。这对俄罗斯云服务市场的发展产生了深远的影响,之前使用国外云服务的俄罗斯本土企业不得不开始使用俄罗斯的云平台。当美国的云数据处理中心发生泄密事件后,一些外国公司对俄罗斯的云服务产生了兴趣,并同俄罗斯签订了在俄罗斯国内开展项目的合同。俄罗斯本土提供商的竞争力得到了提升,他们开始开发更多的产品,完善技术支持和服务等级协定(SLA)。当然,要想完全实现进口替代还为时尚早,因为当前很多俄罗斯云服务提供商还在跟随其他国家的步伐。

根据专门研究企业管理解决方案的 SAP 和 Forrester Research 公司 2016 年的研究,云计算领域 90% 的大型企业和超过 70% 的小型企业在受访时表示了解并准备使用云服务。在受访企业中,同时使用两种以上云服务的大型企业占 54.5%,中型企业占 50%,小型企业占 43%。② 随着各地区相继接通了高速网络,一些偏远地区的企业也可以享受到云服务。

SaaS 服务在俄罗斯拥有广泛的产品种类,包括办公设备 CRM 系统、EPR 系统、虚拟 ATC、安全系统和存储控制系统。很多用户之所以选择云服务,就是因

---

① Татьяна К. Россия: объем рынка облачного провайдинга достиг 27,6 млрд руб. [EB/OL]. http://www.cnews.ru/news/line/2016-11-09_rossiya_obem_rynka_oblachnogo_provajdinga_dostig, 2016-11-09.

② SAP и Forrester: в России к 2020 году объем «облаков» составит 48 млрд руб. [EB/OL]. https://www.iemag.ru/news/detail.php? ID=38889, 2017-02-21.

为看中了其安全性和可靠性。一份调查问卷的结果显示，西方国家没有将安全问题列入最为关注的前三个问题之中。与之相反，俄罗斯则认为安全是最值得关注的问题。随着云技术的推广，企业的运行也更加透明化。对于那些规模不大且没有专业人士保障信息安全的企业来说，企业如果尚未做好向云服务化转型的准备，那么可以选择“混合云”的服务，即把传统的 IT 基础设施同云设备结合起来。有关专家称，“混合云”服务会受到用户的青睐。2015 年至 2016 年 IaaS 服务发展现状的统计数据表明，俄罗斯 71% 的企业都在使用“混合云”服务。

2016 年 3 月，500 名使用混合信息通信基础设施的 IT 公司的领导者参与了 IBM Center for Applied Insights 发起的一项调查。调查结果显示，70% 的受访者表示继续使用传统的云 IT 资源，90% 的人认为“混合云”的 ROI（投资回报率）要优于单纯的云方案和传统的 IT 方案。

（二）大数据

俄罗斯的大数据市场刚刚起步，很多人对大数据这一概念的理解还停留在传统的 BI（商务智能）解决方案阶段。研究机构 Gartner 认为，“‘大数据’是需要新处理模式才能具有更强的决策力、洞察发现力和流程优化能力的海量、高增长率和多样化的信息资产”①。大数据的使用者往往集中在银行、电信和商业等领域。这些领域的企业运用该项技术来分析消费者的支付能力、消费行为和市场行情等相关的数据信息。

近年来，俄罗斯三大移动运营商都成立了专门进行大数据研究的部门，他们不仅能分析用户的资料信息，还能创造额外利润。从 CNews Analytics 和 Oracle（甲骨文）两家机构的研究可以看出，最近几年俄罗斯大数据市场的成熟度正在逐步提高。来自各个领域的 108 家企业的受访者对大数据技术表现出较高的认知水平，也很清楚对于企业来说类似的解决方案的潜力。在俄罗斯，银行和电信行业最常使用大数据。此外，采矿业、零售业、能源行业、物流领域和国家机关等也离不开大数据。

然而，俄罗斯大数据市场的总量在世界上占据的份额依然较低。但不容忽视的是，俄罗斯大数据正在以比较快的速度增长。IBM、微软、SAP 等公司都是

① 陶皖. 云计算与大数据[M]. 西安：西安电子科技大学出版社，2017：12.

俄罗斯市场大数据服务的主要提供商。

CNews Analytics 和 Oracle 的调查显示，俄罗斯的诸多领域使用大数据方案的意愿都在增长，在超过 1/3 的企业中可以看到大数据技术的身影，其余 2/3 的受访者称他们正在研究这种可能性。大数据这一领域在俄罗斯的 IT 市场上有着不俗的表现。这是因为企业对提升工作效率、优化支出、提高预测的准确性和最大限度地降低企业风险的解决方案仍然有需求。

（三）物联网

物联网是新一代信息技术的重要组成部分，也是信息化时代的重要产物，其英文名称是“Internet of Things（IoT）”。所谓物联网，就是一个将物体、人、系统和信息资源与智能服务相互连接的基础设施，我们可以利用它来处理物理世界和虚拟世界的信息并做出反应。物联网通过智能感知、识别技术与普适计算等通信感知技术，被广泛应用于网络的融合中，也因此被认为是继计算机、互联网之后世界信息产业发展的第三次浪潮。

1. 俄罗斯物联网的应用情况

俄罗斯物联网市场正处于开发初期，但是物联网在工业的运用中却处于领先地位，占据了不小的市场份额。目前，采矿、核电、汽车制造、M2M（Machine - to - Machine）等领域都在使用物联网。

俄罗斯物联网的覆盖领域非常宽。2015 年，30% 的受访公司表达了对物联网的兴趣，并准备利用该项技术进行实验推广。这对俄罗斯物联网市场的发展具有重要意义，因为物联网能够有效地提升这些公司的办公效率。

近年来，就增长速度和总量来说，俄罗斯物联网市场都在稳步发展。俄罗斯从 2017 年开始尝试着实施一系列的试验方案，打造实验平台，一些具有战略意义的设施也在向数字化转型，因此，这一年对于物联网市场而言是最为重要的一年。

2. 俄罗斯物联网市场的规模

目前，物联网应用市场的缺口巨大。从物联网的应用情况来看，交通业的使用量处于领先地位，达到 131 亿卢布。农业的使用量最小，只有 1 亿卢布。物联网技术在工业、智慧建筑产业和金融领域的使用量平稳增长，分别为 36 亿卢布、21 亿卢布和 11.6 亿卢布。零售领域的使用量为 7 亿卢布。在信息化所有领域当中，从推广物联网技术投入的资金情况可以看出，交通领域的资金投入最大，占16%，智慧建筑产业的资金投入占4%，工业的资金投入占2.5%，农业的资金投入占2%，零售业的资金投入占1.6%，而金融行业的资金投入最少，仅占信息化领域支出的1%。①

3. 俄罗斯物联网存在的问题

目前，俄罗斯物联网技术产品仅占世界总体份额的1.5%。2015年，俄罗斯分布式遥测系统设施共计1 620万件，仅占世界总量的0.3%，而且这其中接通了物联网平台的数千件设施。

此外，俄罗斯物联网在发展过程中也存在着诸多问题。首先，俄罗斯工业的标准化和生产标准不符合当今要求，如果不能有效地解决标准化问题，那么就会拖慢物联网的发展速度。其次，农业领域的信息化水平较低。要想推动农业领域物联网的发展，国家应加大对该领域数字化的重视。最后，专家认为，由于俄罗斯经济增长乏力，设施相对落后，俄罗斯的企业长期投资高新技术的可能性较小，这也是阻碍物联网发展的因素之一。

物联网协会的负责人安德烈·科列斯尼科夫称，目前俄罗斯物联网市场规模仍然较小，但是可以看到其未来发展的潜力。物联网协会正在与一些企业积极开展合作，很多企业正在转变对物联网的态度，并认识到物联网技术具有节约成本的作用。在俄罗斯经济前景尚不明朗的情况下，这确实是提高本土企业竞争力的有利因素之一。

物联网技术不仅可以帮助企业实现转型，还能提高其竞争力。一家专门提供综合通信解决方案的机构 Orange Business Services 的研究显示，尽管在俄罗斯大型企业中物联网技术的使用率不高，俄罗斯本身的经济环境也比较复杂，但是一部分大型企业的负责人开始认识到物联网的好处，并已开始行动。

（四）电子商务

在电子商务出现之初，国际社会对其并没有一个明确的定义。1994年，经济合作与发展组织成立了“电子商务定义与测度工作组”，并邀请了各领域的专家共同研究，最后给出了一个可为各个国家共同接受的定义。电子商务是企业、家庭、个人、政府，以及其他公共或私人机构之间通过以计算机为媒介的网络进行的产品或服务的买卖活动。买卖的商品或服务是通过网络进行的，付款

① Российский рынок IoT показывает высокие темпы роста [EB/OL]. https://www.iemag.ru/news/detail.php? ID=40332, 2017-08-24.

和商品或服务的最终递送既可以在网上完成,也可以在网下完成。由经济合作与发展组织给出的定义比较准确地反映了电子商务的时代特征(即商务交易的数字化和网络化特征),以及电子商务的主要热点和发展趋势。

电子商务具有深远的经济意义和社会意义。它不仅将传统的商务过程电子化,节约了时间成本和金钱成本,而且还改变了生产模式和管理模式,为新型技术和经济的发展提供了新的可能性,使组织、机构发生变革。可以说,电子商务是对传统商务活动的一场革命。

1. 电子商务市场广阔

根据国际电信联盟的数据,截至2016年中期,全世界互联网网民人数达到了39亿,约占世界人口的一半,其中,发展中国家的网民人数达20亿。全球五大市场研究公司之一的GfK的研究显示,到2015年年底,俄罗斯使用互联网的人数增长了3%,占全国总人数的70.4%,俄罗斯16岁以上的互联网用户达8 750万人,通过手机移动端上网的人数也在明显上升,使用智能手机上网的人数比2013年增加了25.3%,达到37.2%,而使用平板电脑上网的人数增加了15.7%,达到19.2%。[①] 随着互联网用户数量的增加,电子商务市场的总量也在增大。

俄罗斯电子商务起步较晚,但是俄罗斯拥有欧洲数量最大的互联网群体,因此该市场一直保持着良好的发展势头。2010年至2013年,俄罗斯电子商务市场呈现出井喷式增长趋势。2014年是俄罗斯电子商务市场的转折之年,该年度电子商务市场交易总额达到了6 830亿卢布,然而,乌克兰危机之后,卢布汇率浮动较大,居民消费能力下降,这导致电子商务领域增速放缓。

2015年,从电子商务的世界排名来看,俄罗斯只排在第九位。但是,根据俄罗斯咨询公司Data Insight(数据洞察)的数据,俄罗斯电子商务贸易总额还是达到了8 060亿卢布(按全年平均汇率折算,约合132亿美元),电子商务贸易仍是2015年俄罗斯零售贸易市场增速最快的领域。据eMarketer统计,2015年,世界电子商务市场的平均增速为18%—20%,而俄罗斯的增速为17%—18%。咨询公司J' son & Partners Consulting的专家认为,未来,俄罗斯电子商务市场每年将以15%—20%的速度平稳增长。

---

① Ветрова Е. Н., Яковенко Е. А. Состояние и перспективы развития электронной коммерции [J]. Экономика и экологический менеджмент, 2016 (3).

从细分市场来看,目前俄罗斯网络购物中最受欢迎的还是服装和电子类消费品,2016 年上半年,受访者最常购买的商品分别为服装(64%)、电子产品(50%)、护肤品(46%)、书籍杂志(45%)、手机配件(44%)、活动门票(40%),最不经常购买的产品是包装类食品(12%)和酒类(8%)。①

2. 电子商务市场的潜力尚要挖掘

虽然俄罗斯拥有欧洲最多的互联网用户,但是在零售电子商务领域,俄罗斯仍落后于英国、法国和德国。

主要原因有三个。第一,地区间电子商务市场发展不平衡。俄罗斯超过 60% 的网店集中在大型城市,如圣彼得堡和莫斯科,由于光纤网络落后,其他地区的网店发展相对滞后。第二,互联网用户对电子商务的接受程度有所不同。在接入光纤网络后,45% 的人平均两年半以后才开始网购,只有 11% 的人会立刻网购。第三,跨境电商影响俄罗斯本土市场。海外购人群在逐渐壮大,64% 的俄罗斯消费者在海外的网络商店至少购买过一次商品,6% 的人称不会在海外商店购物。②

因此,俄罗斯的网络零售市场必须解决以下问题:国家应确保光纤网络的高接入率,尤其是远东、西伯利亚、乌拉尔等发展相对落后的地区;随着智能手机和平板电脑的普及,国家应确保移动端网络的接入率;政府需制定相应的标准,以保障用户个人信息的安全;卖家要尽可能地开拓地区市场,吸引更多的消费者。

有关研究机构对电子商务在未来世界经济发展中的地位进行分析后指出,该领域的市场总量将会飞速增长。根据有关公司的数据,我们可以对俄罗斯电子商务行业做出这样的预估:俄罗斯的电子商务市场是全欧洲发展最为迅速的市场之一,因为俄罗斯拥有相当稳定的青年网购买家。

二、俄罗斯信息化对经济社会发展的影响

信息技术的发展和应用所推动的信息化,对人类经济和社会生活产生了深

① Ветрова Е. Н., Яковенко Е. А. Состояние и перспективы развития электронной коммерции [J]. Экономика и экологический менеджмент, 2016 (3).

② Ветрова Е. Н., Яковенко Е. А. Состояние и перспективы развития электронной коммерции [J]. Экономика и экологический менеджмент, 2016 (3).

刻的影响。进入21世纪后,信息化对经济、社会发展的影响愈加深刻。世界经济发展进程加快,信息化、全球化、多极化发展的趋势十分明显。信息化被称为推动现代经济发展的发动机和推动现代社会发展的均衡器。

(一)信息技术对俄罗斯经济发展具有积极作用

因为具有高度的创新性和渗透性,信息技术产业已成为世界上最大的战略性产业,是推动世界经济发展的强大动力,在俄罗斯经济发展中信息技术同样占据特殊地位。

首先,信息技术推动传统产业升级,优化产业结构,提高生产效率。有数据表明,大量使用信息技术的领域比一般领域的平均增长速度快1.7倍。与传统服务相比,通过互联网为客户提供服务可使银行减少很多劳动力。ACIL Tasman咨询公司的一份调查报告显示,就服务领域来说,信息通信技术对全要素生产率(TFP,即Total Factor Productivity)的提升达33%—65%。2002年至2010年,俄罗斯大规模推广现代化解决方案,这使领军产业的劳动生产效率保持较快的增长速度。不仅如此,信息技术产业的发展同样可以提高自身的生产效率。

其次,信息技术对经济变革产生影响。信息技术越来越多地应用于交通管理、零售、物流等领域,它减少了劳动消耗量。信息技术在经济领域中的应用在很大程度上促进了俄罗斯国民生产总值的提高。近十年来,得益于信息技术的应用,像空间探索、人类基因组、新材料等一些重要的科学领域都取得了巨大的进展。未来,俄罗斯的竞争力将在很大程度上与国家信息技术的水平密切相关。

信息技术的发展为提高公共服务质量提供了机遇,并使教育和医疗等领域的发展提高到了一个新的水平。对于俄罗斯来说,这也意味着部门之间可以采用新的工作组织形式,例如在办公室以外使用企业资源计划系统(ERP)、电子财务、凭证传递和决策支持系统来分配任务。俄罗斯如果能够抓住这次机遇,便可以有效地激发偏远地区的潜力。

信息技术产业一直是俄罗斯发展比较稳定的产业之一,在全球范围内也拥有一定的竞争力。到2025年,俄罗斯信息技术产业或将增长数倍,可能成为俄罗斯经济重要的增长点之一。

(二)物联网为俄罗斯经济注入新的活力

发达国家一直在不遗余力地推行物联网技术,目的就是巩固其在世界劳动力分工系统中的地位、增加高端劳动力的就业岗位、提高公民的生活质量。

与美、日、德等发达国家相比,俄罗斯的劳动生产力尚处于相对落后的水平。为了缩小同发达国家之间的差距,俄罗斯各类民企和国企都在制定物联网发展规划,俄罗斯联邦工业贸易部也制定了物联网发展路线图。俄罗斯的物联网发展规划旨在凭借本土企业的竞争优势和市场优势来帮助俄罗斯经济走出困境。在制定经济战略时,俄罗斯充分考虑到提高本土企业的竞争力和提高本土产品在国内外市场的增长率这两个因素。俄罗斯以物联网的发展为依托,不断提升企业的竞争力,提高城市事业的管理效率,打造新的互联网技术产品和解决方案,并在此基础上创建新型市场。

在发展物联网技术和产品时,俄罗斯创建了技术标准化和新型自动化市场,旨在覆盖到所有行业,包括具有发展前景的新型的市场领域。随着物联网在民生经济领域的应用,俄罗斯也享受到了由物联网引发的智慧革命所带来的红利。今后,物联网技术对俄罗斯各经济领域的促进作用将会继续凸显出来。例如,在电力领域,物联网不仅大大提高了该领域的效率和基础设施的可靠性,还明显地节约了发电的成本。在农业领域,基于农业生产需求的增长,物联网大大提高了该领域的生产量和竞争力。智慧农业和温室培育根据不同作物的需求更加高效地进行浇水、施肥,从而提高了农业产量,提升了农产品质量,降低了农业机械的燃料消耗,减少了对灌溉水量的需求,降低了农产品贮藏和运输过程中的消耗。在物流行业,物联网解决了该领域一系列重要问题,如降低了运输和滞留成本,提高了运输的透明度,降低了对人为因素的依赖。联网后的汽车运输和远程停车场跟踪将降低技术服务和维修的成本。此外,在智慧住房系统设施方面,一方面,物联网可以提高住房的安全性,另一方面,智能水表将在不久的将来投入使用,它将减少居民在公共住宅事业方面的开销。据预测,截至 2025 年,物联网在电力、保健、农业、交通、智慧城市等领域将产生 2.8 万亿的经济效益。①

以物联网为代表的新型信息化技术正在悄然引领着产业转型升级、变革生产方式,提供了一条具有高技术、高效率、高附加值却不增加投资和污染的可持续发展道路。

---

① Семеновская Е. Индустриальный интернет вещей перспективы Российского рынка[R]. IDC MARKET SPOTLIGHT, 2016.

(三)电子商务推动俄罗斯经济平稳发展

现阶段,俄罗斯电子商务正处于蓬勃发展的时期,构建信息社会所用到的互联网技术让商业主体的营销战略上升到了一个新的阶段,营销战略的效率也有了明显的提升。

1. 经济困境不阻碍电子商务的发展

近几年来,俄罗斯的经济发展存在困难,居民消费水平不高,这导致俄罗斯电子商务市场增速放缓,但是其电子商务的市场总量依然不容小觑。2013 年,俄罗斯电子商务市场规模为 5 440 亿卢布,2014 年俄罗斯电子商务市场规模较上年增长了 31%,达到了 7 130 亿卢布,2015 年俄罗斯电子商务市场规模虽然增速放缓,但是依然没有停止增长的步伐,达到了 7 500 亿卢布,俄罗斯电子商务企业协会主席表示,2016 年俄罗斯电子商务市场规模达到 9 200 亿卢布。[①] 电子商务贸易仍是俄罗斯零售贸易市场增速最快的领域。

2015 年,俄罗斯网店营业额平均增长 8%,达 4 040 亿卢布,总订货量增加了 8%,共计 1.6 亿件(不含熟食、数字商品、车票和批发商品)。根据俄罗斯首家专业的电商咨询公司 Data Insight(数据洞察)的数据,大众的需求从电子设备和家用电器转移到服饰等较廉价的商品上。名牌商品的市场份额有所下降,位于前列的是运动商品、儿童商品和宠物用品。俄罗斯民众在国外网店的下单量提高了 75%。

虽然俄罗斯在中国网店的消费额减少了 25%—30%(按美元计算),但是从整个市场来看,消费额却增加了 30% 以上。俄罗斯在国外网店的订单占比从 2014 年的 24% 增加到 2015 年的 34%。[②]

2. 开辟了产品出口新渠道

针对卢布贬值,俄罗斯电商企业迅速找到了新的商机。基于中国网民对俄罗斯巧克力、糖果、海产品、伏特加、琥珀等特色产品的喜爱,2015 年 9 月,俄罗斯 ABK 食品公司开始在天猫国际平台上销售俄罗斯生产的日用品和食品。俄罗斯出口中心和阿里巴巴于 2016 年 9 月在天猫国际平台上开设了俄罗斯国家

① 2016 年俄电子商务市场规模增长 21%[EB/OL]. http://www.mofcom.gov.cn/article/i/jyjl/e/201703/20170302534880.shtml 2017-03-15.

② Н. Н. Шубин. Влияние информатизации общества на изменение структуры экономики Российской Федерации[J]. Экономические и социально-гуманитарные исслебования, 2016 (4).

馆。2016 年 2 月,俄罗斯红色十月联合糖果厂、彼得帕克乳制品厂、海参崴野生海参公司等十余家俄罗斯食品制造企业已入驻京东网上商城。2015 年 12 月,俄罗斯总统普京在年度国情咨文中指出,俄罗斯应建立大型私营电商企业,以此来带动中小企业的产品出口。2016 年 2 月,俄罗斯经济发展部在政府部门间的工作会议上提议,对于通过俄罗斯本国电商平台出售商品的中小型出口企业,俄罗斯政府可返还部分利润税。此外,俄罗斯经济发展部还与海关等部门协商,简化俄罗斯企业通过电商平台出口的通关程序,进一步推进中小企业的产品出口。

3. 改变了企业原有的销售模式

利用好互联网可以从根本上改变竞争环境。在发展市场经济时,将互联网用于商业领域,如发展电子商务、互联网商务等,可以更好地发挥其优势。这也是企业取得成功的一个重要因素。波士顿咨询公司(BCG)的研究表明,近三年,将互联网资源用于本领域的企业每年的营业额的增长量为 12.5%,而没有充分利用互联网资源的企业每年的增长量仅为 4%。目前,世界上互联网经济占 GDP 比重较大的几个国家分别为韩国(7.3%)、中国(5.5%)、美国(4.7%)。通过互联网将商品直接推送给终端客户已经成为最为普遍的一种商业模式。这种模式不仅简化了销售的中间环节,降低了商品的价格,而且也节约了买家在挑选商品上所花费的时间。

与传统的销售模式相比,电子商务具有诸多的优势。对于企业来说,信息通信技术的使用拓宽了客户群,提升了销售额和总利润。物流的优化和交易成本的降低也相应地减少了管理成本。无论是对于初创公司来说,还是对于营业公司来说,贸易的开支都有所降低。新的销售渠道和营销渠道出现了,在许多情况下可以突破地理的限制。对于消费者来说,电子商务让寻找商品和服务变得简单,消费者节约了时间,便于比较同类商品的价格。了解商品服务和生产商的渠道增多,消费者也更容易获知折扣信息。一些网店延长了营业时间,买家可以 24 小时购买商品。

作为信息技术的核心应用之一,电子商务对俄罗斯经济的发展起到了强有力的推动作用。它提高了国民经济的运行质量和效率,促进了商品的流通,推动了统一市场的形成与完善,提升了俄罗斯在全球的经济地位,让俄罗斯有能力更好地应对全球化的挑战。

三、俄罗斯信息化建设稳步发展

自乌克兰危机爆发以来，西方国家对俄罗斯进行了多轮经济制裁，在此背景下，对于俄罗斯的信息化市场将如何发展，俄罗斯有关专家的态度也不尽相同。有人认为，经济的不景气会阻碍信息化的推进；也有人认为，通过推进信息化建设可以帮助俄罗斯走出经济困境。具体结果尚不明朗，但是，我们可以从一些方面看出未来俄罗斯信息化市场的走势。

首先，俄罗斯一些大型政府信息化项目正在逐渐启动，包括创建国家居民登记系统、统一国家社会保障信息系统、联邦残疾人登记系统、统一国家民事系统、地理信息系统、信息编码系统和电子预算国家信息系统等。政府在未来几年继续跟进这些项目，这也为未来俄罗斯该领域市场的发展带来了一丝希望。俄罗斯统计局的数据显示，2015 年政府在通信与信息化领域的预算和预算外资金的支出达到了 875 亿卢布，其中 312 亿卢布来自联邦预算，569 亿卢布由联邦主体综合预算支出。CNews 的数据显示，2016 年俄罗斯地区层面的信息化开支（连同俄罗斯通讯部的补贴计算在内）一共为 740 亿卢布，同比增长了 1.8%。信息化预算开支最多的前五个地区分别是莫斯科（283 亿卢布）、圣彼得堡（78 亿卢布）、莫斯科州（46 亿卢布）、汉特 - 曼西自治区（17 亿卢布）和新西伯利亚州（17 亿卢布）。2015 年，政府信息化领域大型供应商公司的总收入达到 1 254 亿卢布，同比增长了 22.2%。政府信息化支出的增长将对 IT 产业和整个国家的经济发展产生积极的影响。信息化将成为促进市场和经济发展的关键驱动力。

其次，信息化将推动产业融合。目前，俄罗斯已经将信息技术应用于能源、交通、航空、教育、金融、医疗等领域。俄罗斯航空工业依托信息技术正在努力向无纸化、自动研发和管理系统迈进，机场快速控制系统不断升级，技术服务、维修数据传输和文件存储趋于标准化，航空领域逐步创建数字工厂。①

随着信息技术的不断创新，以及信息技术与其他产业的加速融合，新技术、新理念、新产品不断涌现，全球新一轮的产业分工和竞争格局加速改变。在此背景下，俄罗斯联邦政府加速物联网、云计算、大数据等技术与农业和工业的融

① 张冬杨. 俄罗斯信息技术产业现状及发展趋势[J]. 欧亚经济，2015(2).

合发展，推动信息技术在医疗、教育、金融等行业的应用，通过创新信息技术来整合产业链体系，提高其他领域企业的运作效率，促进产业的发展。

四、中俄信息化领域的合作空间广阔

进入21世纪后，信息化对经济发展的推动作用愈发明显。很多国家都把信息化提升至国家战略的高度。我国也曾将“大力推进信息化”写入“十五”规划中(2000年)。2015年5月19日，经李克强签批，国务院印发《中国制造2025》，在涉及的十大领域中，第一个就是新一代信息技术产业。虽然中俄两国的发展模式不同，但是两国在信息化领域具有互补性，未来在该领域的合作值得期待。

（一）提高产品质量，开拓俄罗斯市场

近年来，我国的电子产品发展势头迅猛，诸如“华为”“中兴”“小米”“魅族”等品牌纷纷进军国际市场，并取得了不俗的成绩。俄罗斯电子市场上中国品牌的表现也颇为抢眼。2017年，华为+荣耀的份额已经提升到13.4%，仅次于三星和苹果，三星和苹果的份额分别是25.4%和17.9%。[①] 中兴和小米分别位于第四位和第五位。中国手机品牌受到俄罗斯民众欢迎的原因有三个。首先，价格亲民。与其他国家品牌的电子设备相比，价格仍然是中国品牌有力的竞争点。其次，质量过硬。随着国产品牌质量的提升，俄罗斯的消费者对其信任感也在不断增加。再次，科技含量高。与苹果、三星等大品牌相比，中国产品在总体上不落下风，在有些方面还有独具匠心之处。

中俄两国在电子信息领域存在互补性，因此，我国应该抓住这一有利时机，鼓励国产电子信息企业适时把握机遇、充分利用好展会等平台、展示品牌价值、进军俄罗斯市场。

（二）加强IT产业合作，推进区域一体化

如果说区域一体化是世界经济发展的大势所趋，那么信息技术则可以大大加快这一进程。第一，中俄两国可以考虑深度发掘各自IT市场的潜力。中俄两国信息技术领域的很多企业具有较强的互补性，政府可以引导企业通过专利

---

① 彭赛琼. 华为在俄罗斯手机份额已达13.4%[EB/OL]. https://www.leiphone.com/news/201711/YFRwneVu25f0HlMW.html, 2017-11-17.

购买、项目合作等方式进行优势整合。第二，在新的产业格局下，重视软件产品和信息基础设施的合作。软件业一直是俄罗斯的优势行业，而我国的强项在于基础设施建设，两国可以充分取长补短。第三，利用好物联网等新型技术，在"智慧城市""智慧农业"等领域交流信息和经验。第四，搭建跨国电子商务平台。中俄两国可以依托互联网强大的联结性和信息共享性，改变传统的贸易方式，推进区域一体化进程。第五，加强高新技术园区的合作。科技园不仅对IT产业的发展具有重要的孵化作用，还聚集了大量的人才和科研生产资源。中俄两国应协同建立高新技术园区，重点培育科技含量高且具有创新精神的IT企业。

受西方经济制裁的影响，2014年成为俄罗斯电子商务的转折年，电子商务市场由之前的超高速增长转为高速增长，增速同比下降50%，但是其潜力依然不可小觑，总体向好的趋势也不会改变。随着网民人数的增多、支付手段的多元化、物流体系的成熟，一些偏远地区和个别领域仍然有较大的发展空间和发展潜力。近年来，阿里巴巴、京东等中国电子商务巨头纷纷试水俄罗斯的电子商务市场，跨境电商也成为中俄贸易新的增长点。未来，随着"一带一路"倡议的推进，中俄两国在电子商务领域的合作将拥有更广阔的空间。

第六章　俄罗斯远东地区创新发展与创新政策的实施

2010年9月7日，第六届贝加尔国际经济论坛在俄罗斯伊尔库茨克市召开，这是两年举行一次的俄罗斯最大的国际商业论坛之一，会议的主题是俄罗斯远东地区经济现代化和创新发展问题。结合此前普京在“2020年前国家社会经济发展构想”中提出的降低对能源出口的依赖，俄罗斯要选择创新经济发展模式，加快推动国家经济由资源导向型向创新导向型过渡。大力发展创新经济成为俄罗斯地区经济发展的根本任务。

地区科学生产体系的建立和广泛存在已经成为技术革命现阶段的明显特征之一。作为世界经济发展最重要的因素，科技进步与创新过程有着紧密的联系。在某种意义上说，创新是能够把科学、技术、经济、经营和管理联系在一起的唯一进程。创新包括新想法的产生，贯穿商业实施的整个过程，因此，它涵盖了包括生产、交换和需求在内的一系列关系。而只有实施有效的、连续的创新政策，才能保证创新过程的开展。俄罗斯远东地区已经具备了制定创新政策的基础。

由于历史条件、经济地理条件不同，以及生产力的水平和结构不同，俄罗斯经济发展具有地区不平衡和行业不平衡的特点。因此，要想实施有效的地区创新政策，就必须考虑影响地区创新发展的所有现实因素和潜在因素。

第一节　远东地区创新发展面临的主要问题

在很长一个时期内，俄罗斯都处在经济危机的状态下，目前，仍有很多地区属于救助地区和萧条地区。而战胜危机最有效的办法之一，就是采用新技术，使经济效益得到快速提高并达到新的增长阶段。因为在危机时期，经济积极性的减弱并不会触动进步的含有新技术成分的生产,这种生产具有增长的潜力,并能够成为地区未来发展的动力。在经济整体下降的背景下,新产品的生产效率会提高,在发展前景良好的领域,投资积极性和创新积极性也会提高。创新进程会对现有的技术结构进行"创造性的破坏"①,在广泛采用新技术的基础上实现现代化,此举可以为经济增长创造机会。

一个地区进行创新活动的条件之一是拥有构成创新发展、创新组织和创新体系的基本因素。俄罗斯欧洲部分具有发展创新经济的历史优势。但是,由于地缘政治条件、经济地理条件和工业化程度的影响,以及加强国防的考虑,俄罗斯东部地区科学技术综合体从 20 世纪下半叶才开始得到发展,而从 20 世纪 90 年代中叶开始,远东地区的科学创新体系也开始形成。在国家政策的作用下,远东地区形成了保证创新体系发展的制度条件,出现了国家科技中心体系。但是,科技体系中一些问题的出现制约了远东地区的技术创新发展。

一、科研机构和科研人员的质量和数量均下降

科技人力资源是现代社会生产的重要组成部分,是科学技术发展的重要基础。从人力资源的角度来看,最近十几年,远东地区大型科研部门拥有的科研人员的数量要低于全俄罗斯平均水平。远东地区各联邦主体的科研机构的创新水平也远低于全俄罗斯平均水平。在远东联邦区的所有联邦主体中,没有一家科研机构的创新水平超过全俄罗斯平均水平,楚科奇自治区甚至都没有创新机构。更为严重的是,最近几年远东地区进行科学研究的机构的数量没有出现上升的势头,完成科研工作的组织的数量也没有增加。

二、国家对科研机构的投入规模小

同俄罗斯工业发达地区相比,远东联邦区用于研究和研制工作的经费支出要少得多。20 世纪 90 年代,从科研投入规模来看,远东地区在全俄罗斯处于较低的水平。在俄罗斯工业发达地区,科研和研制工作的经费基本上由企业自己承担,而远东地区的企业承担的份额仅占 8% 。

---

① С. Г. Емельянов. Методологические основы исследования инновационного потенциала региона с целью создания центра трансфера технологий[J]. Инновации в регионах, 2006(2).

远东地区在出版工作方面也存在投入不足的问题。通常,在俄罗斯学术著作的出版工作中,数学物理和社会科学领域的著作所占比例达63.5%,而远东地区的数字仅为18%。在俄罗斯出版界,技术和生物领域的出版物与数学物理和社会科学领域的出版物的比重为1:(3.5—5),远东地区的比重大致为1:3。上述领域研究工作的投入水平不高是造成出版物数量不高的原因。远东地区的一些城市(如比罗比詹、马加丹、布拉戈维申斯克和雅库茨克)的财政投入居全俄罗斯最后。同时,远东地区某些联邦主体对发展生产的科研投入却居于全俄罗斯前列。这说明了两个问题:一方面,地方财政没有完成自己在社会领域应尽的职责;另一方面,地方财政把全部精力都投入到本应由商品生产者自行负责的领域。

三、中小企业是创新活动主体

远东地区的大型国有企业大部分没有研发能力,而具有强大的研发能力的科研组织却没有和企业形成紧密的联系,这导致大型国有企业没有成为创新活动中应有的重要力量。远东地区的创新活动主要出现在私营企业或混合经营(不包括外资)模式的企业中,这些企业在远东地区的影响力远逊于大型国有企业,但它们的创新性却是国有企业的1.5倍。[①] 俄罗斯国内为中小创新企业的发展创造了必要条件,其中包括建立专门的贷款、保险、投资和选择合作伙伴的优惠系统,政府是资助中小创新企业商业项目的主要财源。[②] 远东地区也在推行有助于企业开展融资活动的经济政策,如发展证券市场、完善银行机制、施行反垄断政策等。

在技术创新领域的经营活动中,远东地区的企业存在着创新水平下降、企业数量上升的现象。[③] 同时,远东地区的企业的创新活动主要体现在设备更新上,而对研制工作的投入却不高。在2006年的技术创新支出结构中,研究和研制工作的份额是2002年的2.1倍,但仅占总额的11.7%,而购买机器和设备的支出则占29.3%。企业产品的更新年限也有差异,一个50至100人的小企业,

① С. С. Алабян. Россия на мировых рынках технологий и высокотехнологичных товаров[J]. Инновации и экономическое развитие,2006(2).

② 戚文海. 基于转轨视角的俄罗斯国家创新战略的演进与趋势[J]. 俄罗斯研究, 2007(5).

③ 戚文海. 转轨时期俄罗斯新经济问题考察——以俄罗斯新经济与经济转轨关系为视角[J]. 俄罗斯中亚东欧研究, 2005(2).

与一个 1 000 人以上的大型企业相比，前者的更新周期比后者少 7 年。

科研发明水平较低、生产部门对科技成果的需求不足等现象表明，远东地区的经营环境存在着严重的内部问题，科研领域本身也是如此。创新政策、科技政策和经济政策中存在的主要问题是缺乏系统性。

四、制定创新政策的基础尚不完善

任何一项新技术，从诞生、发展、应用直至最后转化为生产力，都离不开政策的大力扶持和制度的综合保障。[①] 创新政策实施的主要条件是形成法律基础和完善基础设施。在法律条文的制定方面，远东地区应首先确定法律法规制定的措施，特别是关于创新活动的法律，同时还必须明晰哪些活动（方案、规划、服务、基础设施和其他活动）归属于创新活动，并且要对其进行独立的鉴定。创新活动的经济转化条件和法律条件的形成，可以进一步规范创新活动订货人和执行人在方案投资上的关系，加强细则文件的制定，确定国家在科学技术研究商业化投资中的股份机制；可以进一步制定并采取措施，降低非国有投资者的投资风险，或者为其提供保险；还可以确定对创新和创新活动的效益进行评估的方法。

要想实施创新政策，就要建立创新基础设施的分支机构，它们包括生产技术机构、金融机构、信息机构、鉴定推介机构和人才机构。当前，远东地区的创新机构还不完备，远东地区只存在上述部分机构。对创新技术管理、品质和证书管理领域的人才进行培训和再培训，是推动创新活动发展最重要的方向。专业化人才（技术商业化经理人、技术创新管理人、创新公司负责人等）数量的增加和培训体系的形成也应符合地区需求，符合科技领域优先发展方向的要求。

---

① 童伟，孙良. 中俄创新经济发展与政策保障机制比较研究[J]. 俄罗斯中亚东欧市场，2010(4).

第二节 俄罗斯远东地区创新政策与经济现代化

一、远东经济在俄罗斯创新经济中的地位

远东经济实体部门的投资(企业创新积极性、新产品生产、先进生产工艺的采用、工艺交流)水平落后于全俄罗斯平均水平。决定一个地区投资水平的各类指标(完成研制工作的企业数量、采用创新工艺的企业数量、技术创新支出占商品产值的百分比、创新产品数量占商品总量的百分比、创新产品出口占商品出口的百分比)表明,远东联邦区没有居于全俄罗斯前列。除了平均数字低,远东各地区发展不平衡的现象也很明显,某些地区实际上在创新发展中居于全俄罗斯平均水平之上。

远东地区是全俄罗斯创新活动发展不平衡的缩影。俄罗斯与世界发达国家的差异表明,俄罗斯需要建立完善的创新体系。使远东地区走向创新发展道路是具有长远意义的发展方向。

远东地区正在实施的投资方案主要集中在能源领域,这与交通设施和能源设施的发展有关。传统领域当然也拥有创新发展的机会,但创新发展更体现为新经济领域(如信息技术领域、生物领域、医药领域、电子和新材料领域等)的快速发展。远东地区的这些领域严重缺少资金。

远东地区的一些大型工业企业还保留着传统的工艺文化,如自动化机械、光学、能源机械制造、采矿设备、建设工业等,自身的科研机构、工艺设计机构也在不断地发展和完善。从总体上说,远东经济部门在很大程度上还依靠购买进口设备。

根据远东长期发展战略的计算,不考虑危机因素的影响,远东地区的产值可保持3%左右的增长速度。如果对能源原料行业实施大型投资方案,则可使地区产值达到4%—5%。这一方案被称为“能源原料方案”。如果实施这一方案,开采领域和基础设施领域的发展速度会超过加工领域和经济投资领域的发展速度。

创新方案作为可选方案,是以大型原料方案、加工工业发展和创新发展为

前提的。根据这一方案，远东经济的增长速度在2010至2015年为5.2%，在2016至2020年为6.4%，在2021至2030年为6.8%。这样，在2030年前，远东地区将形成具有较高的竞争力的经济，其基础包括挖掘资源潜力、建立大型创新部门、发展科技集约型生产和建设新经济基础设施。

二、纲要规划在地区创新经济发展中的作用

远东经济发展前景由已确定的战略的实施程度决定，而实施的基本机制是专项纲要，因为这是所有地区有关经济发展的文件的综合。投资的基本方向是传统生产的重组和现代化，以及大型资源的开发、科技集约型产品的高科技生产。

下面对远东联邦区实施的大型投资方案进行分析。

所选的方案分为三类：一是初级投资方案，是俄罗斯联邦政府在2010年5月批准的；二是远东机械制造方案；三是俄罗斯国家技术集团公司挑选的在远东地区实施的高新技术方案。

在这些方案中，有针对远东地区资源开发的纲要，其中也包括开发区域基础设施保护纲要，特别是交通设施；有针对加工行业现代化建设的纲要，特别是联合加工企业和生产出口产品的企业；也有建立新经济行业的纲要。

1. 远东联邦区初级投资方案

数量约为27个，大部分在2009至2015年开始实施，负责人为地方政府和相关的部委。纲要的实施期限一般到2015年，每个纲要的投资额都在10亿卢布以上。

2. 远东机械制造方案

这一方案是2007年制定的，是一个创新纲要，其目标是开发和生产高新技术的机械制造产品。这一方案由远东联邦区总统全权代表和远东地区联盟组织共同发起，实施期限到2015年。纲要目标是提高远东地区工业部门的生产效率和知识产权的使用效率，对创新产品进行替代生产和自主生产。参与实施这一纲要的主体包括天然气工业集团、统一电力集团公司、俄罗斯铁路集团、石油运输公司、俄罗斯通信集团公司。

纲要的主要手段是建立地区科技集群。集群中心是那些能进行某一工业行业前端研究的俄罗斯联邦主体。地区科技集群还应在俄罗斯其他联邦主体

内部获得发展空间,这些联邦主体内部的企业被吸引加入纲要的合作实施活动中。纲要旨在发展地区内部或地区间的合作,充分利用拥有最好工艺的企业的潜能,建立新的、现代化的、拥有特色工艺的专业企业。

在未来工业发展中,实现资源的最佳整合是提高远东企业竞争力的重要因素。《远东机械制造纲要》还就地区专业化问题达成了协议。拥有最佳产品生产组合的地区,在制定产品生产纲要时起到了主要作用。那里会成为这一领域人才的培养中心,也会成为联邦区的合作中心。

纲要的总投资额为481亿卢布,其中,联邦财政和远东联邦区财政的投资占42.8%,投资额为206亿卢布,其余57.2%为预算外投入(企业自有资金不少于50%)。资金支出主要用于以下几个方面:科学研究和实验研制工作占30%以上;技术改良和分纲要的投入占60%以上;其他支出。整个方案由10个分纲要组成,其中包括投资纲要。

3. 俄罗斯国家技术集团公司在远东地区推行的方案

俄罗斯国家技术集团公司是俄罗斯科技创新方案最大的投资商,它的资助确定了创新经济的发展方向。

2010年前,俄罗斯国家技术集团公司在远东联邦区批准通过了6个方案。通过对这些方案的发展方向进行评估可以看出,至少在中期发展前景上,远东经济增长还是依靠资源型经济,一半以上的资金用于自然资源(包括石油天然气、木材等)的开采和开发。占投资第二位的是基础设施领域。这也是合乎情理的,因为自然资源开发要求为居民的生活和工作创造有利的条件,建设通信和物流设施等。新经济和创新领域的投资也出现明显增长的趋势。

从总体上说,无论是开发远东的资源,还是对传统领域进行现代化改造,都要使用创新工艺,并生产创新型产品。我们也应看到,创新在新经济生产领域具有重要意义,创新具有增长性,机器和设备领域的创新工艺得以推广。为了提高具有高附加值的产品的竞争力,远东地区不仅要鼓励创新,而且要开发新型的生产和经济部门。

要想保持俄罗斯经济和远东经济在工艺现代化框架内的竞争能力,就要达到以下目标。

第一,采取综合方式开发资源丰富的地区,包括采用创新工艺,以及精选和再加工矿物原料资源。远东地区应提高原料资源的加工水平,提高地区开采环境的质量，保护独一无二的自然资源和多样化的生态环境。

第二，为了提高传统产业的竞争力，必须快速发展现代交通、能源和生产设施。此举可以大大降低产品生产损耗，提高出口竞争力。

第三，减轻传统工业企业进行现代工艺改造的负担，为工艺交流和技术引进创造条件，鼓励进行工艺创新和非工艺（组织和营销）创新。

第四，保证对国家经济安全具有关键意义的优势行业的工艺达到世界先进水平，包括武器生产、航天航空工业、核能源机械制造工业、现代能源工业、通信业、微电子工业，提高这些领域的工艺水平。

第五，支持以科技研制商业化为基础的创新发展。

第六，加强企业科研单位与科教科研单位之间的合作，支持以整合地区资源、发展地区生产为主的地区合作和国际合作方案。

第七，发展远东地区的金融市场，吸引俄罗斯国内外的投资商。

第八，完善社会领域的基础设施，积累和保障人力资本，从而为俄罗斯经济现代化提供所需要的人力资源。

远东地区具有推进工艺现代化的优势，如具有较高的教育水平、发达的基础学科部门、发展创新工艺的基础产品和较大的生产规模。但是，如果没有健全的现代化人文机制和现代化制度，没有知识和人力资本的保障，俄罗斯就很难在发达国家中占据应有的地位。

三、创新是远东地区实现经济现代化的重要路径

对于俄罗斯来说，走创新道路是尤为迫切的，主要原因是目前的产品生产具有很大的自然气候特点，生产出的产品没有竞争力。在当前的世界劳动分工中，俄罗斯更多的是充当资源供应者。为了改变这种状态，俄罗斯应加大产品中创新劳动的比重。

远东在俄罗斯的地位和俄罗斯在世界上的地位类似。如果说走创新道路在俄罗斯是一个迫切的问题，那么对于远东来说这更为迫切。

俄罗斯在创新经济发展中的作用是比较薄弱的，以下数字可以说明这一问题。在工业发达国家，国家科技领域的支出比例占国内生产总值的 2%。在韩国、以色列、瑞士、芬兰、瑞典等国家，比例一般保持在 2.5%—3.5%。

根据远东战略研究中心的资料，目前在俄罗斯经济结构中高新技术生产所

占比重仅为1%左右,在远东地区的经济结构中,这一数字更小。而在美国,这一数字为22%,在中国,这一数字为14%。

某些在苏联时期曾经领先的先进工艺的水平目前已经落后于世界先进水平。如俄罗斯的天然气管道工艺水平目前落后于世界先进水平。但是在20世纪70年代,苏联却是这项工艺的领先者。

建立创新型的现代化经济对于俄罗斯的长远利益是可以融入亚太经济空间中,而远东地区由于具有特殊的地缘政治地位、巨大的自然资源、明显的科技潜力和人才潜力,将在这一过程中起到特殊作用。但是,最近几年,远东出现了人口流失和经济增长速度慢等问题。从本质上说,这是由现阶段针对远东所实施的经济政策的作用不佳引发的。

远东联邦区大多数居民的生活水平(农业经济除外)均落后于全俄罗斯平均水平。尤其要指出的是,远东的投资状况一直不佳。2013—2014年年度投资额还保持在全俄罗斯平均水平上,但此后开始明显减少,特别是国家预算拨款不断下降。虽然俄罗斯联邦在2002年6月通过了体现国家对远东特殊态度的《远东发展战略》,但实际情况并没有得到明显改善。

一是远东发展的悲观方案。如果俄罗斯联邦政府继续对远东的发展采取强制的态度,那么在外部威胁和内部问题的双重压力下,远东的发展还将主要依靠自身的自然资源。远东将实施一些资源方案,可能实施一些运输方案。经济的出口导向将进一步加强,资金外流的规模将继续加大。

二是远东发展的乐观方案。远东发展战略的基础是挖掘科技和创新潜力。与能获得初始资金的能源项目相比,与科学技术有关的项目更有发展前景。运输方案不仅能实现资源的出口,而且可以促进远东内部各地区之间的一体化发展。在这种情况下,地区内部的供需数量将明显提高,自然资源的深加工能力和高附加值产品的出口量都将上升,以现代化工艺为基础的生产和服务工作的比重将不断加大,以满足国内需求为主的具有高技术含量的产品的生产将不断扩大。

如果俄罗斯(主要指其欧洲部分和乌拉尔地区)和远东分别实行不同的方案,那么结果也不同。

如果俄罗斯和远东均实施悲观方案,那么俄罗斯的经济发展水平将保持在世界平均水平上,并且远东的经济增长速度要高于全俄罗斯。这主要是由于远东地区拥有丰富的自然资源。

如果俄罗斯走上创新发展的道路,而远东还继续实施悲观方案,那么俄罗斯的经济发展水平将明显提高,远东的某些行业的发展水平会提高,但总体上会低于全俄罗斯平均水平。

如果远东地区也实行创新方案,那么它的经济发展水平也会明显提高,并且会高于全俄罗斯的发展水平。

上述观点在总体上都表现了远东的发展速度要高于全俄罗斯的发展速度。这一观点提出的基础是远东地区拥有许多具有增长潜力的行业,那里有潜力建立一些高端的经济产业。当然,也有对立的观点存在,这些观点出现的基础是,由于缺少投资,这一地区在未来 10 至 20 年内无力改变其资源供应者的地位,不得不继续提高资源的开采量。这导致其经济发展速度将落后于其他地区。

俄罗斯科学院远东分院经济与工业生产组织研究所的科研人员受俄罗斯联邦交通部的委托,对俄罗斯交通体系的发展前景进行经济论证,他们的论证材料就反映了这一观点。其主要论点如下所述。

第一,经济领域。俄罗斯不仅在 2001—2010 年实现国民生产总值的翻番,而且在 2011—2025 年也会继续实现这一目标。投资规模将明显扩大。这样就可以保证经济快速增长。2025 年前,投资额应占国内生产总值的 1/3,在 2000 年这一数字为 20%。这样,在第一阶段,投资领域(机械制造、建筑、建材工业)的产品生产数量将提高 3—4 倍,第二阶段将提高 2—2.5 倍,这将逐步改变经济发展中的资源开采走向。在第二阶段应实现经济结构的巨大转变,那时,资源开采总值不应超过国民生产总值的 20%,加工行业和服务行业的生产总值将明显提高。在经济增长上居领先地位的是远东地区和俄罗斯欧洲部分,前者拥有发展创新产业的初级规模,后者拥有良好的再加工潜力,这些条件都有利于发展高新技术产业。而远东地区和乌拉尔地区的情况会有所不同,它们在未来一段时期内很难改变对资源的依附性,因此发展速度将会较慢,居民的个人需求将会不断提高,其中,对民族机械工业产品和民族轻工业产品的需求将显著提高。但是,对食品的进口需求也很大。在 2025 年前,贸易顺差的数额将下降,这为吸引外国投资创造了条件。与此同时,外贸总额的增长速度将与经济的平均增长速度持平。初级能源产品的出口数量将快速下降,高技术产品,特别是机械制造品的进口比重将明显上升。

第二,具体行业。石油天然气工业:在乌拉尔联邦区(秋明州及其自治区)继续保持领先地位的前提下,远东联邦区的开采量明显提高。煤炭工业:远东联邦区的作用将进一步加强,同时对国家西部的产品供应进一步加大。黑色和有色冶金业:继续保持区域生产综合体的稳定性,不考虑建设新的生产综合体,提高产品的质量,产品以满足国内需求为主。机械制造业:提高产品的技术含量,保持国内市场对高技术设备的需求。森工综合体:合理地提高综合体的深加工能力,进入全新的外部市场,改变原有的外贸模式。

如果能把自然资源的使用租金用在以上领域的发展上,远东将在俄罗斯创新发展中起到重要作用。实际上,这是一笔很大的闲置资金,以亚马尔－涅涅茨自治区境内的石油天然气公司为例,在2001—2030年,公司的纯利润预计为5 770亿美元,这其中只有3 450亿美元计划用于投资建设石油管道,也就是说,剩下的2 320亿美元被闲置起来。

上面所举的例子只是远东最富裕地区的一个最富裕行业的闲置资金。从整个远东联邦区来说,从自然资源的利用中所获得的利润平均每年约为500亿至1 000亿美元,这一数字与地区生产总值大致相同。可是,在科学、教育和经济领域的投入仅有70亿至80亿美元。

当前,自然资源利用租金成为石油天然气部门高额收入的来源,这笔钱主要消费在了莫斯科,同时,这笔钱也成为俄罗斯外流资本的主要来源。为了使这笔钱用在远东乃至俄罗斯的创新产业发展上,就必须完善现有的法制体系,对税法、预算法、海关法、地下资源使用法进行修改,使其符合国际通用的标准。

俄罗斯科学院远东分院拥有巨大的科研潜力和创新潜力,俄罗斯在创新发展中如果对其加以利用,可以在未来10年内使远东地区的地区生产总值提高1/3,使全俄罗斯的国民生产总值提高15%—20%。根据远东分院主席团的资料,以下的项目属于优先发展项目,并且已经开始实施。如:催化剂和燃料物质;生物技术和生物制药生产;电波技术;激光技术;电力能源;信息技术和产品。在研的项目包括:新材料;晶体制造;环境保护;量子信息技术;采矿和建设工作所需的机械和工艺;北方地区所需的材料和专门技术。

我们在衡量创新活动能达到什么样的效益时,通常使用以下概念。

创新方案的商业效益,主要是指方案研制和实施工作的直接参与者所在的联邦主体在收入、利润、产品销售、投资规模等方面的指数都出现了上升的趋势。

创新方案的国民经济效益,是指与方案实施有关的国民生产总值、地区生产总值、各级预算收入和其他相关的社会生活指数都出现上升的趋势。

方案的经济潜力,是指在更有利的发展条件下,方案能否达到更高的社会经济效益。

还有一个问题是如何建立一个对创新活动进行帮助的信息援助体系。我们认为,应该建立一个网络创新实体,这一实体也应该与俄罗斯和国际上促进创新活动开展的所有体系进行信息交流。这样就可能实现创新资源的及时共享,推进创新进程。

第三节　远东地区创新发展的路径解析

一、集群生产是远东地区创新发展的基本趋势

远东地区的技术政策和创新政策未来的发展趋势是,不再集中于某个孤立的企业或组织,而是作用于企业集群。目前正在开展的工作包括:加快集团公司和集团网络的建立,明晰知识产权章程的建立;发展能加快技术与产业对接的专门机构;消除行政壁垒,激励针对国有企业和私营企业而进行的研究和研制工作。

集群构想是远东地区经济发展中最吸引人的议题。集群,是指彼此独立的企业、科学机构(包括大学)、实现技术与生产的相互转化的中间机构与需求者之间形成的统一创新技术链条,它们能够共同创造附加价值。

集群结构既是地理空间上的组合,也是面向同一外部环境的所有信息的组合。集群结构中最重要的环节是,创新成果可以在整个链条中得到广泛运用,并且最终产品会通过统一物流窗口进入外部市场。这个结构可以实现运费的最小化。地区和行业集群能够保证所选取行业的新知识的积累,使知识和技术能够快速转化,为具有促进经济增长优势的研究提供技术平台,实现风险共担。

如果要评定一个地区创新活动发展的优先方面,最好的方法是对该地区已经形成的地区创新集群进行评估。创新集群是具有创新意识的经营主体在地理位置上的合理组合。各经营主体间具有相互促进、稳定协作的关系,它们共

同形成了一个在某个行业内部进行产品开发、产品生产和市场销售的稳定体系。统一的集群设施、统一的劳动力市场、为知识交流和支持新主张而提供的优越条件,可以使组成集群的公司和机构提高自身的竞争力。同时,新知识的产生、创新商业化进程的加快在很大程度上又决定了合作的效益和稳定。国家在产业集群建立过程中所实行的扶持政策能够保证其获得自身发展所需的预算外资金。①

此外,远东地区还要实现理论科学和应用科学机构间的直接对话,严格界定彼此的关系,设立开展合作的固定地点(如合作研究中心),在国家科研院所、高等院校和工业中心之间建立可链接的网页,整合力量开展统一的科研工作,并对科研成果进行有效利用。国有和私有部门之间建立伙伴关系也是非常重要的。几乎所有建立在伙伴关系基础上的公司都想以直接(资金)或间接(设备、人员、知识产权)的方式对国有或私有部门进行共同投资。投资的基本目标是为某一研究方案建立一个智库市场。而该研究方案能解决某一领域的关键问题,则是其吸引投资者的核心。

二、技术更新是激发企业创新的重要条件

在创新发展阶段对技术的广泛使用和引进是激发远东地区企业的创新潜力的重要条件。这个阶段的首要任务是企业开始有能力在引用技术的基础上进行产品的生产和组装。但是,远东企业对国外先进技术的使用还是远远不够的。2006 年,在远东地区所获得的 670 多项新工艺中,国外成果仅有 90 项,在所购买的 46 项专利技术或许可证技术中,国外占 4 项,在 120 名引进技术人员中来自远邻国家的仅有 2 人。

为了改变这一局面,远东地区采取了以下措施:对企业工程技术方面的管理人员进行培训;广泛使用新工艺,完善了有利于其发展的基础设施,特别是建立了有利于新工艺推广的工艺中心;设立技术合作网络,以实现工艺、信息中心和工艺实验工作的协调一致。

---

① 葛新蓉. 俄罗斯远东地区创新发展的问题与路径分析[J]. 俄罗斯中亚东欧研究,2011(6).

三、技术园区是技术转化的孵化器

远东地区有 19 个技术园区。从某种意义上说，技术园区作为远东地区的商业孵化器，是一个安全的地区，保护位于这里的企业不受外部环境的影响。因此，企业都想在这里待更长的时间(国际通用的标准是 2—3 年，这里则可持续 10 年)。为了把科研成果推向市场，技术园区对扶持政策和章程也进行了明确规定：首先，明晰了国家在风险投资形成和作用体系中的参与机制问题，由于技术型小公司的发展阶段不同，风险投资也面临着不同的问题；其次，为技术型小公司在建立和发展阶段提供税收减免政策和其他优惠政策；再次，对于一些成立时间不长的技术型小公司，为其成立专门的交易场所；最后，提高技术型小公司的地位，同时加大国家基金和跨国集团基金的扶持力度。

四、国际合作是创新发展的助力器

在一个容量巨大的市场中，技术转化会产生很大的效益，因为在这个市场中，创新技术可以在短时期内产生暂时的垄断效应。如果创新产品的研制者和生产者在地区分布上比较分散，那么市场容量和垄断效益这两个条件就很难实现。由于人口密度低，市场容量相对较小，远东地区的创新生产者面临的问题更复杂。而这一地区拥有的最大优势就是邻近快速发展的亚太市场和东北亚市场。因此，对于俄罗斯来说，把最新的工艺技术和有竞争力的产品打入这两个市场，是发展创新工业的重要战略任务。

俄罗斯在远东地区实施创新政策的形式之一是建立与亚太国家开展合作的地区科研合作中心。中心建立在符拉迪沃斯托克市，合作伙伴主要是亚太经合组织成员。中心的首要任务是把远东的技术转化中心发展成一个统一的网络体系。第一，这可以在一个统一的框架内把各技术代理机构联合起来。第二，通过对市场的分析对技术转化进程进行管理。第三，建立制度机制，对创新技术的转化进行管理，特别是要建立一个金融机制。第四，保证俄罗斯所有的创新生产领域都能进入有发展前景的亚太市场和东北亚市场。

此外，远东地区计划建立一个工艺转换中心。该中心的主要任务包括：使知识产权进入经营流通环节；建立和发展资料信息中心；对开展创新活动的联邦主体在创新研发和推广等方面提供帮助；培养科技创新经营领域的人才。这是一个技术转化的服务中心,它可能对竞争力强的工艺和研制技术进行判断和筛选,组织技术拍卖,进行专利和营销研究,为研究工作筹集资金。

第四节　跨越发展:俄罗斯远东地区的新举措

跨越发展、创新经济、技术革新、经济现代化和其他完善俄罗斯经济社会体系或地区发展体系等问题,备受学者和国家管理者的关注。远东地区是俄罗斯与亚太地区实现经济一体化的前沿地带,发展远东地区的经济是俄罗斯实现政治、经济强国目标的重要内容。从平衡东西部发展和维护国家经济安全的角度来考虑,远东地区的发展也一直居于国家战略的高度。普京在 2013 年的国情咨文中指出,发展远东地区是俄罗斯 21 世纪的优先方向,应在远东地区建立跨越发展区。梅德韦杰夫在 2014 年 2 月的远东发展会议上也指出,要在远东地区设立跨越发展区,加强基础设施建设,营造良好的投资环境,提高远东地区的竞争力。

一、远东地区创新政策的基本走向

俄罗斯政府历来十分重视远东地区的发展,普京在向联邦会议发表国情咨文时多次指出,发展西伯利亚和远东地区是俄罗斯 21 世纪的优先方向。俄罗斯政府确定了远东新的发展模式,在远东与亚太国家实现一体化的基础上,建立有利的投资环境,提高企业的积极性,综合发展远东。

(一)政府举措不断出台

2014 年以来,远东出台了越来越多的有关加快发展的方案和措施,为远东和贝加尔地区经济和社会发展纲要的实施提供了切实的保障。这也符合俄罗斯总统提出的将远东发展作为俄罗斯 21 世纪优先任务之一的要求。为了推动远东发展,除了提供预算投资以外,俄罗斯还会为私人投资创造更加有利的条件。

2014 年,俄罗斯总理梅德韦杰夫在远东发展会议上提出,要在远东地区设立经济发展特区,加强基础设施建设,营造良好的氛围。梅德韦杰夫认为,发展远东需要赋予远东发展部更多的权力。他指出,过去许多与远东发展有关的决议都没能落实,这有地理和时差的原因,也有各部委协调机制的原因。梅德韦杰夫表示，既然成立了单独的部门，就应当赋予其权力。

2014 年，在远东建立跨越发展区总统决议的框架下，经远东发展部制定、国家杜马通过、联邦委员会批准后，普京签署了《远东社会经济发展区及其他国家支持措施联邦法》，签署了《鉴于 < 俄联邦超前社会经济发展区法 > 通过，俄联邦税法典第二部分变动法》。按照上述法律，在投资项目实施的前 10 年，保险费率降为 7.6%，企业利润税、财产税、土地税 5 年免税，对项目投资者简化并加快补偿增值税和矿产开采税。

就跨越发展区的投资问题，远东发展部与 300 多家公司展开洽谈，与中国、日本、韩国、新加坡、新西兰等国家的多家计划投资跨越发展区的大型公司签署了备忘录。远东地方政府还组织相关人员对远东各地进行现场审核，论证了 400 多家跨越发展区潜在平台，同时考虑了远东地区在物流、基础设施、人力资源等方面存在的不足，形成了 14 个跨越发展区改进的初步清单。2014 年，远东地方权力机关审核了地区准备实施的 380 多个投资项目。远东挑选投资项目的方法获得了俄罗斯政府批准，国家为了进一步支持远东地区，建立了专门的分委会，远东发展部全权负责这项工作。按此发展，远东实施的大项目，如东方发射站的建设和投入运行，世界最大的天然气管道“西伯利亚力量”的建设与启动，以及运输大动脉——贝阿铁路和西伯利亚铁路的改造工程等，会为该地区的发展带来根本影响。

在新一轮远东发展方案中，俄罗斯计划成立国有远东股份公司等地区机构，其中远东股份公司的全部股权为国有资产性质，远东发展部以国家名义担任公司股权法定代表。成立远东股份公司旨在有效地推进远东地区具备特殊优惠条件的优先领域的发展，该领域的发展重点体现在非采掘业产品的优先出口方面。据悉，2020 年前远东地区发展所需资金为 3.3 万亿卢布，而成立该公司所需资金约为 690 亿卢布。此外，远东发展部早前建议远东外贝加尔发展基金股份公司（对外经济发展银行下属机构）自行将其 100% 的股权变更为国有资产。此外，俄罗斯还将成立一家非商业性质机构，以吸引投资与支持出口，该机构旨在为俄罗斯国内外投资者创造有利的投资环境，创造有效的信息交流环境，促进和带动俄罗斯在亚太地区的出口。主要任务是分析外国直接投资和俄罗斯投资市场的形势，创建地区特色品牌，组织地区展览、论坛，通过印刷、电子等传媒渠道宣传远东地区、投资事务咨询服务。从 2014 年起，俄罗斯地区发展部下设的国家投资委员会开始工作，该委员会已与新加坡、瑞士、德国、法国的国家投资委员会就参与俄罗斯地区发展部投资方案实施的可行性问题进行谈判。

（二）创新发展目标明确

要实现远东地区创新发展的目标，最重要的条件是制定统一的国家创新政策。远东地区创新政策的基础是以专项纲要的方式支持创新进程不同阶段的发展。其中，重要措施包括：降低国家对个人发明者征收的专利税；对科学研究中心、科学工业中心、技术园区、技术带和商业孵化器的建设提供资金帮助；对工业发展提供地方抵押业务；完善租赁和风险经营领域的制度法规；提供税收优惠和贷款。这可以保证加工行业的快速发展，保证国家支持力度的加大，保证地区创新体系的完善。

在国内外的著作中，创新政策这个术语有多种解释。我们认为，创新政策与投资和新技术的采用有着密切联系，也就是把新想法转化到最终产品中，在生产和推向市场时采用这些新想法。企业和科研机构是对创新最感兴趣的两方，并且，他们能够为此签订双边合同。在创新过程中，还有一个对制定方案和获得利润感兴趣的一方，即国家。在创新发展的这一阶段会产生创新规划。根据现行的俄罗斯法律，对规划进行投资的可以是企业，如果规划具有地区特点，部分资金还可以来自地方财政。规划如果是作为地区专项创新规划制定出来的，则还可以得到国家财政和创新投资基金会的支持。同时，科技成果的实施也要依靠创新进程的参与者，因为他们是新技术的创造者和需求者。

远东地区正在推行的主要的创新政策表现为以下几个方面：在融资领域、标准化进程领域、许可证协议签订领域实施符合国际标准的现代化法规；改善投资环境，吸引俄罗斯高技术商业精英对远东地区进行投资；提高流动资金的周转率，降低税收总体水平，对于正在实施的经济和信贷合同，应加强其法律基础，并规范其实施过程；调整生产规模，在税收和土地法规中，对企业的非生产用地和设备数额加以规范；建立企业的技术拍卖体系，对企业的技术开发和发展能力进行评估；通过完善企业破产的法律基础和具体实施办法，来扩大有经营能力的企业的经营范围，改善金融中介体系（发展银行体系和证券市场）。

远东地区应促进信息机构的发展，建立职业创新管理人机构。具体做法包括：建立商业服务市场，使企业通过网络始终能掌握与工作有关的信息；针对有创新积极性的企业，加快发展科学咨询和咨询服务体系；建立有国家参与和支持的法律咨询体系，为创新活动参与者提供服务；设立针对私营部门的服务市场，保证其管理方法和手段，以及创新方法和手段的顺利实施；建立专门机构，以推动新技术、新工艺的进一步研发。

现代经济形势是由一系列原则上较新的条件决定的。这些条件包括：减少经济增长中原料和能源因素的制约，转而依靠对二次原料的深加工工艺；人才培养成为人才积累的有效形式，最有效的投资是对人、对知识和对才能的投资，经济增长变成了高质量的经济增长。把知识转化为直接的生产资源，有利于构建新型的再生产模式，加快企业的生产进程和强化进程。远东地区在创新发展上采取的这些措施可以提高远东地区的创新能力，为发展新经济服务。

二、俄罗斯远东地区跨越发展的基本特征

（一）超速和竞争是俄罗斯远东地区跨越发展的双重属性

远东地区跨越发展的意义何在？跨越发展是一种快速的发展，是在遵循发展规律的前提下，用尽可能短的时间达到目标。跨越发展作为一种超常规的快速发展方式，是后工业化国家追赶先工业化发达国家的一种理想途径。远东地区的跨越发展具有双重意义。在理论研究和政府文件中，跨越更多地表现为类似经济社会体系之间发展态势的对比，这种现象在地区表现得更为明显。在这种情况下，跨越就是指比其他体系发展得更快，或者也可以指绕过其他联邦主体所经过的发展阶段，即超速发展。[①] 此外，跨越还具有竞争的特点。因此，跨越发展是在对地区经济社会发展前景预测的基础上提出新的发展目标，在与其他地区竞争的基础上确定最佳发展路径。据此，我们可以认为，俄罗斯远东地区的发展目标就是步入亚太地区前列。虽然目前远东地区主要的经济社会发展指标与先进国家相比有一定的差距，但该地区拥有足够的竞争潜力，可以在未来十几年的发展中产生后发优势。远东地区存在的另一个明显的问题是跨越发展在运动轨迹上不同于之前的发展，也就是说，远东地区正在跨越自身的惯性轨迹，改变了之前自发式的发展趋势，表现出对有别于其他地区的竞争优

① В. Идрисова, Л. Фрейнкман. Влияние федеральных трансфертов на фискальное поведение региональных властей[C]. Научные труды: ИЭПП, 2010.

势的展示,即最大限度地利用地区发展潜力和竞争优势来实现超越。我们可以认为,远东地区要着眼于国际和俄罗斯国内经济发展的大趋势,加快调整和优化经济结构,努力在新世纪的竞争中创造新优势,实现新突破。

(二)行政管理改革和政策扶持是俄罗斯远东地区跨越发展的内在动力

促进远东地区的经济发展、改善地区的社会生活、提高地区的吸引力是俄罗斯实现远东地区跨越发展的重要目标。远东地区要兼顾地区和行业的发展特点。远东地区应建立跨越发展区,形成原料开采中心和创新产业集群,在制度框架下有效地提高地区的投资吸引力。为此,国家要从财政、政策、法律等方面支持远东地区的发展。除了要有完备的基础设施,以及土地、税收等优惠政策,远东地区还应不断改进行政管理模式和管理体制,如:由专业的投资公司负责寻找投资者,并与投资者共同引进资金;由专门的机构负责制定投资项目、负责推进相关项目;由专业化的人才管理公司引进各种人才。

投资将是远东地区跨越发展的驱动器,是资源保障的主要因素。① 由于国内投资不足,俄罗斯必须为吸引外资创造良好的经济环境。在投资吸引力上,俄罗斯应该凭借原料资源优势来赢得竞争的胜利。在租赁协议的基础上实现大项目投资是目前最有效的机制,也是远东经济发展的主要任务,而政策优惠则是主要手段。远东地区跨越发展的主旨是借鉴亚太地区最好的经验,吸引投资商,并以此来激发远东地区的经济积极性,加快地区发展。

20 世纪 90 年代初,俄罗斯出现了设立特殊经济区的热潮,但这种制度本身并未达到预期效果。因此,俄罗斯应该吸取经验教训,继续探索新经验。远东地区跨越发展的重点是,在与亚太其他国家的竞争中保证远东地区的国际竞争力,以此开展商务活动,实施特殊政策,提高行政部门的工作效率。这样才会使远东地区获取更快的发展速度、更健康的法律法规、更便捷的海关流程,才会使远东地区获得高质量、现代化的发展条件。②

(三)传统工业技术创新是俄罗斯远东地区跨越发展的重要驱动力

跨越发展战略与传统工业发展过程中任何一个时期的赶超型战略不同。它突破了传统工业化道路中单纯追求速度、避免经济发展中的短期行为的发展模式,而追求一种速度与效率并重、当前发展与长远发展兼顾,以及经济和社

① 葛新蓉. 俄罗斯区域经济发展中的创新因素分析[J]. 西伯利亚研究, 2010,37(6).

② 葛新蓉. 俄罗斯区域经济发展中的创新因素分析[J]. 西伯利亚研究, 2010,37(6).

会、生态环境协调发展的模式。在这一过程中,技术创新的作用不容低估。从企业跨越发展的方向来看,提高技术水平是企业增强市场核心竞争力的重要途径。以技术创新为内在机制的发展模式是促进经济增长方式转变的有效途径。经济增长方式由粗放型向集约型转变,最核心的措施便是从发展战略到具体政策都高度重视技术创新,采用以技术创新作为内在机制的发展模式。远东地区的很多行业都具有良好的发展前景,如石油化学工业、渔业、林业、航空业、机械制造业、造船业、船舶修理业、汽车制造业、建材业、农业等。此外,矿物原料基地是这一地区的优势,目前的矿物原料基地主要建成于苏联时期。当前的任务是制定全面开发纲要,采用新工艺,使其成为经济增长的拉动力。远东地区大中型工业企业在技术创新活动中尚存在一些亟待解决的问题。这突出表现在产品创新力度不大、技术创新的直接成果不多、技术开发的投入不足、引进技术消化和吸收的力度不够等方面。为此,远东地区应建立健全企业的技术创新机制,真正使企业成为技术创新的主体。

当前,中俄全面战略协作伙伴关系已进入新的发展阶段,两国经贸合作水平不断提高,规模不断扩大。俄罗斯为了加快远东地区的发展,不断推出新的发展规划与战略,这为中俄区域经贸合作提供了广阔的前景。我国自贸区和俄罗斯跨越发展区等区域经济发展模式会使两国在更大的范围内配置资源、在更深的程度上扩大开放、在更宽的领域里融入区域经济一体化,为两国的发展带来了潜在的良机。

第七章　中俄区域经济合作的现实基础

众所周知，中俄两国有 4 000 多千米的边界线，这就决定了两国相邻地区（俄罗斯东部与中国东北）有频繁的交往与紧密的经济联系，在发展中俄政治和经济关系中发挥重要作用。历史表明，几个世纪以来，中俄关系的每个重大事件无不在俄罗斯远东与中国东北之间表现得最为明显。这两个地区之间的合作不仅成为两国边境地区经济与社会发展的主要推动力，而且在两国经贸合作中占有重要地位，对推动两国全面发展战略协作伙伴关系发挥着重要作用。

第一节　俄罗斯东部地区开发对中俄区域合作的启示

当前，中俄全面战略协作伙伴关系已进入新的发展阶段，两国经贸合作水平不断升级，规模不断扩大。中国实施的振兴东北老工业基地的战略与俄罗斯加快东部地区开发的战略已形成对接与互动。特别是俄罗斯为了加快远东地区的发展，不断推出远东地区的发展规划与战略，这为中俄边境地区经贸合作的开展提供了广阔的空间。在两国贸易发展中，沿边口岸地区的作用是难以替代的。特别是随着加工贸易产业转移步伐加快，沿海发达地区的资金、人才、技术、管理等要素加速向沿边地区流动，沿边地区能够更好地借助外力加快发展，在更大的范围内配置资源，在更深的程度上扩大开放，在更宽的领域里融入区域经济一体化。这些都给黑龙江省的改革开放带来了千载难逢的良机。

从俄罗斯方面来看，加强与中国的贸易合作，也将使两国的市场资源实现优化配置，从而加快俄罗斯经济与贸易“双转型”的进程。俄罗斯的资源开发、基础设施建设、加工制造业生产能力的提升和技术设备的现代化改进，尤其是实施西伯利亚地区的开发建设战略，需要大量地收进外部资金、技术设备和训练有素的劳务人员，需要中俄之间开展更加广泛和深入的投资合作、技术合作、劳务合作和贸易合作。

远东地区是俄罗斯与亚太地区实现经济一体化的最前沿的地带，其经济社会发展与亚太地区的经济形势密切相关。为了平衡东西部经济社会发展和维护国家整体的经济安全，俄罗斯决定实施东部地区大开发战略，中国应积极运筹以谋划与俄罗斯远东地区的长期深层次的经济贸易合作，切实推进两国东部宽领域、多元化的合作，以实现共同繁荣。在此时机下，如何有效地实现上述合作，以及实现两国投资便利化和贸易自由化，值得我们深入思考。

一、俄罗斯东部开发面临的新机遇

2007 年对于俄罗斯东部地区具有重要意义。在这一年，俄罗斯政府推出了大规模投资开发东部地区的计划，为远东和西伯利亚地区的发展提供了新的契机。

2007 年新年伊始，俄罗斯联邦地图上出现了一个新的地区，这是由克拉斯诺亚尔斯克边疆区、埃文基自治区和泰梅尔自治区合并而成的一个新的联邦主体。这个面积超过法国 4 倍有余的新地区被俄罗斯媒体视为拉动俄罗斯东部地区发展的“火车头”。2007 年 2 月 1 日，普京在年度记者招待会上再次强调俄罗斯东部大开发的重要性，要求大力开发西伯利亚等地的核能资源。2007 年 8 月，俄罗斯政府召开以远东和外贝加尔周边地区的发展规划为主题的会议。按照这个规划，俄罗斯联邦预算将分批向远东和外贝加尔地区拨款，以支持当地建设永久性基础设施。这个规划的目的是有效地改善远东和外贝加尔地区人口逐渐减少的状况，发展当地经济。

2014 年伊始，梅德韦杰夫就提出要借鉴中国经验，成立远东经济特区。俄罗斯政府指出，中国拥有数量众多的经济技术开发区、边境经济合作区、经济特区和自由贸易区等。这些地区为中国经济发展，特别是为出口、吸引外国投资做出了重要贡献。为此，俄罗斯应该赋予远东发展部更多的自主权，同时也需要更多部门相互配合。因此，俄罗斯有必要将部分职能机构迁至远东。梅德韦杰夫建议将一系列有国家参与的大型公司办公室搬迁到远东。俄罗斯国家能源安全基金会主席西蒙诺夫也建议，如果部委搬迁，首先应是联邦渔业署，因为它覆盖的业务主要在远东地区，其次就是转移农业发展项目。俄罗斯仅有几家大型国有能源企业在远东设有分支机构,对当地的经济贡献并不明显。同时,地方企业受制于规模小,难以大幅度拉动地区经济增长。专家称,愿意迁往远东的企业要么与地方达成有条件迁移的协议,要么在当地有密切的合作伙伴,否则政府很难说服企业放弃利润迁往远东。或许考虑到要求大型国有企业立即迁往远东有些不切实际,远东发展部提出建议,利用联邦预算成立一家远东开发公司,并建立旨在吸引外资、吸引私人资本和促进出口的非营利机构。

从目前来看,俄罗斯东部地区开发战略已十分清晰,形成了一整套体系。

一是经济补贴向东部地区倾斜,加大投资的力度。资金不足是东部地区经济发展缓慢的主要原因,为此,俄罗斯政府决定加大对这一地区的投资力度,在 2020 年前投入约 9 万亿卢布来开发东部地区。

二是加紧迁入外来移民。劳动力不足是东部地区经济发展的重要制约因素,俄罗斯政府已经制定和发布了一些吸引外来移民的方案。

三是开展强区战略,推动联邦主体的合并工作。联邦主体的合并工作正在按日程表进行,此举可以强化国家对地区的管理。

四是加强国家干预,以油气资源开发为中心带动东部地区的发展。石油天然气工业被俄罗斯政府视为发展外向型经济的重中之重。

五是以国际合作促进地区龙头产业的发展。

俄罗斯在大力推行“东部大开发”的过程中十分看重中国的参与,俄罗斯有关部门不断表达与中国在西伯利亚和远东合作开发的意愿。

2003 年,中国政府做出了振兴东北老工业基地的战略性决策,与此同时,俄罗斯政府将东部地区作为重点开发区域。中国东北老工业基地振兴战略与俄罗斯东部地区开发战略同步实施,这为两个毗邻地区经济的互动发展提供了难得的机遇,两地的经济合作进入了一个新的发展阶段。为了推动中国东北地区与俄罗斯东部地区的经济合作向更广、更深的方向发展,中俄两国必须实现合作方式的转型。这对双方发展全面经济合作关系具有重要意义。

双方具有技术合作的潜力。俄罗斯是国际公认的科技大国,西伯利亚与远东地区的科技实力也很雄厚,俄罗斯科学院西伯利亚分院是世界著名的科学城。东北地区是中国传统工业最集中的地区,也是获得苏联援建中国重大项目最多的地区。采用高新技术和先进适用技术改造传统产业,全面推进工业结构的改造与升级,是振兴东北老工业基地的重要任务。因此,借助俄罗斯雄厚的科技实力，加强与俄罗斯东部地区的科技合作，是振兴中国东北老工业基地，特别是加快提升产业层次和调整经济结构的最现实的战略选择。

在与俄罗斯东部地区开展合作时，中国东北地区应该准确定位与俄罗斯合作的战略结合点，特别是要推动科技领域的合作。从中俄双方合作的长远利益考虑，双方应加强科技领域的合作。俄罗斯东部地区在航天航空、生物技术、新材料、水资源、化工和军事等领域有较多的成果，有一些达到了世界领先水平。但是双方在上述领域合作的潜力未被挖掘出来。因此，中俄两国应不断完善双边合作项目的筛选机制，加强东北地区重点科研所与俄罗斯科学院西伯利亚分院和远东分院的合作与交流，加强重要领域和重大项目的合作，通过建立中俄科技合作基地和科研成果产业园来推动科技合作。

在与俄方进行合作时，我们要加强东北地区的内部联系。这是因为东北地区内部市场的区域联系比较薄弱，在与俄罗斯东部互动开发的过程中，东北地区内部容易形成竞争态势。因此，东北地区可以联合成一个类似于泛珠三角的经济增长区，营造一个平等互利的环境，推动对外经济的健康发展。

二、创新产业是俄罗斯东部地区实现经济增长的必然选择

当前，世界发达国家的经济发展都具有创新的特点。这些国家形成了一种新的科技氛围，这种氛围以提高经济增长速度为主要目标，而经济增长则主要依靠先进的科技成果（发达国家占60%—80%）。据此，俄罗斯一些经济学家认为，如果俄罗斯不使经济快速转入创新发展的道路，赶超世界发达国家就无从谈起。

对于俄罗斯来说，开辟创新道路是尤为迫切的。在当前的世界劳动分工中，俄罗斯更多的是作为原料供应者。东部地区在俄罗斯的地位和俄罗斯在世界的地位类似。如果说开辟创新道路在俄罗斯是一个迫切问题，那么它对于东部地区来说更为迫切。

根据西伯利亚战略研究中心的资料，在俄罗斯的经济结构中高技术生产所占的比重仅为1%左右，在东部地区的经济结构中这一数字更低。而美国的这一数字则为22%。

根据俄罗斯科学院西伯利亚分院主席团对外公布的资料，俄罗斯科学院西伯利亚分院和远东分院拥有巨大的科研潜力和创新潜力，俄罗斯在创新发展中

如果对其加以利用,可以在未来10年内使西伯利亚地区的地区总产值提高1/3,使全俄罗斯的国民生产总值提高15%—20%。催化剂、燃料物质、生物技术、生物制药生产、电波技术、激光技术、电力能源、信息技术和产品等项目属于优先发展项目。在研的项目包括新材料、晶体制造、环境保护、量子信息技术、矿山开采所需的机械和工艺,以及北方地区所需的耐寒材料和专门技术等。

三、产业集群战略与中国东北老工业基地振兴

随着经济日益全球化与知识经济的蓬勃发展,中国进一步加入世界经济发展中,参与国际分工,分享成果,并更快地感受到国际产业发展的各种新趋势与新变化。从发展机遇来看,中国经济增长的潜力巨大,产业发展的空间很大。未来,中国将更深入地参与国际分工,有更多的机会集聚全球的资源、人才、资金和信息,从而加快发展新兴产业、改造传统产业、构建面向未来的现代化产业体系。

(一)东北地区各省之间的互补优势与内在经济联系

从自然资源的情况来看,东北三省有其独特的优势和劣势,这种资源分布状况构成了各省经济发展的特色,同时也为各省的资源互补奠定了基础。东北三省的重工业比重大,重工业城市多,工业门类齐全。东北三省是我国主要的工业和原料基地,许多工业产品在全国占有较大的比重。但各省有自己的产业优势。各省以自己的优势来发展经济,并与其他省区有密切的联系,形成了多条产业链和多个工业体系,如以鞍钢为主体的钢铁工业体系、以大庆油田为主体的石化工业体系、以一汽集团为主体的汽车工业体系、以吉黑农副产品加工为主体的食品工业体系、以哈药为中心的黑龙江省医药工业体系。①

随着我国改革开放的不断深化,一批新的工业基地迅速崛起,原有的工业结构发生了一定的变化。但东北老工业基地仍具有良好的产业基础。此外,东北地区自然资源丰富,生态环境好,科教优势明显。东北地区积累了大工业生产的丰富经验,培养了一大批训练有素的高素质技术人员和产业工人。从总体上看,东北地区的人才和技术优势具有以下特点:一是以中心城市为依托,集中

---

① 赵玉红,王广林.东北经济区经济内在联系与合作开发的战略构想[J].黑龙江社会科学,2003(2).

了各类科研院所、大专院校，形成了具有不同特点的教学、科研、开发、咨询、信息中心和枢纽；二是科研布局各具特色，辽宁省在金属、机械、石油、化工、农林、新型材料、计算机硬件等方面具有优势，吉林省在基础化学、量子化学、运输机械、光电子技术等方面具有优势，黑龙江省则在石化、有色金属、农林、生物工程等技术应用方面有较好的基础。三省各有自己的优势，共同形成了东北地区科学技术研究的核心。

（二）振兴东北老工业基地的重要方式是实施产业集群发展战略

东北老工业基地具备实施产业集群战略、形成我国重要的制造业基地的良好基础。具体来说，东北地区自然资源丰富、区位条件优越、科研基础雄厚、人力资源充足等条件为产业集群发展提供了一定的生产要素。东北老工业基地中现有的众多的大型制造业企业是发展制造业集群的坚实基础。“振兴东北老工业基地”的提出，为发展“东北制造”提供了绝佳良机。在党中央、国务院“振兴东北老工业基地”的政策鼓舞下，“摆脱困境、重振东北雄风”已成为东北三省各级政府的庄重宣言，这是东北老工业基地发展产业集群的重要的组织资源。①

那么，东北老工业基地发展产业集群的具体方式又如何呢？根据东北老工业基地中各地不同的产业基础、企业状况与地域情况，选定各自具有一定优势的制造业作为主导产业，通过政府引导带动自发形成的方式，结合国有企业改制、工业园区调整、老工业区搬迁、招商引资等方式，围绕主导产业，将一些相同、相关与相近的企业逐步集中到某一特定区域内，加以一定的政策扶持，快速培育与发展出一些具有竞争优势的制造业，使东北地区成为我国又一个重要的制造业基地，从而最终实现党中央、国务院所提出的“振兴东北老工业基地”的战略构想。

东北地区在推进东北老工业基地区域经济一体化的进程中面临许多瓶颈。这些瓶颈主要表现在以下几个方面：地方保护主义阻隔了经济一体化的深入发展；东北三省地方政府的组织管理行为存在地方利益导向问题；各地政府重复投资导致产业结构趋同；由于缺少共同的认可标准，东北三省在政策上存在差异。这些都需要我们去认真对待并努力克服。

---

① 郭廷建.关于东北老工业基地区域经济一体化的战略构想[J].党政干部学刊，2004(8).

四、中俄开展产业集群合作的基础

区域经济发展的基本模式有两种:一是利用区域内资源的模式,即利用区域优势和本地资源优势,通过引进资金、技术等方法来快速发展区域经济;二是整合资源的模式,即使区域外的资源为我利用,建立具有根植性的产业,从而形成独特的区域竞争优势,使区域经济实现可持续发展,产业集群就是此种区域经济发展模式的重要代表。产业集群发展模式受区域条件限制小,具有较高的生产效率,能够与本地资源、文化很好地结合起来,并能够为区域经济创造持续的竞争优势。它已成为区域经济发展的一个重要方向。

中国具有发展产业集群的基础。东北工业群块包括黑龙江、吉林和辽宁三省。我国在这里形成了重工业基地,加强黑龙江东部、沈阳周围的煤炭开发,稳定大庆、辽河的油田开发,加强与俄罗斯等国的边境贸易,大力改善老工业区的机器设备,加速机械工业的技术改造,进一步发挥全国性重工业基地的作用,势必促进东三省的发展。①

俄罗斯方面也有发展产业集群的迫切愿望。俄罗斯高新技术产业发展的重要方向是科研和实验技术作业,把研究成果运用到现实经济生活中,出口高新技术产品。中国是俄罗斯深加工产品和技术产品的最具发展潜力的市场。

中国高新技术产业关注的主要是在生物技术、信息技术、医学和医药生产领域所取得的成果。

在医药领域合作最具实力的是布里亚特共和国,那里有中医学中心和布里亚特国立大学医学系,它们已经与蒙古和中国内蒙古的同行建立了稳定的联系。中国对建立国际医药科研教育中心的项目非常关注,因为利用这一平台可以促使中西医结合技术更加协调。对于西伯利亚和远东地区的农业食品部门来说,小型和超小型农业种植和农产品加工技术设备特别重要。

五、技术贸易是中俄区域合作的最佳选择

俄罗斯东部地区的开发与中国东北地区振兴为中俄区域经济合作提供了一个新机遇。普京曾多次强调要发展创新经济,加强高新技术产业的合作,促

① 吴钰.论中国区域产业结构的调整[J].科学管理研究,1998,16(2).

进产业结构的升级转换。发展科技产业成为俄罗斯经济发展的主流趋势。依托俄罗斯东部地区和我国东北地区雄厚的科技实力，以及多年形成的工业基础和资源潜力，两地可以开展技术领域的合作，共同发展以高新技术为引导的新兴产业。

随着国际产业由资源密集型和劳动密集型向技术与知识密集型的转移，世界进入知识经济时代。在知识经济时代，国际产业转移的深度、广度、模式等都会受到知识这个新的经济增长源的影响，信息产业成为知识经济的基础，具有高附加值的高新技术产业群成为知识经济的核心，具有高素质并能运用高科技手段处理信息的各类人才队伍建设成为知识经济发展的关键。由此可见，知识经济促进了人与自然协调发展，以知识、智力资源等无形资产的投入为主，以知识决策为导向，是一种新型经济形态。在这种新型经济形态的支配下，国家战略重点区域逐步由资源主导型战略重点区域、市场（资本）区位主导型战略重点区域、复合主导型战略重点区域向技术主导型和知识主导型战略重点区域转变。知识与技术主导型战略重点区域成为未来最具发展活力的战略重点区域，技术创新与知识创新成为战略重点区域发展的重要因素。正如一位学者所说的那样，谁掌握了知识，谁就掌握了经济增长源，掌握了经济发展的主动权，谁就能够主宰国家战略重点区域的发展和整个国家的全面发展。这种情况已被西方发达国家的战略重点区域转移置换的成功案例证实。如美国加利福尼亚地区作为一个新的战略重点区域，就将微电子工业、航空航天工业等高新技术产业作为战略重点产业；德国以慕尼黑为中心的南部战略重点区域将微电子工业等知识与技术密集型产业作为战略重点产业；日本北九州地区、美国波士顿地区依托高新技术产业再次崛起。新兴战略重点区域都将知识与技术密集型产业作为今后发展的主攻方向。

俄罗斯联邦政府于2000年1月20日批准的俄罗斯联邦国际科技合作领域的国家政策文件，对俄罗斯开展国际科技合作的方向做出了规定。其中指出，与印度和中国在基础研究和应用研究方面开展合作。俄罗斯在现有的科研中心的基础上建立了国际科学技术组织，以吸引新型工业国家的物质资源和资金资源，为这些国家培养科技人才。

俄罗斯在国际创新技术合作中的主要任务是，在充分借鉴国外经验和先进技术的同时发展本国的工业，从而使科技集约型产品进入国际市场。由于资金有限,俄罗斯有选择地采用加入世界创新技术空间的战略模式。俄罗斯在这一问题上的政策是,建立公平竞争的环境,吸引国外企业和投资商进入俄罗斯,共同推动俄罗斯民用技术进入世界技术市场和科技集约型产品市场。

梯度转移理论向我们揭示,资本、技术、产业等经济要素分阶段地从高梯度地区向低梯度地区转移,在区域经济发展中,谁顺应了世界经济技术转移的这一规律,谁就把握了经济发展的脉搏。俄罗斯需要通过国际合作来发展其创新经济,这当然离不开与中国的合作,特别是与中国东北地区的合作。我们可以抓住这一机会,推进老工业基地的调整改造和产业转型,进而促进经济的跨越式发展。

第二节　建立中俄自由贸易区对两国区域经济合作的效应分析

一、黑龙江省建立中俄自由贸易区的历史背景

在中俄关系中发展最为迅速的是经贸关系,中国是俄罗斯重要的贸易伙伴。而黑龙江省地处中俄毗邻地带,对俄贸易和对俄投资分别占两国相应比重的1/4和1/3。黑龙江省早已成为中国对俄贸易第一大省和对俄投资第一大省。2014年,黑龙江省进一步推动以俄罗斯为重点的对外经贸合作。在合作模式上如何寻求突破是我们迫切要解决的问题。中俄两国开展边境贸易合作经历了建立互市贸易区、建立一区跨两国的商贸区、在俄罗斯设立工业园区等发展阶段。建立中俄自由贸易区可以把两国贸易提升到一个新高度。

(一)自由贸易区是新时期国际区域一体化主要的组织形式

自由贸易区(FTA,Free Trade Area)通常指两个以上的国家或地区,通过签订自由贸易协定,相互取消绝大部分货物的关税和非关税壁垒,取消绝大多数服务部门的市场准入限制,开放投资,从而促进商品、服务、资本、技术、人员等生产要素的自由流动,实现优势互补,促进共同发展。有时,它也用来形容一国国内一个或多个消除了关税和贸易配额、对经济的行政干预较小的区域。

20世纪90年代以来,伴随着经济全球化的大趋势,区域经济一体化也在快速发展。中国－东盟自由贸易区、亚太经合组织、中日韩自由贸易区、环太平洋

协作组织等地区性组织均对我国经济产生了影响。专家预测,未来 10 年将是自由贸易区大发展的时期,主要经济大国都会成为区域经济合作的急先锋。

在区域经济一体化的热潮中,中国逐渐开始活跃。中国在参与多边贸易活动、融入世界经济的同时,日益重视区域经济合作。

由我国倡议的中国 - 东盟自由贸易区于 2010 年建立。我国已经和智利、巴基斯坦等国签署了自由贸易协定。与此同时,上海合作组织成员国同意将该组织的合作范围从政治与安全领域扩展到经济领域。我国参与更多区域合作的备选方案处在研究和谈判阶段:我国与澳大利亚、新西兰、新加坡、冰岛等国家就建立自由贸易区分别进行了谈判;2001 年以来,中、日、韩三国研究机构就加强三方经济与贸易合作进行了联合研究;我国和印度关于建立自由贸易区的可行性研究也在进行。

我国以区域经济合作为突破口,以建立自由贸易区为主要形式,在对外开放中谋求更大的主动权。

(二)我国边境地区双边贸易发展的大趋势是建立自由贸易区

改革开放以来,我国结合自身国情,走出了一条保税区、出口加工区、保税物流园区、保税港区、综合保税区不断深化改革、扩大开放的转型升级之路。设立与国际惯例接轨的自由贸易区,是我国顺应经济全球化、参与国际竞争、提高全球资源配置能力的必然选择,也是我国保税区转型升级的基本路径之一。建立自由贸易区、探索一条新的贸易路径,对于稳定外贸、提升外贸水平,以及应对人民币升值、贸易成本上升、国别竞争加剧、贸易摩擦升级等不利因素给出口贸易带来的负面影响具有重要意义,同时,对于增加进口、扩大内需、提高中国在大宗商品上的话语权和定价权,以及提高国际资源配置能力也具有重要意义。设立自由贸易区也能提高我国对外开放和对外贸易的水平。

2013 年 9 月,随着上海自由贸易区正式挂牌成立,我国各地出现了申办自贸区的热潮。我国自由贸易区中具有地域特点的典型案例有以下几个。

1. 上海自由贸易区

中国(上海)自由贸易试验区[China (Shanghai) Pilot Free Trade Zone],简称上海自由贸易区或上海自贸区,是设立在上海市的一个自由贸易区,也是中国大陆境内第一个自由贸易区。2013 年 8 月,国务院正式批准设立中国(上海)自由贸易试验区。该试验区在成立时以上海外高桥保税区为核心,辅之以机场保税区和洋山保税港区，成为中国经济新的试验田，实行政府职能转变等多项改革措施，并大力推动上海市转口、离岸业务的发展。2013 年 9 月 29 日，上海自由贸易区正式挂牌成立。

上海自由贸易区具有国际性和双边性，上海自由贸易区侧重于金融改革。上海自由贸易区深化了国际贸易结算中心试点运行工作，全面提高了融资租赁功能，以期货保税交割功能促进了大宗商品产业集聚，扩大了保税船舶登记试点的规模，推动了机场区港一体化的发展，做大了洋山保税港区国际中转集拼业务，全面推进了亚太营运商计划，探索了“前店后库”联动模式，试点了全球维修检测业务，建立了具有离岸特点的国际账户。

2. 粤港澳自由贸易区

这是粤港澳三大地区强强联合打造的自由贸易区。与立足于上海国际金融中心的上海自由贸易区不同，粤港澳自由贸易区更多地侧重于对外，着眼于广东省与香港、澳门两地的经济联系，更加侧重于珠三角地区的经济整合。与上海自由贸易区不同，粤港澳自由贸易区分布在多个城市，辐射范围更广。粤港澳自由贸易区能够起到整合珠三角城市群的作用。

粤港澳自由贸易区更像是三大经济发达地区的强强联合，能够实现优势互补。因此，粤港澳自由贸易区不是上海自由贸易区的延续，而是完全不同的试点。

3. 中国 – 哈萨克斯坦、中国 – 东盟边境合作不断推进

中哈霍尔果斯国际边境合作中心是建立在中国和哈萨克斯坦两国霍尔果斯口岸的跨境经济贸易区和区域合作项目，是中国与其他国家建立的首个国际边境合作中心，也是上海合作组织框架下区域合作的示范区。中哈霍尔果斯国际边境合作中心建立在中哈国界线两侧毗邻接壤区域，中心实行封闭式管理。其主要功能是贸易洽谈、商品展示、商品销售、仓储运输、商业服务、金融服务、举办各类区域性国际经贸洽谈会等。

中国 – 东盟自由贸易区是中国与东盟 10 国组建的自由贸易区。2010 年 1 月 1 日贸易区正式全面启动。该自贸区建成后，东盟和中国的贸易占到世界贸易的 13%。该自贸区成为一个涵盖 11 个国家、19 亿人口的巨大经济体，是目前世界上人口最多的自贸区，也是发展中国家之间最大的自贸区。中国 – 东盟自由贸易区的建立，对中国与东盟都有着积极的意义，有利于进一步促进中国

和东盟的经济发展，扩大双方的贸易和投资规模，促进区域市场的发展，创造更多的财富，提高该地区整体的竞争能力，为区域内各国人民谋求福利。与此同时，中国－东盟自由贸易区的建立，有利于推进东盟经济一体化进程，对世界经济增长也有积极作用。

中俄作为两个相邻的大国，确立了中俄全面战略协作伙伴关系，在政治上高度互信，经贸往来越来越频繁。在经济全球化和区域经济一体化的大趋势下，双方不能不考虑建立更紧密的经贸关系，在投资和贸易上做出制度性安排。在这一点上，中俄双方也早已表明了态度。2011 年 10 月，中俄两国总理在会晤时提出了发展双边贸易的战略目标：到 2015 年两国贸易额实现 1 000 亿美元，到 2020 年两国贸易额实现 2 000 亿美元。这是一个令人振奋的中俄经贸合作目标。对于如何实现这一目标，我们认为实现中俄贸易规模的扩大和战略的升级是首选，最佳路径是实现中俄贸易自由化和投资便利化。影响中俄贸易增长的因素有很多，诸如灰色清关、进出口配额和关税壁垒等。要想清除这些障碍，中俄两国可以通过建立中俄自由贸易区来解决。此举可以促使各类投资性商品、技术设备、人员和资本等在两国之间自由流动，扩大和加速中国对俄罗斯制造业和资源加工业的投资。这不仅会大大改变中国的出口结构，也会改善和优化俄罗斯的产业结构。

（三）黑龙江省建立中俄自由贸易区的背景

中俄自由贸易区的设立符合中俄贸易的现实特点，顺应发展趋势的要求。建立中俄自由贸易区是中俄双方共同的客观需要。中俄两国也具备了建立中俄自由贸易区的基本条件。一是中俄全面战略协作伙伴关系达到了历史上的最好水平，这为建立中俄自由贸易区提供了相互信任、有效协调和进行更加深入的经贸合作的大环境和大平台。二是中俄两国经过 30 多年的贸易与经济技术合作，已经形成了良好的经贸合作基础，双方更加了解，对存在的问题和解决的思路更加清晰。在此基础上，中俄自由贸易谈判水到渠成。三是在中俄边境两侧地区，已经建立起了各种类型的具有封闭型自由贸易区性质的贸易综合体，这为中俄建立自由贸易区奠定了坚实的基础，提供了前期准备。

黑龙江省推进自由贸易区战略靠什么？打什么牌？我们认为，以下几点可以考虑：一是资源牌，区位条件和历史基础是自由贸易区建立的资源牌；二是地缘牌，如黑龙江省所处的地理位置、陆路运输条件等；三是历史牌，中俄贸易最初表现为边境贸易,两地在商品流通、人文、生活习俗等方面的交流由来已久。这为两地合作奠定了人文基础。

二、黑龙江省建立中俄自由贸易区的总体定位

(一)黑龙江省建立中俄自由贸易区的基本构想

我们认为,以国际物流仓储运输带动加工制造为主体,以拓展现代服务贸易为外延,是对俄自由贸易区的基本功能定位。中俄自由贸易区在构想上宜采取以物流仓储为主、以保税加工为辅、以保税服务为后发的综合模式。

1. 国际物流通道是黑龙江省自由贸易区建立的优先方向

我国沿边开放战略当中的一个很重要的问题就是通道建设,而对于黑龙江省来说,通道不顺畅就会成为中俄贸易快速发展的瓶颈。在推动对俄贸易创新发展与转型升级的过程中,作为中国对俄贸易的桥头堡,黑龙江省在2014年的政府工作报告中首次提出"打造满哈绥欧国际大通道,实现跨境陆海联运"的"大通道"构想。中俄边境地区的港口、铁路线早已存在,关键是如何通过建设和改造来提高其"跨境陆海联运"的效率,以及实现陆海转运的畅通、便捷和高效。这是打造这一亚欧大通道的主旨。

满哈绥欧国际大通道是黑龙江省提出的新概念。黑龙江是个边境大省,对外贸易以对俄贸易为主线。而此前,黑龙江对俄贸易就立足于打造和利用两条主通道,滨洲线和滨绥线这两条铁路线就是欧亚大陆桥的主干线。滨洲线是指从哈尔滨至满洲里,经满洲里到俄罗斯腹地圣彼得堡和莫斯科,乃至到欧洲的一条铁路线,这是跨越欧亚的一条陆路通道。滨绥线从我国哈尔滨经绥芬河,然后利用俄罗斯的远东港口符拉迪沃斯托克港、纳霍德卡港、东方港出海到日本、韩国,也可以到达美国的西海岸,这是一条跨境的陆海联运通道。

随着对俄贸易的快速发展和转型升级,以及国家沿边开放战略的提出,对于黑龙江省来说,着力打造、拓宽、理顺跨境的贸易通道便显得尤为迫切。

通道建设不仅仅是中方单方面的动作,中俄全面战略协作伙伴关系确立之后,通道建设也得到俄方的呼应。中俄全面战略协作伙伴关系确立之后,政治经济互动频繁,而经济合作的发展必须有交通运输做保障,只有建设大的通道,才能拉动大的物流。2012年9月在符拉迪沃斯托克APEC峰会上,在俄罗斯方面的议题当中,第一个就是关于建立可靠的物流通道和运输体系的问题。

这进一步提高了这一亚欧国际运输大通道的功能。中俄双方建立边境地区物流发展协调机制，进一步加快边境口岸和物流基础设施的建设，加强物流管理和技术交流，加快边境口岸物流信息化建设。中俄两国的物流合作在基础设施、政策、管理等方面还有待于进一步“对接”。

2. 大力发展加工业是黑龙江省自由贸易区建立的后发动力

在开放条件下，中俄沿边口岸的市场经济机制使边境地区原始的互通有无、调剂余缺的经济交往形式向实现资本增值的大规模边境贸易的形式发展。这些因素在推动地区经济增长的同时，也在客观上增加了扩大贸易规模、规范贸易方式、改善贸易手段的要求，从而使边境贸易方式向规范、严密、便利的国际贸易方式过渡。边境贸易的管理系统日趋成熟，这为经济贸易的发展和自由贸易区的建立奠定了基础。

在此基础上，我们可根据产业特点、区位优势形成有特色的加工贸易集群。利用资源形成的出口产业体系，使这一地区在产业发展中形成的比较优势得以发挥，并能伴随着边境贸易的发展而得到强化和更新。经过综合考量，我们认为以下几点值得注意。一是改善促进加工贸易发展的制度环境。二是明确产业发展方向，集中优势力量发展特色行业，建立特色加工贸易型产业集群。三是鼓励与跨国公司开展配套合作，学习国外经验。四是提高加工贸易料件的国产化率，大力支持国内企业对原材料和中间投资品的生产技术进行改造，提高产品质量，基本实现加工贸易所需要的原材料和中间投资品的本地化生产，从而降低企业的生产成本，提高企业的市场竞争力。

3. 中心城市的辐射作用是黑龙江省自由贸易区建立的内在源泉

当前，城市已经成为区域经济发展的龙头，其发展影响着整个区域的发展，城市在区域经济的发展中有着重要的作用。

城市吸收、聚合各类生产要素，在经济活动中能够实现商品和要素的集聚与扩散，是区域内资金、商品、技术、人才和信息的中心，是区域经济的产业聚集点。中心城市具有雄厚的产业基础，聚集了许多优势行业和大量的具有较强的竞争力的企业，其总体经济实力明显强于周边其他地区。中心城市能够较快地开发出新的产品和新的技术。这不但提高了该区域整体经济的竞争力，也增加了区域内部的经济收入，能够带来巨大的集聚效益和巨大的商业机会。同时，城市的基础设施完备，金融、商贸、运输和中介等服务机构配套完善，综合服务功能极强。中心城市对周边地区产生很强的辐射力,通过这种特有的极化与扩散效应,带动区域的发展。中心城市各方面的建设与发展均快于或优于其所辐射的区域,中心城市起着导向与示范作用。①

黑龙江省以主要城市为中心已基本打造出5个对俄出口加工基地。一是哈尔滨市对俄出口加工基地。黑龙江省依托哈尔滨开发区和东北亚经贸科技合作区较好的基础条件,在哈尔滨开发区平房工业区和东北亚经贸科技合作区内建设对俄出口加工基地。该基地重点发展食品、服装、制药、木器、电子等产业群体,带动了哈尔滨和周边地区对俄出口加工业的发展。二是牡丹江市对俄出口加工基地。黑龙江省依托牡丹江市的轻纺工业基础和绥芬河市、东宁市的口岸优势,在牡丹江市建设对俄出口加工基地。该基地重点发展以服装鞋帽、家用电器、轻工日用品、建筑装饰材料、食品加工、木材综合加工为主的出口加工业。三是绥芬河市对俄出口加工基地。俄罗斯筹建波格拉尼奇内－绥芬河工业园区,工业园区内建设木材加工集中区、机电产品组装区、轻纺产品加工集中区等。绥芬河建设轻纺产品对俄出口加工区和电子产品散件加工区。四是东宁市对俄出口加工基地。该基地重点发展以木材加工、食品加工、制鞋工业为主的出口加工业。五是黑河市对俄出口加工基地。该基地重点发展以食品、服装、建材、木制品、基础原材料为主的出口加工业。

我们的自由贸易区建设可以以这些中心城市为中心,发挥其辐射作用。中心城市凭借各种优势,产生规模聚集效益,提高城市经济效率,成为带动区域经济发展的龙头,发挥扩散功能,带动周边经济的发展。固定资本、人才资源、技术、信息、产业等向周边乃至全区域的辐射,可以带动整个区域整体经济的发展。

(二)黑龙江省建立中俄自由贸易区的基本原则

第一,在行政管理上要强化政府的服务功能。政府应该认真总结中俄贸易的经验,进行认真的整改,参照国际规范,为各贸易主体开拓良好的外部市场。当前,政府特别要在金融、银行、海关、运输、法律等领域,为双方贸易主体进入对方市场提供高效、便利的服务。

第二,在空间布局上考虑在符合条件的国家级重要口岸建立自由贸易区,

① 葛新蓉.关于黑龙江省建立中俄自由贸易区的思考[J].西伯利亚研究,2014,41(3).

同时，与俄方协调，积极推动俄方在中方保税区的对应口岸建立相应的区域，大力开辟自由贸易区与东北地区的物流通道，扩大自由贸易区的辐射效应、投资凝聚效应和战略结合效应。

第三，在建立过程中分阶段、分领域、分地区地逐步推进。在一些成熟的领域和地区首先实现贸易自由化和投资便利化，充分考虑中俄两国产业和市场发展状况，以及各自关注的利益与担忧，使中俄自由贸易区最大限度地成为加强两国经贸合作的平台和推动两国社会经济发展的加速器。

（三）当前世界自由贸易区的类型

当前，全球自由贸易区有以下4个典型模式。一是以欧洲自由贸易区为主的物流集散模式，主要利用优越的航运和地理条件，将港区设为自由港，并将发展目标定位于贸易枢纽。二是以亚非一些国家为主的从出口加工向物流集散过渡的模式，以加工为主，以转口贸易、国际贸易、仓储运输服务为辅，是承接国际产业转移的重要平台。三是以亚太地区为主的自由贸易区，以综合型模式为主。园区包括整个港口城市，由若干个工业区组成，兼具转口贸易、出口加工、金融、商业、旅游等多种功能。四是以美国、阿联酋等为主的自由贸易区，以从事进出口贸易为主，兼顾一些简单的加工和装配制造。

自由贸易区通常具有以下特点：一是位于港口周围；二是基础设施完善；三是贸易区内经营企业以开展出口活动为主；四是存在财税激励机制；五是制度便利、高效。

自由贸易区主要是对一国的经济发展有着重要的促进作用。这主要表现在以下几个方面：一是促进出口增长；二是增加一国的外汇收入；三是增加直接和间接就业；四是吸引外商投资；五是增加政府收入；六是提升技术水平；七是提高一国产业的竞争力；八是对其他地区具有示范作用，对区域改革具有促进作用。

自由贸易区的业务虽然多种多样，但在各国或各地区自由贸易区的实践中，仍主要集中在加工、仓储业务上，现代服务贸易也有很大前景。

（四）国内保税区的建立为黑龙江省中俄自由贸易区的设立提供借鉴

1. 国内主要保税区及其主要功能定位

上海外高桥保税区：以国际贸易、现代物流、保税仓库、加工贸易等为主要功能。

洋山保税港区:以集装箱装卸运输、集装箱口岸增值、配送、采购、仓储、转口贸易和出口加工等为主要功能。

天津保税区:具有国际贸易、现代物流、临港加工和商品展销四大功能,享有海关、税收、外汇等优惠政策。

天津东疆保税港区:分为码头作业区、港口综合配套服务区、物流加工区等几大功能区。

苏州工业园区:存储进出口货物和其他未办结海关手续的货物;对外贸易,包括国际转口贸易;国际中转;检测和售后服务维修;国际采购、分销和配送;商品展示;研发、加工、制造;港口作业;经海关批准的其他业务。

青岛保税区:具有国际贸易功能、仓储物流功能、出口加工功能、国际商品展示功能。

珠澳跨境工业区:具有保税区、出口加工区、专用口岸三种区域相互融合的功能特点。

凭祥中越跨境经济合作区:分为传统工业园区、高新科技产业园、出口加工园、科研设计园、商贸园和物流仓储园。该合作区以经贸带动物流,以物流带动产业,实施一区多园的战略,规划建立三个工业园,即以进出口加工业为主的南山工业园、以制造业为主的邑口工业园、以建材生产为主的大弯弓工业园。

姐告边境贸易区:具备贸易、加工、仓储、旅游四大功能。

中国-哈萨克斯坦霍尔果斯国际边境合作区:具有贸易洽谈、商品展示、商品销售、仓储运输、商务服务、金融服务、举办各类区域性国际经贸洽谈会等功能。该区域实行封闭式管理,其中,中方区域适用中国法律法规和政策措施。

2. 成功保税区的主要经验

不断解放思想是发展的前提,解放思想、先试先行是保税区的主导思想。要想实现保税区的快速发展,就要结合实际,大胆开拓,勇于创新,敢闯敢试,积极地谋事、干事、成事。

积极地争取国家支持是发展的关键。保税区从开始申报到立项、批准,再到开工建设,需要经过十余个国家有关部委的层层审批。在这一过程中,积极地争取国家有关部委和领导的大力支持至关重要。

努力争取周边国家的支持和配合是发展的保障。保税区的发展离不开与其接壤的周边国家的大力支持和积极配合。

投资多元化是发展的支撑。保税区的建设需要巨大的资金投入，如果单靠政府的力量，会出现力量小、资金到位周期长的问题。为此，保税区应采取灵活的投资方式。

建立中俄自由贸易区能使中俄两国获得各方面的收益，但是中俄两国要具体思考如何建立和怎样推进等问题，这也是非常有难度的问题。中俄两国要想制定和实施建立中俄自由贸易区的方案，需要经历一定的过程，可以先建立双边合作机制，在多个细分领域开展多层次的对话与合作，并且从中总结成功的经验、汲取失败的教训。这是一个对方案不断进行筛选和优化的过程，通过实践与理论的对比分析，为真正制定出双方都认为合理恰当的自由贸易协定方案提供参考，并为两国最终建立自贸区奠定实践基础。之后，通过一定的磋商与协调，中俄两国将在关键问题上达成基本共识，然后对细节和具体协定的步骤、规则逐步进行完善，最终建立中俄自由贸易区的框架。总之，中俄两国在一定的经济发展基础和政治合作水平上，使双方达成建立中俄自由贸易区的共识，以实事求是和互利共赢为原则来制定出切实有效的自由贸易区方案，这有利于两国实现经济贸易利益最大化的战略目标。

总之，建立自由贸易区是我国对外开放与市场化改革释放出来的又一次机会，是黑龙江省对俄贸易发展难得的契机。

三、中俄自由贸易区的功能布局

（一）通道功能

为了实现中俄两国的目标，中俄两国必须搞好大的贸易通道建设，否则将制约贸易发展。打通这个通道，实际上就是贯通欧亚。中俄两国满哈绥欧国际大通道这条跨境陆海联运的通道一直就是通着的，这实际上是一条非常便捷的通道，关键是人们如何认识和利用它。现在的问题就是如何增大运力、增加实际利用率。①

国际运输通道的主要任务是增加过货量。早在“十五”和“十一五”期间，我国就完成了对滨洲线的改造，改造之后，货物年吞吐量达到了5 000万吨。滨绥线扩容改造的完成，使其货运量和吞吐量成倍增长。

---

① 葛新蓉. 关于黑龙江省建立中俄自由贸易区的思考[J]. 西伯利亚研究，2014，41(3).

国际运输通道应开展“中—外—中”运输路线。黑龙江省围绕滨洲、滨绥两条线，利用俄罗斯港口，开展“中—外—中”的运输尝试。国内货物从哈尔滨到绥芬河，借用俄罗斯的港口装船出海，绕行到中国的南方港口，如上海港、广州港等。这样运距比较近，成本比较低。

国际运输通道应吸引出口物流。对俄、日、韩的贸易通过滨绥线从俄罗斯港口上船，比从大连港上船到日、韩等国家的运距要近得多，相应地，成本则会降低。

应该说，黑龙江省加工业很少，出海集装箱的“适箱”货物少，这是这条通道利用率不高的一个原因。因此，大力发展加工贸易、装运能够适合海运和铁路集装箱运输的商品是对中俄自由贸易区的新要求。

(二)加工功能

早在2005年，黑龙江省就提出要以俄罗斯的市场需求为导向，结合老工业基地的调整改造，加快以轻纺产品为主、产业优势突出的对俄出口加工基地的建设。同时，黑龙江省依托口岸优势，建设以进口木材、钢材等原材料产品深加工为主的进口产品加工基地，建成一批区域性对俄进出口加工基地，培植50家重点对俄出口产品生产企业，形成服装、鞋帽、家电、建材、食品、家具等对俄进出口产业群。

经过多年的发展，黑龙江省已经形成一批具有产业优势的中心城市和具有地域优势的口岸城市，并打造出了对俄加工业出口生产的梯队格局，即重点推动哈尔滨、牡丹江、绥芬河、东宁、黑河5个基地建设；鼓励齐齐哈尔、大庆、佳木斯等中心城市和其他口岸城市建设对俄进出口加工基地，并把对俄进出口加工纳入哈大齐工业走廊的建设规划当中；大力建设通往绥芬河等边境口岸城市公路沿线的对俄出口加工带。黑龙江省以此为依托，鼓励有条件的企业利用与俄罗斯陆路接壤的优势，以及整机与部件的出口税差，在国境线两侧开展跨境加工，力争在较短的时间内培育出一支跨境加工企业群体。

(三)中心城市的集群效应

我们认为，对中俄自由贸易区的区位选择应充分利用现有的资源。而利用现有的资源优势、发挥现代化都市的集群效应是对俄自由贸易区的区位选择基础。

独具特色的地缘优势为哈尔滨开展对俄合作提供了便利条件。哈尔滨拥有俄罗斯远东地区和北美到中国直线距离最近的机场，拥有内陆港、松花江黄金水道和多条连通俄罗斯、辐射东北亚的立体交通网络，是各省进入俄罗斯和东欧的重要桥梁，也是黑龙江省加强国内合作、进入全国大市场的重要门户。

哈尔滨与俄罗斯具有较强的经济互补性，贸易往来十分频繁，对俄贸易额一度占据全国75%。哈尔滨拥有雄厚的产业基础，拥有装备制造、食品、医药、石化等传统优势产业，以及民用航空、新能源装备、新材料、电子信息、生物、绿色食品等战略新兴产业和现代服务业，对俄合作的空间巨大。哈尔滨在2014年召开的两会上提出，紧紧围绕黑龙江省委省政府关于沿边开发开放的总体规划和部署，以拓展对俄经贸合作为主线，以打通对俄经贸大通道为切入点，以建设和完善对俄大宗产品交易、现代物流体系、保税仓储加工为着力点，全面构建多产业、宽领域、大纵深的开放型经济体系，逐步形成面向俄罗斯、覆盖东北亚的经济辐射力。哈尔滨重点打造“四个中心、一个集聚区、一个国际枢纽”，即打造东北亚区域商贸中心、区域金融中心、国际科技合作中心、对俄文化旅游中心，建设开放型产业集聚区和东北亚重要的国际枢纽。

牡丹江是黑龙江东南部的经济中心，地处国际大通道上，也是经符拉迪沃斯托克到日、韩、北美和国内东南沿海地区陆海联运的必经之地，境内辖有绥芬河公路铁路口岸、东宁公路口岸、牡丹江空港等国家一类口岸。通过这条边贸通道，牡丹江很早就和符拉迪沃斯托克开通了包括集装箱在内的货运业务，并和一百多个国家和地区开展经贸合作。2007年，从哈尔滨经牡丹江至俄罗斯符拉迪沃斯托克出境不出口的陆海联运大通道已经开通。这样，黑龙江省的大豆、玉米、煤炭和工业品，就可以借道俄罗斯港口出海，从海上进入中国东南沿海市场。这条盼望已久的“黄金通道”经国家海关总署批准，从2007年3月1日起开展内贸货物跨境运输业务，但是仅限于黑龙江省内货物经俄口岸过境运输至中国东南沿海港口。牡丹江下属的绥芬河是试点期间唯一允许通关的出境口岸，进境口岸仅限于上海、宁波和黄浦，而俄方提供的中转口岸则包括符拉迪沃斯托克、东方港和纳霍德卡港。此举有利于黑龙江产品打入南方市场，此前，这些产品受制于长距离运输的高额费用。这条经贸通道的运输腹地将逐年扩大，最终会把黑龙江全省、吉林北部、内蒙古纳入进来。这一通道最大的意义是有利于中俄自由贸易区的建设。

绥芬河地处黑龙江省东南部，与俄罗斯远东滨海边疆区接壤，距离哈尔滨

460千米,距离俄罗斯对应口岸波格拉尼奇内26千米,距离俄罗斯铁路枢纽乌苏里斯克120千米,距离符拉迪沃斯托克23千米,距离欧亚大陆东方桥头堡东方港369千米。绥芬河有公路和铁路两个国家一类口岸,是我国通向日本海主要的陆海联运通道,也是东北亚地区重要的国际通道。绥芬河市位于黑龙江省东南部,处于东北亚经济圈的中心地带。作为国家一类的国际通商口岸,它是目前中国通往日本海最大的陆路贸易口岸,同时长期承担着中俄贸易进出口商品的中转运输和分拨任务,是中国东北地区参与国际分工与合作的重要窗口和桥梁。当前,物流业、进出口加工业和服装加工业已成为绥芬河口岸的支柱产业。

黑龙江省应在自由贸易区发展的基础上,根据需要、条件和时机,适时将口岸转型为口岸自由贸易区,要看清新一轮开放政策中资源的强强竞争,在现有的绥芬河保税区的基础上,以哈牡绥东为依托,整合现有的人力资源、基础设施等,尽快设立自由贸易区。

(四)整合资源,发挥合力功能

中俄两国应大力推进经济技术合作和贸易投资。经济技术合作和贸易投资自由化、便利化是地区经济合作的重要基础。中俄两国均为世界贸易组织成员方,两国都将进一步改善投资环境。从投资领域来看,轻工业一直是俄罗斯经济发展的一个薄弱领域,又是其吸引外资的重要领域,而境外加工贸易又是我国政府现阶段鼓励企业开展投资的主要形式,因此我国应注重对俄罗斯轻工业的投资,投资方式则应以入股创办合资企业为主。

中俄两国应推进以运输业为主的服务业的自由化进程。中俄两国均属于服务贸易欠发达的国家。然而,当前世界五分之一的贸易均属于服务贸易。基于地缘优势,中俄两国应提高口岸的过货能力,改革目前的中俄运输管理体制,缩短运输时间,降低运费,以便能将更多的货源吸引到中俄运输上来。由于俄罗斯是世界上主要的油气输出国,管道运输业应提到议事日程上来,同时,中俄两国也要加强服务贸易合作,如工程承包、劳务合作、金融、保险等方面的合作。

四、中俄自由贸易区的作用与影响

建立中俄自由贸易区是发展黑龙江省经济、加强中俄边境贸易合作、强化东北亚地区经济合作的最佳选择。

（一）建立中俄自由贸易区是推动区域经济发展与繁荣的现实要求

自由贸易区的区域经济政策是由各级政府针对各税区区域问题而制定的一系列政策的总称。其重点是区域经济发展，其功能是纠正市场机制在资源配置方面的不足，其目标是实现资源在空间上的优化配置和促进区域经济的发展。中国东北振兴战略和俄罗斯远东开发战略互动实施，黑龙江省又提出推进“一带一路”建设，优先鼓励边境地区加快发展。在经济全球化和区域经济一体化的新形势下，黑龙江乃至东北地区要想发展外向型经济、加速产业结构的调整和改造，迫切需要一个功能完善、管理规范、国际化水平较高和对外开放程度较高的外向型园区，以此来作为东北地区推进改革开放战略的试验基地，从而形成黑龙江省或东北地区利用国际资源的新渠道、参与国际竞争的桥头堡和连接国内国际市场的交汇点。而在东北老工业基地振兴的这个区域中，一些中心城市（如哈尔滨）和沿边口岸地区（如绥芬河、东宁）居于东北地区对内、对外经济发展双向辐射的核心点，它们在整个东北亚经济圈的外向型和开放型增长极的角色是无法替代的。在这些核心地带建立自由贸易区，不仅有利于国际资本、信息、技术等要素向黑龙江省腹地延伸和辐射，发挥着积极的区域经济聚集效应和辐射功能，有利于形成省内的“区域经济合作”，符合国家赋予沿边城市“具有物流贸易集散、进出口加工等功能”的定位要求，也有利于拓展沿边地区综合开放发展的功能与空间，扩大沿边口岸对周边区域的辐射范围与拉动效应，推动区域经济加速发展。

（二）建立自由贸易区有助于扩大中俄贸易规模，实现中俄贸易发展的战略升级

中俄两国是世界公认的成长最快的经济体。如果这两个经济体的边境地区建立自由贸易区，两国市场会更加开放，生产要素会在一个更广阔的范围内流动，资源配置在这样一个区域内可以大大提高效率，从而促进两国经济稳步、快速增长。另外，自由贸易区的成立也将加速两国商品、劳务、资本的流通，促进双边贸易的发展。

中俄自由贸易区的设立也有助于促进两国商品结构的调整和产业结构的优化。中国处于工业化的改革时期，提出了进一步优化产业结构的目标。在中俄沿边口岸建立自由贸易区，中国可以向俄罗斯出口更多的机电产品，进而降低从俄罗斯进口能源的成本。这有利于促进我国工业制成品的发展。而俄罗

斯的出口产品以能源型产品为主,中俄两国已经为机电产品贸易的失衡采取了一些措施。在以后的时期里,随着双方的共同努力,这种局面会进一步改善。自由贸易区成立后,产业间和产业内的贸易都会有很大的发展,产业集聚和产业分工更加明显,中俄两国经济结构的互补性使得双方从更合理的劳动分工与合作中获益。

(三)建立中俄自由贸易区可利用黑龙江省现有的对外贸易通道与物流网络辐射东北亚地区

边境口岸已成为中俄两国人员交流、货物进出口的重要通道,是促进两国边贸、经济合作发展的重要通道。由于中俄贸易需求日益增长,口岸基础设施体系、口岸物流基础设施体系得到进一步完善,这缓解了边贸物流体系中口岸瓶颈的制约。例如,在铁路方面,加快扩能改造,提高口岸和前后方通道的能力,快速提高设备和设施的水平,提高换装能力;在公路方面,建立了集运输、仓储、分拣包装、报送、报验、中转、保税、商务服务等为一体的国际物流园区;在水运方面,加快港口码头的建设,提高装卸设备的水平,扩充港口集疏运体系。

由于中俄沿边口岸具有得天独厚的地缘优势,近几年又得到快速发展,贸易通道与物流网络已经形成。其中,绥芬河和东宁地处东北亚经济区的核心部位和中国第一条欧亚大通道的重要节点,位居东北亚两条最活跃的经济发展带(即沿中俄边境口岸经济发展带和沿陆海联运大通道城市经济发展带)的交叉点上。以这个交叉点为中心可以辐射东北亚三大板块:第一个板块是我国东北地区和俄罗斯远东地区,该地区拥有丰富的自然资源和劳动力资源;第二个板块是环日本海沿岸国家和地区,该区域具有丰富的资金和现代化的高新技术;第三个板块是整个亚太地区,该地区拥有可开发的物流产业和市场。这三个板块既相互独立,又相互补充。绥芬河有一条铁路、两条公路与俄罗斯相通,交通十分便利。此外,绥芬河还开通了经绥芬河到俄罗斯,并经俄罗斯符拉迪沃斯托克港、东方港和纳霍德卡港等港口到日本海,转至中国东南沿海港口的陆海联运大通道。通过这一通道,黑龙江、吉林两省都可以间接地获得出海口。满洲里口岸是我国东北地区和内蒙古地区通往俄罗斯和东欧各国的交通枢纽,是我国最大的边境陆路口岸。

五、建立中俄自由贸易区的制度要求

(一)完善相关制度是建立中俄自由贸易区的基础

诚然,建立中俄自由贸易区存在一些障碍,如制度性差异(即国际制度接轨的差异、国内制度的差异)、结构性障碍(即产业结构障碍、贸易投资结构性障碍,以及综合国力、人力资源、人文环境、历史传统等方面的结构性差异)。为此,我国应加快推动中俄贸易便利化的进程,从制度安排和实践上解决当前中俄经贸合作中的问题,特别是消除俄方在贸易、经济合作、投资等方面针对我国所设的一些壁垒和限制。

法律法规的完善是推进中俄自由贸易区建立的基石,这主要体现在以下几个方面。

第一,中俄两国法律合作具有必要性。

中俄两国需要进一步完善双方的外贸法律法规,但同时我们应当认识到,完善中俄经贸合作法律也不是一蹴而就的事情,因此,我们不能等双边法律完善后再谈法律合作,而应积极地采取有效的措施,使法律合作与完善法律同步,有效地解决双边贸易中出现的问题,把由立法不完善而带来的风险降到最低,同时积累人才和经验,完善中俄两国相关部门之间的协调机制,促进经济合作进一步发展,为建立自由贸易区做好前期准备工作。

中俄两国需要整合现有的双边合作机制,设置磋商、执行、监督三位一体的法律协调职能机构,发挥两国相关部门的桥梁作用。针对双边经济合作的特点,中国与俄罗斯制定国内冲突规范,建立维权部门定期会晤机制,切实保护个人与企业的合法权益,使个人与企业在发生纠纷时能够得到有效的救济。中俄两国市场监督管理部门应经常开展调查,通过定期会晤,沟通情况,交流经验,共同处理重大复杂的维权案件。相关部门应加强沟通和协调,解决维护外贸企业和消费者合法权益方面的深层次问题,为制定两国共同开展维权的法律法规奠定良好的基础。

第二,法律合作的重点是加强中俄两国市场监管部门和行政执法部门的合作,共同对垄断和假冒伪劣商品进行治理。

中俄两国银行、保险等部门对双边经济合作进行初级的评估和规制,构建两国贸易信用体系,防止跨国金融诈骗。中俄两国实行商品明示制度,相互通报商品质量抽查情况，对假冒伪劣商品实行召回制度，对旅游、劳务实行合同化管理和承诺制度，加强两国相关领域和行业的互信。

第三，在合作中应建立灵活机动、具有适度硬法性的合作机制。

中俄两国的经济发展水平具有较大的差异，外贸法律也各有特点。中俄两国可在政府涉外经济管理职能部门中设立对外经贸科技合作、投资项目的法律审查部门，或在其专业人力资源不足的情况下委托专业法律研究咨询服务机构对相关项目进行专业的法律评估和审查，建立对对方的法律进行评估、审查的法定程序，保证双边法律在经济合作中的兼容性。双方有关部门经协商后，可对本国相关法律法规的修改提出建议。

第四，应整合双边经济合作的法律人力资源和法律信息资源。

由于中俄两国相关的法律人力资源十分匮乏，并且还很分散，缺乏行业组织和政府的管理，中俄两国有必要整合法律人力资源和法律信息资源，以适应双边经济合作的需要。为此，两国政府有关部门应在政策和财政上给予支持，加强对对方法律的研究咨询。两国分别建立双边经济合作方面的法律人才信息库，对该领域具有较高的专业素质的法学家、律师进行登记、备案，以便因才施用，及时满足政府和企业对对方法律业务的需求。两国应建立双边经济合作的法律数据库，吸纳专业的法律研究人员和执业律师，从而对对方相关领域的法律及时进行翻译、研究、分析和解释，为经贸合作企业提供法律咨询服务。针对经贸合作中出现的问题，两国应及时地加强沟通和交流。

同时，两国应加强合作，培养中俄经济合作法律人才。相关高校和科研院所，以及立法、司法和涉外部门应采取相应的措施，组织涉外公职人员和对外经营人员进行不定期的法律培训与考核，使各自熟悉对方的法律环境，不断丰富他们的法律知识，增强他们的执业能力，以适应对方法律的特点和日益提高的中俄经济合作的复杂要求。

（二）借鉴国际惯例制定双边协议是中俄经贸合作不断深化的长远目标

1. 国际条约是中俄自由贸易区法律制度最基本的渊源

条约是指两个或两个以上具有缔约能力的国际法主体按照国际法规则而做出的有关产生、改变相互间权利义务的意思表示。建立中俄自由贸易区的条约，是指中国和俄罗斯有关建立自由贸易区、设定成员方之间权利和义务关系的共同意思表示，形成造法性条约，即具有普遍约束力的条约。它构成缔约国之间的特别法律渊源，对于中俄自由贸易区而言，造法性条约成为两国之间的区域国际法的渊源。虽然造法性条约制定起来难度很大，需要协调的方面较多，但是这对于中俄两国合作中的法律制度不完善和不配套的情况来说，能够起到很好的整合作用。欧盟的硬法性条约对区域运行机制的高效运转、法律法规的贯彻执行起到了积极的作用。中俄自由贸易区应当在灵活机动的基础上，设计强制性的机制，以提高运作效率。

中俄自由贸易区的法律制度的制定应当基于中俄自由贸易区条约，条约应对其成员方之间的合作范围做出明确规定。中俄自由贸易区条约的宗旨是通过消除区域间的贸易壁垒、公平分配工业化项目、协调不同生产部门的发展计划，扩大各成员方的国内市场，提高各国人民的生活水平。自由贸易区条约的主要内容包括成员之间的合作宗旨、目的、范围和基本原则，以及组织机构的设立、组织发展的计划和实施规则的制定程序等。

2. 签订中俄两国的双边协议

中俄两国通过双边协议，在货物贸易方面逐步减少关税和非关税壁垒，共同推进口岸建设，提升管理水平和通关技术，解决灰色通关和贸易结算等问题。在投资方面，中俄两国不断提高投资市场的开放度、透明度，改善投资环境，全力打造企业跨区域合作的交流平台。在经济技术和服务贸易方面，中俄两国取消与国民待遇相抵触的歧视性措施，建立知识产权保护制度和技术中介制度，完善人员流动机制。在金融领域，中俄两国加强金融合作，加强与世界银行、亚洲开发银行等国际性金融机构之间的合作，开辟新的引资渠道。服务贸易涉及一国的重大经济利益，在自由化的层次和程度上较难达成协议，因此，服务贸易的自由化在时间上可适当迟于货物贸易的自由化。双边的有关服务贸易的协议可在双边经济合作达到一定程度后再进行研究。

3. 签订互惠协议

通过签订双边互惠协议，中俄毗邻地区的经济合作必会消除或减少政策和体制方面的障碍与制约因素。双方以优势互补、互利共赢为合作理念和合作基础，确定互惠政策，放宽限制，促进区域内各类生产要素的合理流动与组合，形成经济互动发展的新模式，逐步建成具有较强的竞争力、具有较大的投资吸引力、互惠互利和合作共赢的中俄区域经济合作体。

4. 签订政府间协议

通过签订政府间合作协议，中俄两国可以完善区域经济合作机制，推动自由贸易区的发展。通过签订政府间合作协议,中俄两国可以将政府间合作的机制以法律形式固定下来,进一步完善合作机制,充分发挥两国领导人和毗邻省州领导定期会晤机制的作用,加强双方在经济合作问题上的沟通与交流,协调并及时解决合作中出现的各种问题,保障区域经济合作的顺利进行。在这方面,两国总理定期会晤机制和经贸部长会议机制能够发挥积极的作用。双方定期举办的一些国际会议为政府间协议的签订提供了良好的平台。

同时,根据经济来往的历史和现状,中俄两国可以深化在上海合作组织框架内的合作,在上海合作组织框架内签订双边合作协议,发展中国西部和东北地区与俄罗斯远东各联邦主体之间的区域经济合作。利用这些合作和交流平台,中俄两国可以开展有关区域经济合作的谈判,特别是开展在发展战略规划和经济政策等方面的协调工作,以深化区域经济合作。

六、国家相关政策支持是中俄自由贸易区平稳快速发展的重要支撑

(一)在自由贸易区的政策设计上应走在世界前沿

打造自由贸易区在本质上不是产业形态问题,而是政策和制度的设计问题。我国建设自由贸易区的政策设计的核心就是要积极完善便捷高效的监管体制和高效能的服务体系。政策制度设计将是未来我国各类海关特殊监管区升级为自由贸易区的关键,也是其发挥作用的前提。与全球自由贸易区相比,我们在政策设计上依然有待完善,比如按照自由贸易区管理惯例,应该奉行"一线放开,二线管住,区内自由"的海关政策,但事实上我国国内各种保税港区与自由港还有着较大的区别。按照《中华人民共和国海关保税港区管理暂行办法》第16条规定,货物从国(境)外地区进出保税港区实行备案制管理。但是在实践中,备案制与报关制几乎没有实质性的区别,这影响了港口的中转效率。这种差别使得我国相关区域与自由贸易区在进行相关业务操作时有较大的差异。

(二)自由贸易区的管理和法制保障应健全完备

各国、各地区都是先立法后设区,以严密的法律法规来保障自由贸易区的健康发展。除了国家立法以外,地方政府还制定了相应的条例、规章,规范自由贸易区的各种活动,使管理者和投资者有法可依、有章可循。正是由于具有相对完备、有效的法制环境,遵循信赖、简化和服务的原则,自由贸易区才体现了

最大限度的自由和便捷，实现了管理手段的灵活、高效，显现了较强的生命力。

（三）自由贸易区的管理机构应具权威性

国家和地区都设有专门机构进行管理。自由贸易区实行统一管理，具有较高的效率，在授权上大体相近，都是港区合一。自由贸易区成立经国家政府授权的专门机构来负责管理和协调整体事务，投资建设必要的基础设施，有权审批项目。设立专门机构有利于进行整体规划和建设，有利于带动周边城市经济的发展。

（四）自由贸易区的优惠政策应具特色

自由贸易区免征关税，并提供其他税捐优惠，以鼓励外商前来投资。自由贸易区的海关监管十分便捷。海关机构大都比较精简，管理十分便捷，海关监管手续简化。海关机构一概免除繁杂的常规手续，对区内企业和货物实行“一线放开，二线管住，区内自由”和“管住卡口，管出不管进”的政策。

（五）开发管理主体的机制应创新

在迈向自由贸易区的过程中，管理主体的体制创新尤为重要。不管是以政府运作为主还是以企业化运作为主，政府主导都是其核心。政府主导的优点非常突出，特别是在建设初期，政府主导有利于按照政府的要求统一规划建设并快速推进，有利于在短期内出成绩。凡是政府主导开发的区域都有共同特点，即重视形象、档次、高水平和规模化，往往忽视经济效益和企业需求。根据相关部门的统计，特殊区域的大部分投资管理公司都处于整体亏损状态，只有极少部分处于盈亏平衡或略有盈余的状态。国有政府平台公司在体制机制上存在非市场化、目标多元化与短期化的特点，这与市场化、专业化和可持续发展是矛盾的。因此，国家可考虑建立类似国有企业的退出机制，国有企业在初期进入培育市场，在中后期逐步退出，交由市场化公司去运作以获得效率最大化。国有平台公司可以通过吸引外部股东来实现股权多元化，从而建立现代企业制度，为区域的可持续发展奠定基础。

（六）多部门应合力创新，共谋发展

自由贸易区所涉及的范围远远超出了传统的海关特殊区域范畴，其功能从保税加工、保税物流和口岸通关延伸到保税服务。保税服务的内涵极为丰富，保税服务涉及研发、国际维修、展览展示、自由贸易、离岸金融口岸等新的业务类型，涉及外管、国税、科技、环保、银监、商务、发改委等各个部门。自由贸易区的建立将面临更大的障碍。在目前国家条线管理的大框架下,自由贸易区要从传统的海关特殊区域实现转型升级。部门之间的配合、协调和信息共享,尤其是在创新中实现整体利益的最大化非常重要。例如,除海关和商检之外,自由贸易的开展还涉及外汇管理、国税和金融机构的条线管理。如果不能在各个部门之间找到利益的平衡点,并与国家的大方向保持一致,所谓的政策突破是不存在的。因此,多部门合力创新、共谋发展是未来自由贸易区必须努力去创造的先决条件。

在中俄沿边口岸建立自由贸易区是中俄两国政府和人民由来已久的愿望。自由贸易区的建立可以使两国取得经济上的收益,同时也是加强和巩固中俄全面战略协作伙伴关系的迫切需要。这是一项复杂的系统工程,将成为中俄两国经济发展史上的创举。中俄两国对这项复杂的系统工程要仔细研究、全面规划、科学论证、夯实基础。

第八章　中俄地区间人文交流与合作是经济合作日益加强的有力支撑

在区域人文交流与合作中,语言教育、文化特色、生态环境、经济贸易、思想史和文化交流史等往往是最受关注的话题,也是认同与对抗并存的矛盾体。中俄两国同处亚欧大陆,地缘相近,文化互通。俄罗斯文化在形成过程中吸取了包括中华文明在内的东方文化因素,中国近现代文化也明显受到俄罗斯 19 世纪思想家、文学家、艺术家的深刻影响。中俄人文交流与合作是两国政治、经济、外交和其他交往的基础,是发展长期战略协作伙伴关系的重要内容,有利于增进两国高层间的理解和信任,增强两国人民的友好感情。

作为中俄全面战略协作伙伴关系的重要组成部分,中俄人文交流与合作既体现了中俄两国全面战略协作伙伴关系的水平,也有力地巩固和推动着两国全面战略协作伙伴关系的发展。21 世纪中俄人文交流与合作的特点表现在以下三个方面。首先,中俄人文交流与合作由中俄两国政府主导,有计划、有重点地全面推进,突显顶层设计和战略眼光。其次,中俄人文交流与合作是大规模的、卓有成效的。最后,中俄人文交流与合作是全方位、宽领域的。近年来,中俄关系快速发展的重要特征是双方互信的加强。中俄两国已成功互办“国家年”“语言年”“旅游年”“青年友好交流年”“媒体交流年”等大型人文主题年活动。2018 年和 2019 年是中俄地方合作交流年,这是中俄两国元首着眼于中俄关系长远发展所采取的重大举措,是两国人文合作的新亮点。

第一节　人文交流的基本内涵和中俄毗邻地区开展人文交流与合作的动因

按照字面意思,人文交流是指人与人之间的思想文化交流。无论是交流还是沟通，都只是一种渠道、一个手段。可以说，交流本身并不是软实力。但是，这种交流触动人们的思想，可能影响到政府决策，从而对国与国之间的关系产生重大的影响。国家之间的关系说到底是人与人之间的关系，只有打动人心，才能实现其他领域的合作。人文交流以民众互动、互识、互知为出发点和落脚点，国家广泛地动员更多的行为主体进行面对面的交流与沟通，让参与的民众直接感受相互之间思想文化的激荡和碰撞。

一、人文交流的基本内涵

一般来说，人文交流包含三个层面的交流，即人员交流、思想交流和文化交流。其目的是促进国家之间人民的相互了解与认识，从而形成区域文化认同、价值认同，最后达成区域政治合法性的支持。①

在现代国际关系体系中，人文交流是仅次于政治安全合作、经济贸易合作的推动国家间关系发展的第三推动力。人文交流与公共外交相互促进和补充，与文化外交、民间外交等相近，不同之处在于，人文交流是政府和民间双向推动的，其范围更广，手段更丰富，对象更多元。人文交流以人文领域中相关内容的传播、交流与沟通为主要内容，从而影响外国受众，它是促进国家间开展友好合作的重要载体和工具。在理念方面，它既包含了以人为本的价值观，又有着中华文化的个性化内涵。

与政治交流和经贸交流相比，人文交流更具有自身的独特优势。人文交流是人与人之间沟通情感的桥梁，是国与国之间加深理解与信任的纽带。它比政治交流更久远，比经贸交流更深刻，它与其他交流手段相比更具有基础性、先导性、广泛性和持久性。②

（一）中国与周边国家人文交流的路径

我国把人文交流放在更高的战略地位，明确提出扎实推进公共外交和人文交流。在当前形势下，我国必须更加积极主动地发展与包括俄罗斯在内的周边国家的关系，有意识地加强在周边国家的话语权，构建有利的国际舆论环境。中国与周边国家开展人文交流的路径多种多样，既有传统的路径，比如教育交

① 许华."人类命运共同体"愿景中的中俄文化外交[J].俄罗斯东欧中亚研究，2018(4).

② 何亚非."一带一路"助推中外文化交流[J].公关世界，2017(19).

流、文化交流、青年交流，也有现代的路径，比如科技交流、媒体交流、体育交流和旅游交流。

1. 教育交流

教育是人文交流的重要载体，是培养人文修养、传承人文精神和发挥人民力量的重要途径。从教育的层次来看，教育交流包含高等教育交流、中等教育交流、初级教育交流和学前教育交流。当前，中国与周边国家的教育交流还侧重于高等教育的交流，而其他层次的教育交流在逐步增加和完善。中俄两国之间的高等教育交流，在语言教学、互派留学生、合作办学、校长交流等方面取得了长足的进步。另外，在中等教育交流方面，中俄两国也开展各种形式的交流，比如中国接受对方派遣的学生来培训，或者中国派遣教师去对方学校授课等。

2. 文化交流

文化交流是人文交流的核心，也是人文交流的动力与源泉。一般来说，文化交流产生于两个或两个以上的异质文化之间，异质文化之间会相互碰撞或吸收。异质文化之间往往会产生势差，各个文化主体必须拥有强大的文化自主权，只有相互尊重、平等相待，才能产生文化交流。① 在此背景下，文化单方面的输出或文化入侵等，不属于文化交流的范畴，而属于文化殖民主义。宗教交流是文化交流的核心。周边国家存在着各种宗教，但少数地方也存在着宗教矛盾或冲突。中国的宗教界可以同周边国家的各个宗教派别进行文明对话，探讨各种文明的和谐共处之道。

3. 青年交流

青年是各国人民的未来，也是人文交流的主体之一。由于青年人思想活跃、精力充沛，开展形式多样的青年交流，能够更加拉近彼此的距离，为中国与周边国家的关系增添活力。青年夏令营、青年大联欢、青年创业论坛等都是青年交流的有效形式。目前，中国与周边国家的青年交流的潜力还没有完全发挥出来，今后中国应扩大青年交流的规模，与此同时，还要在交流的内容上多下功夫，开展更多的有针对性的交流活动。

4. 科技交流

科技交流与合作是中国经济与社会发展的内在需要，也是中国与其他国家

---

① 蒲公英. 金砖国家人文交流合作机制分析[J]. 俄罗斯东欧中亚研究，2017(4).

进行沟通的重要渠道,是人文交流的重要组成部分。中国应充分利用政府和民间渠道,加强国际科技交流与合作,这是促进中国与周边国家和平共处的重要路径。经过30多年的改革开放,中国引进、消化、吸收周边发达国家的科学技术,并创造出适合周边发展中国家的科学技术。目前,中俄两国在航天技术、生物技术、医药技术等方面开展了交流与合作,并在一些领域取得了丰硕的成果。

5. 媒体交流

媒体是传播信息、塑造国际形象的重要平台,也是世界各国人民了解他国人民生活状况的重要窗口,是周边国家的人民认识中国的重要来源之一。中国与周边国家的媒体交流是减少双方认知上差异的重要渠道,也是推动人文交流的重要抓手。当前,中国与周边国家的媒体交流出现了一些新问题。一方面,中国媒体大量进驻周边国家,报道周边国家的新闻;另一方面,周边国家的主流媒体没有全部进驻中国,他们发布关于中国的新闻,大都采用西方媒体的报道,这在一定程度上影响了其对中国客观公正的报道。

6. 体育交流

体育可分为大众体育、专业体育、学校体育等, 包括体育文化、体育教育、体育活动、体育竞赛、体育设施、体育组织、体育科学技术等诸多要素。国家间的体育交流往往对国际关系产生意想不到的效果。如1990年北京亚运会的举办,在某种程度上开创了中国与周边国家关系的新局面。比如在亚运会举办前夕, 中国与印尼的复交,推动了中国与文莱、新加坡的外交关系的建立,打开了中国通向东南亚的新通道。

7. 旅游交流

旅游交流是民间交流的主要渠道, 也是人文交流的重要桥梁。中国加强与周边国家的旅游交流和合作, 会拉近中国人民与周边国家人民之间的感情, 增强彼此的认知, 使得人文交流更加丰富、立体和鲜活, 全面推动中国与周边国家之间的关系的发展。中国已成为世界第一大出境旅游消费国和世界第三大入境旅游目的地。[①]

(二)中国与周边国家人文交流的机制

机制的建立与有效运行是保证中国与包括俄罗斯在内的周边国家的人文

① 葛新蓉. 中俄旅游合作的新态势[J]. 商业经济,2017(12).

交流深入发展的根本保障。一方面,人文交流机制是政府间顶层设计的产物,成为政府间沟通的重要渠道;另一方面,人文交流机制的运行需要民间的支持。因此,在设立机制时,中国需要考虑人文交流的具体情况,因地制宜地建立符合与周边国家进行人文交流的需要的有效机制。为了建立人文交流的有效机制,必须了解机制的基本概念与功能。

自党的十六大以来,中国就提出将对外文化工作与国家外交大局结合起来,加大文化外交,弘扬中华文化,加强与周边国家的人文交流。十多年来,我国与周边国家文化交流的内容更加丰富,手段更加灵活,形式更加多样。文化交流取得了很好的社会效益与国际影响。特别是近几年来,中国不断进行体制、机制创新,不断提高管理能力,通过机制化的手段不断提升人文交流的能力和水平,形成了双边、多边机制并行的人文交流体系。这些机制的建立很好地调动了各方的积极性,保证了人文交流的有序化、规范化进行,也为交流提供了充分的物质条件与精神条件。

1. 人文交流的双边机制

中国与周边国家间的人文交流源远流长,随着双边机制的不断完善与加强,双边人文交流不但得到国家在制度层面上的保障,而且也激励了更多的社会组织积极参与,使中国与周边国家间的人文交流与合作达到了前所未有的高度。

双边人文交流机制是指中国与周边某一个国家,以官方对官方的形式、以部长级以上的两国官员为主体、以人文交流为主题进行的两国沟通与协商机制。中国与俄罗斯于2000年在两国总理定期会晤机制范围内,成立了中俄教育、文化、卫生、体育合作委员会,双方的副总理担任委员会主席。委员会下设五个分委会,具体负责两国在教育、文化、卫生、体育和旅游方面的交流活动,还建立了媒体工作小组和电影工作小组,正在酝酿建立档案合作工作小组。通过双边机制,我国还推出了有主题内容的人文交流举措。从2004年开始,我国采用中外合作的形式开办孔子学院,选择孔子作为汉语教学品牌,推广汉语文化。2004年11月21日,全球第一所孔子学院在韩国首尔挂牌,目前周边国家几乎都有孔子学院或孔子学堂。以展示中华文明与中国精神为主题的海外中国文化中心,已在蒙古、韩国、日本、俄罗斯、泰国、印度等国家建立。

2. 中俄人文交流与合作双边机制的建立

中俄人文交流机制在六大高级别人文交流机制中建立得最早,成绩也更为显著。2000 年 12 月,为了推动中俄战略协作伙伴关系的全面发展,统筹规范中俄在教育、文化、卫生、体育四个领域的合作,并使其机制化,中俄两国在中俄总理定期会晤机制的框架内成立了中俄教育、文化、卫生、体育合作委员会。2007 年 7 月,该委员会更名为中俄人文合作委员会,下设教育、文化、卫生、体育、旅游、媒体、电影、青年等八个领域的合作分委会和档案合作工作小组。随着交流的深入,中俄人文合作的内涵日益丰富。人才联合培养、高校联盟、卫生防疫、旅游投资、媒体交流工作,以及青少年运动会、文化节、电影节、档案展、青年代表团互访等丰富多彩的活动有序推进。其中,两国推动的"国家年"系列活动,更是一种国家间文化交流形式的创新和探索,影响深远。2006 至 2007 年, 在中俄互办"国家年"的框架下, 北京国际图书博览会"俄罗斯主宾国"和莫斯科国际书展"中国主宾国"等系列活动的开展在两国民众间产生了良好的反响。其后循序推动的语言年、旅游年、媒体交流年等"国家年"活动,充分展示了各自的艺术、语言、服装和风俗,进一步推动了两国在文化和版权领域的交流与合作。2017 年适值中俄媒体交流年收官阶段,中俄双方通过媒体这一重要的交流平台,向对方的人民更好地介绍了各自国家的实际情况。这对进一步巩固中俄关系的社会民意基础,起到了积极的促进作用。这一点也从专业机构对俄罗斯的民意调查数据中得到了验证。据俄罗斯卫星网 2017 年 4 月 10 日报道,俄罗斯列瓦达民调中心最新公布的民调结果显示,多数俄罗斯人认为,中国是除兄弟国家白俄罗斯之外的另一个与俄罗斯拥有良好关系的国家。

经过双方多年的共同努力,人文交流与合作已经成为中俄关系的一大亮点, 也是两国关系长远发展的根基所在。

二、黑龙江省开展对俄人文交流与合作的优势条件

黑龙江省是我国对俄人文合作的领头羊,黑龙江开展对俄人文合作具有得天独厚的区位优势。在国家文化大发展大繁荣的有利背景下,顺应新形势发展的需要, 黑龙江应充分发挥区位优势,将对俄人文合作提升到国家战略层面,这对深化中俄全面战略协作伙伴关系、促进各领域深入合作具有深远影响。

中俄东部毗邻地区在地理范围上主要是指黑龙江省与俄罗斯远东和后贝加尔地区毗邻部分,对俄人文合作的优势明显。俄罗斯远东地区是指俄罗斯濒临太平洋的地区,它由 9 个行政区构成,即阿穆尔州、犹太自治州、堪察加边疆

区、马加丹州、滨海边疆区、萨哈共和国(雅库特)、萨哈林州、哈巴罗夫斯克边疆区、楚科奇自治区,联邦区首府是哈巴罗夫斯克。黑龙江省地处祖国东北边陲,位于东北亚区域腹地,现已成为对俄罗斯和其他独联体国家开放的前沿省份。黑龙江省北部和东部隔黑龙江、乌苏里江与俄罗斯相望,西部与内蒙古自治区为邻,南部与吉林省连接。沿着黑龙江省与俄罗斯远东地区接壤的3 000多千米边境线两侧,双方坐落着20对对应城镇。这些对应城镇有的隔江相望、水陆相连,有的铁路相接、公路相通。黑龙江省沿江、沿边、沿线对外开放的地缘优势得天独厚。

早在17世纪,黑龙江省与俄罗斯远东地区的边民就开展了边境贸易。新中国成立后,特别是20世纪50年代,黑龙江省与苏联在铁路、公路、河运、航空等运输方式上都有过通车、通航的往来。20世纪60年代以后,黑龙江省在较长一个时期内对外只有一个绥芬河铁路货物交接口岸。改革开放以来,随着中俄经贸合作和边境旅游的发展,黑龙江省已获准对外开放的一类口岸达25个。其中,河运口岸有15个(哈尔滨、佳木斯、桦川、绥滨、富锦、同江、抚远、饶河、萝北、嘉荫、逊克、孙吴、黑河、呼玛、漠河),公路口岸有4个(东宁、绥芬河、密山、虎林),航空口岸有4个(哈尔滨、齐齐哈尔、牡丹江、佳木斯),铁路口岸有2个(绥芬河火车站、哈尔滨内陆港)。已开通使用的口岸,不仅具有铁路、公路、河运、航空等常规运输功能,还开辟了在全国边境口岸中独具特色的冰封期冰上汽车运输、明水期轮渡运输、流冰期气垫船运输、季节性直升机运输、江海联运、陆海联运等业务。同时,几乎每个口岸都开辟了旅客运输业务。现已获准开通了11条水上客运航线、10条公路(含冬季冰上)客运线路、2条铁路客运线路、7条国际正班飞行航线和18条不定期国际直航包机航线。这些客运航线与俄罗斯、日本、韩国等20多个国家和地区的城市对接。

从总体上看,黑龙江省开展对俄人文交流与合作的优势主要表现在以下几个方面。

第一,区位优势明显。

黑龙江省与俄罗斯哈巴罗夫斯克边疆区、滨海边疆区、阿穆尔州、犹太自治州等联邦主体接壤或隔江相望。黑龙江省开展区域人文合作有着独特的区位优势。其中,绥芬河和东宁两座城市与俄罗斯滨海边疆区接壤,黑河市与远东第三大城市布拉戈维申斯克隔江相望,佳木斯市与远东第一大城市哈巴罗夫斯克隔江相望，同江则与犹太自治州隔江相望，哈尔滨市与远东主要城市均有定期航班。

第二，口岸优势明显。

改革开放以来，随着中俄经贸合作和边境旅游的逐步发展，黑龙江省成为我国拥有对外开放一类口岸最多的省份之一，拥有18个国家一、二类口岸。其中，水运口岸包括哈尔滨、佳木斯、桦川、绥滨、富锦、同江、抚远、饶河、萝北、嘉荫、逊克、孙吴、黑河、呼玛、漠河等；公路口岸有东宁、绥芬河、密山、虎林；航空口岸有哈尔滨、齐齐哈尔、牡丹江、佳木斯；铁路口岸包括绥芬河火车站。哈尔滨机场对俄航线增至13条。黑河－布拉戈维申斯克的跨境公路桥于2019年合龙。同江－下列宁斯阔耶跨境铁路桥于2019年6月全线贯通。东宁－波尔塔夫卡跨境公路桥的改建工作受到俄方重视，并被提上议事日程。

第三，人才优势明显。

黑龙江省开展对俄交流与合作以来，培养出了一大批复合型人才，这些人才对促进中俄各领域的发展做出了较大的贡献。目前，黑龙江省的20所本科院校分别与俄罗斯联邦的高校建立了合作关系，在人才培养、语言教学、资源配置、科研合作、人文交流等领域开展着不同的合作。

第四，政策优势显现。

改革开放以来，我国沿边地区的开放水平不断提高，但由于位置偏远、基础条件差、历史欠账多、周边环境影响大等因素的存在，沿边地区的经济社会发展水平与我国东部沿海地区甚至很多内陆地区相比仍有较大的差距。“一带一路”提出后，为了加快沿边开放的步伐，发挥沿边重点地区对推进“一带一路”的重要支撑作用，打造全方位对外开放的新格局，2015年国务院印发了《国务院关于支持沿边重点地区开发开放若干政策措施的意见》。其中强调，沿边重点地区自然生态、民族文化、异域风情等资源十分丰富，应将以旅游产业为主的人文交流与合作发展作为沿边重点地区开发和开放的重要突破口。

第二节　中俄毗邻地区人文交流与合作的现状

一、人文交流与合作是深化中俄两国经贸合作的重要保障

新型国际关系以合作共赢为核心,合作是路径,共赢是目标。这既是对中国传统外交思想的丰富和发展,也是对世界秩序演进的重要判断。[①] “一带一路”是经济贸易和文化发展的双核战略,它主要以经贸合作为基础,以开放包容为理念,以人文交流为支撑。“一带一路”是中国率先倡议提出的,但这并非只是中国自己的事情,它致力于将中国的发展融入沿线国家乃至世界的共同发展中,致力于将中国的发展战略与沿线国家现有的机制对接连通,致力于统筹中国与沿线国家的共同利益和具有差异性的利益,最终目标是与各国建立利益共同体。

经贸合作与人文交流相辅相成,相互促进。当前,经济全球化在曲折中发展,区域经济一体化在更深的层次上推进,虽然贸易、投资、服务等领域的便利化、自由化进展得不顺利,但是各方仍在继续努力。推进经济生活在任何一个社会中都不是完全独立的,而是与政治、文化、教育等紧密地联系在一起。我国近年来大力推动与一些地区和国家共建自贸区,主张与一些地区和国家建立利益共同体。要想深入开展经贸合作,特别是要想建立利益共同体,必须要深入了解相互之间的发展需求、消费模式、经营理念和文化习惯等。只有依托广泛的人文交流,并借此形成相互理解和信任的关系,经贸合作才能真正成为稳定相互关系的压舱石。与此同时,人文交流本身也可以为经贸合作带来巨大的收益。在推进“一带一路”人文交流的过程中,文化、教育、体育和卫生等领域都有巨大的潜力。“一带一路”为中国对外教育、文化、旅游等产业合作提供了重要的历史机遇和广阔的市场前景。

在传统意义上,人文合作与文化交流一直是中俄关系的重要组成部分。中俄两国应首先着眼于处在边境地带的远东地区。远东地区的居民与中国有着广泛的自然接触，在地方组织双边与多边协定的基础上，中俄两国还应加强文

① 黄永鹏,庞云丽.人类命运共同体思想的外部反应分析[J].社会科学,2018(11).

化、科技、教育、卫生、旅游、体育等各领域专家之间的交流与合作。目前这种交流合作几乎完全处于地方组织的管辖之下，难以实现协调一致和常态化发展。实际上借助于一系列专业的文化组织与机构能够有效地发展两国的人文合作。

中俄人文领域的正式沟通主要通过地方政府进行。2000 年，中俄人文合作领域引起了中央政府的高度关注，之后中俄睦邻友好合作协议的签署有力地促进了人文合作的发展。2006 年，中俄两国宣布启动“俄罗斯年”活动，正式拉开“国家年”活动的序幕。在连续两个“国家年”的活动中，中俄两国共举行了 500 多场活动，涵盖政治、经济、文化、军事、教育、科技、卫生等诸多领域。两国首脑对“国家年”活动给予高度评价，认为中俄互办“国家年”活动是两国关系史上的创举，并一致认为定期举办重大人文活动是十分必要的。根据“国家年”活动的成功经验，2009 年、2010 年举办了“语言年”活动，2012 年、2013 年举办了“旅游年”活动，2014 年、2015 年是“中俄青年友好交流年”，2016 年、2017 年是“中俄媒体交流年”，2018 年又启动了“中俄地方合作交流年”。这些活动增进了两国人民对彼此语言、文化、历史和传统的认识和了解。

在此背景下，中俄区域人文交流日益频繁，中俄区域人文交流的地位越来越突出，这也为中俄关系的发展注入了新的活力。两地开展人文交流与合作的路径多种多样，既有传统的路径，如教育交流、文化交流、青年交流，也有现代的路径，如科技交流、媒体交流、体育交流和旅游交流。

二、黑龙江省对俄人文交流与合作的现状

黑龙江是我国重要的边疆省份，与俄罗斯地缘相近、人缘相亲、文缘相通，具有对俄文化交流的先天条件。近年来，黑龙江省充分发挥文化交流以文促情、以文建信的重要作用，坚持“走出去”和“引进来”并重，坚持文化交流与文化贸易并举，积极拓展对俄文化交流的内容和形式。黑龙江省对俄文化交流逐步向品牌化、机制化的方向发展。黑龙江省沿边城市借助对俄文化交流的地缘优势，突出地域文化特色，同俄罗斯远东地区开展了多层次的文化交流与合作。

（一）以文化交流活动为平台，官方对俄文化交流进入常态化、规范化阶段

哈尔滨新区作为一个以对俄合作为主题的国家级新区，是打造中俄全面合作的重要承载区，构建出了对俄科技、信息、金融、国际贸易、跨境电商物流、特色国际文化旅游等高端服务和要素集聚的平台。哈尔滨新区松北高新技术片

区，聚集着众多的对俄合作资源，而这些高度集聚的资源又吸引了众多的对俄合作机构入驻新区。哈尔滨新区着力打造中俄文化艺术交流区，中俄文化交流高潮迭起，以哈尔滨音乐学院为代表的中俄高等教育合作方兴未艾。黑龙江省创办万达俄罗斯青年双创基地，为 3 000 余名在哈尔滨的俄罗斯留学生提供发展机遇，建设万达阿尔巴特大街，打造外侨聚集景观，展示俄罗斯的民俗文化。诸多俄罗斯元素集聚新区。黑龙江省与俄罗斯欧亚广播电视协会共同筹备"中俄电视与新媒体联盟"，联合拍摄了《莫斯科保卫战与长沙保卫战》；与俄罗斯维尔德洛夫斯克州电影家协会合作，并在哈尔滨市联合举办首届"俄罗斯乌拉尔电影节"。

"哈尔滨音乐之城"的建设提升了黑龙江省的文化艺术水平。哈尔滨有着"音乐之城"的美誉。近年来，黑龙江省依托哈尔滨和重点演出机构、艺术院校，积极开展各类文化交流活动，吸引了众多的俄罗斯著名的艺术团体和艺术家，不断提升文化艺术水平。此外，哈尔滨还筹建了哈尔滨国际油画交易中心，并在哈药美术馆常年举办俄罗斯人民画家精品展和俄罗斯油画主题展，塑造了城市代表性艺术名片。2016 年 12 月，哈尔滨师范大学同俄罗斯莫斯科国立苏里科夫美术学院合作共建了哈尔滨师范大学中俄美术学院，多次邀请俄罗斯知名油画大师指导授课，已开展三届俄罗斯油画艺术大师班。此外，哈尔滨中俄艺术交流周活动和哈尔滨音乐大赛也对黑龙江省文化艺术水平的提升起到了促进作用。

中俄文化大集是由中俄两国文化部、黑龙江省政府和阿穆尔州政府共同主办，由黑龙江省文化厅、黑河市政府和阿穆尔州文化档案部共同承办的中俄国家级区域间的大型文化贸易和交流活动，每年在黑河市和布拉戈维申斯克同期举办一次，为期 5 至 7 天。从 2010 年举办第一届开始，交流领域不断拓展，活动内容持续深化，平台功能得到充分发挥。中俄文化大集已经成为中俄两国文化交流的品牌、中俄边境地区全方位合作的典范、中俄毗邻城市人民喜爱的活动。经过多年的发展和壮大，中俄文化大集已由最初的区域性特色文化活动，上升为中俄两国边境地区的大型文化交流活动，最初的十几项活动拓展为"高层交流、展览展销、文艺演出、民众文化、体育文化、文化旅游"六大板块数十项文化经贸活动。中俄文化大集从文化艺术展示逐渐向文化贸易、文化产业合作迈进，成为区域经济发展新的增长点。

友谊和平天使纪念碑是绥芬河中俄文化交流的一个缩影。以1945年苏联红军消灭日本关东军期间牺牲在绥芬河天长山要塞的中俄混血姑娘嘎丽娅为原型建成的友谊和平天使纪念碑，受到俄罗斯总统普京的重视。他为这座纪念碑题词："俄中友谊就是相互理解、信任、共同的价值观和利益。我们将铭记过去，展望未来。"这座纪念碑伫立在日月湖畔，见证了中俄两国人民血脉相融的坚贞友谊。

同江市围绕文化旅游，着力打造赫哲族传统历史文化集中展示区、街津口赫哲族民俗文化传承保护区、八岔赫哲族渔猎文化参与体验区和"赫哲文化辐射带"。同江市借助习近平同志看望赫哲族群众的影响力，深度开发八岔、街津口赫哲族乡村旅游，全力推介"中国赫哲第一村"和"中国赫哲第一乡"，打造"赫哲故里""同三起点""口岸名城"和"丝路东极"等特色旅游品牌，打造北国边疆文化旅游名城。

此外，牡丹江市于2016年邀请"俄罗斯海参崴经济与服务大学艺术团"到该市演出，并与俄罗斯海参崴国立经济与服务大学艺术团签订交流互访合作协议，建立了文化交流工作的常态化机制。伊春市邀请友好城市俄比罗比詹市参加"第四届中国伊春（东北亚）森林产品博览会"、"2016伊春国际森林马拉松赛"和两市缔结友好城市五周年"伊春日"文化节等系列活动，深化了两市间的交往与友谊。佳木斯市在2014年组织的民乐队应邀赴俄罗斯参加"2014年俄罗斯犹太州八十周年州庆暨俄罗斯犹太文化艺术节音乐会"系列大型演出活动。鹤岗市于2016年组织的艺术团赴俄比罗比詹市参加了"与犹太州建交15周年"系列庆典活动，这加深了鹤岗市与俄比罗比詹市的友好往来。抚远在2016年"中国赫哲族民间文化传承基地"挂牌仪式活动期间，邀请俄罗斯那乃族演员与该市赫哲族演员同台表演赫哲族原生态节目，为我国赫哲族与俄罗斯那乃族的文化交流和往来搭建了平台。

（二）文化合作与交流的层次不断提升，文艺交流演出日益活跃，内容日趋多元化

中俄两国毗邻地区开展了交流互动、文化展销、文艺演出、文化推介洽谈、文化旅游等众多高层次的活动，还定期组织双方艺术家参加彼此的主题晚会和节庆活动等，同时，积极开拓中俄演艺市场，先后邀请国家京剧院、中国歌剧舞剧院、中国武警文工团、中央民族歌舞团和俄罗斯亚历山大红旗歌舞团、哥萨克国家舞蹈团等国家级艺术团体到两地城市进行演出。

两地主要城市相继举办了中国国画展、中俄冰雪画巡回展、俄罗斯风情摄影展，以及中国民间传统文化艺术、剪纸艺术走进俄罗斯等活动，并在海口、上海等地组织了俄罗斯功勋画家油画展、摄影图片展等。两地主要城市还与俄罗斯哈巴罗夫斯克边疆区、堪察加边疆区的有关城市围绕民族语言、民族歌舞表演、民族手工艺品加工制作等，组织了多次民间互访交流活动。此外，两地主要城市采取市场化运作方式，精心打造了“中俄风情歌舞秀”专场演出、大型中俄风情表演《江水霓裳》，演出得到了中外游客的一致好评。这也为黑龙江省探索发展涉外文化产业奠定了基础。

此外，影视剧合作拍摄初具规模。近年来，《俄罗斯邻居》《西伯利亚流亡记》《狂吻俄罗斯》《红月亮》《大江作证》等一大批中俄合作的质量较高的影视作品相继在中俄边境地区诞生。

（三）中俄文化产业平台初步建成

黑龙江省对俄文化产品交流始于20世纪80年代末，黑龙江省凭借多年的努力和得天独厚的区位优势，建立以俄罗斯油画、手工艺品、漆器、铜雕、有色金属、矿石为主的文化产业交易平台。各种文化交流活动的举办促进了对俄文化产业的发展。与会嘉宾和客商在文化大集召开期间，纷纷就中俄文化合作问题进行广泛交流，尤其是就文化产业、公益文化事业发展和演出市场对接等项目进行深入探讨。中俄两国共同举办的文化大集，为促进中俄两国的交流与合作提供了全新模式，成为将中国文化产品推向国际市场的一个重要渠道和平台，为今后双方利用两种资源、合力开发两个市场、扩大交流合作规模奠定了坚实的基础。

（四）开展民间外交活动，实现民间对俄文化交流跨越升级

在多年的对俄人文合作中，黑龙江省始终是由官方主导，忽视或较少重视民间对俄人文合作。然而，在实践中，民间交往在对俄人文合作中的作用越来越突显出来。近年来，黑龙江省政府逐渐意识到民间对俄人文合作的重要性，围绕俄罗斯艺术品市场，依托展览馆，以展促销，大力开展有关中俄艺术品的交流、研究、收藏、展示、教育、营销、拍卖等活动。

(五)以高校科研院所为龙头,在教育交流领域确立了"桥头堡"和"枢纽站"地位

教育是黑龙江省对俄人文合作的重要领域。早在20世纪80年代末,一些教育机构就与俄罗斯的教育机构达成了合作协议。黑龙江省本着教育资源共享、优势互补的理念,找准双边教育的结合点和突破点,实现了从高等教育到幼儿教育的全方位、宽领域、深层次的交流与合作,形成了对俄教育交流与合作的新格局。近年来,黑龙江省高校除了与俄罗斯高校互派学生、互聘专家、联合培养学生外,还通过共建研究基地、合作编写教材、组建联合研究团队、联办学刊、联办学术研讨会等形式,搭建中俄科研合作平台,引领国际学术交流。

在对俄教育交流中,黑龙江省建立部门高层间的交往机制,深化中俄校长、教师、学生层面的交流。在校长层面,建立了"中俄校长论坛"机制,举办了中俄幼儿园园长、小学校长、初中校长、高中校长论坛活动。在教师层面,双方互派教师到对方学校教授语言课程,还互派教师开展中俄教育比较研究,并相继举办中俄男教师篮球赛、小学女教师排球友谊赛等活动。在学生层面,举办中俄青少年艺术节、国际夏令营、中俄学生美术作品联展、中俄学生休养保健夏令营等交流活动。

(六)大力推动中俄合作办学,推动高校联盟的建立

2014年与2015年是"中俄青年友好交流年",这是中俄两国着眼于中俄关系长远发展所采取的重大举措,是两国人文合作的新亮点。2014年7月,习近平和普京在巴西会晤时提出,中俄人文合作要向联合办学、共同发展文化产业等提升两国软实力的方向发展。在新的起点上,中俄两国应以共同提升软实力为战略指引,进一步丰富内涵、创新形式,发展中俄青年之间的人文交流与合作,弘扬各自优秀的传统文化,把两国人民世代友好的根脉扎得更深。

黑龙江大学中俄学院成立于2011年5月,依托学校对俄合作的优势,开创了"专业+俄语"人才培养模式,全方位引进俄罗斯新西伯利亚国立大学优质的教育资源,借鉴教学理念,联合制定人才培养方案和课程体系。学院有中俄双方院长、中俄双方专业负责人。学生在出国留学期间由俄方管理教师和中方带队教师负责管理,学生中设置专业负责人。在教学过程中,学院采取阶段性分班制,实行每周六天授课制和晚自习答疑制;实施多元化考核体系,采取月考、外籍教师讲授课程小循环考试等灵活的递进式考评制度,有效地促进了学生学习能力和综合素质的提升。学生成绩优秀,先后有 8 人获得全国大学生数学竞赛国家级奖项,5 人获得省级奖项。公派留学生先后参加国际大学生科研学术研讨会、俄罗斯高校青年论坛、全俄中国留学生代表大会等。55% 左右的毕业生继续在国内外高校攻读硕士学位,其中包括莫斯科国立大学、圣彼得堡国立大学、白俄罗斯国立大学、乌克兰国立基辅大学等。

黑龙江大学中俄联合研究生院建于 2006 年,当时的合作高校为远东国立大学。2012 年经教育部批准将俄罗斯合作高校变更为新西伯利亚国立大学。该学院采取“1 +2”的培养模式,通过双导师、双校园、双学制、双教学计划、双语毕业论文、双毕业证、双学位证等方式,搭建起中俄高校、科研院所的合作桥梁,形成高层次的国际化教育合作平台。

该学院积极构建开放式的师资队伍,从试点学院和中外合作办学学院的角度和需求出发,采取中外教师并行、专职教师和兼职教师并行、院内教师和校内外教师并行、共同授课、协调管理的模式。除本院俄语教师外,该学院每年聘用俄语外教 4 至 6 人,长期或短期聘任其他学院(部)的俄语教师、博士研究生,以及哈尔滨工业大学、哈尔滨理工大学等高校的优秀俄语教师。

此外,该学院注重青年教师的培养和队伍建设,每年定期组织培训,鼓励青年教师提升学历、提高科研能力,鼓励全体教师全面投身于学校外语学科双一流建设。近年来,青年教师主持或参与省级、厅级和校级科研项目和教改项目十余项,参与两部中外合作教材的编写。这全面提高了本土教师的教学水平、科研水平和综合业务能力。同时,该学院于 2014 至 2018 年四次获得国家外专局资助,先后共派出中俄学院和全校各学院教师 42 人赴俄罗斯进行暑期培训,效果良好。该学院积极引智引教,丰富国际合作的内涵。该学院定期举办外方专家与黑龙江大学相关领域的专家学者共同参与的研讨会、科研对接会、学术报告会,提升黑龙江大学师生的国际化水平,扩大化学、生物学、数学、法学等学科的国际影响力。该学院在加强协同创新的同时,培育新兴交叉学科生长点,加快了黑龙江大学国际化、高水平建设的步伐。

三、俄罗斯远东地区与中国人文合作的发展现状

(一)远东地区积极推广汉语学习

相互学习对方的语言是中俄人文合作最迫切的需求。在 20 世纪 80 至 90

年代经济快速发展时期，两国都出现了翻译人员短缺的问题。1990年位于海参崴的俄罗斯远东最古老的汉学中心远东国立大学东方系汉学部改为汉学系。到20世纪90年代末期，学习汉语的大学生人数迅速上涨到近500人。1999年9月，远东国立大学成为俄罗斯汉语水平考试的第二个基地。同一时期远东地区的部分高等学校也在积极筹建新的汉学培训中心。乌苏里斯克国立师范学院于1989年开始培训汉语教师，随后符拉迪沃斯托克的工业大学、经济与服务大学分别于1995年和1996年开设了汉语课程，哈巴罗夫斯克的远东国立人文大学东方语言系开设了汉语翻译的课程，阿穆尔州布拉戈维申斯克国立师范大学和阿穆尔国立大学一直开设汉语课程。为了培养专业的汉语人才，1996年学校建立了汉学教研室。自2003年起，共青城国立技术大学语言文化系在教学中将汉语设为第二门外语。远东高校为了培养汉语翻译人才建立了原创教学法基地。与此同时，如何理解中国人语言沟通中体现出来的民族心理和民族文化特点，成为俄罗斯汉语教学中亟待解决的一个难题。中小学教育领域也出现了汉语文化研究基地，并组建了汉语学习强化班。同时，社会上大量的私立教育中心应运而生，这些教育中心针对不同年龄的学员开设各类汉语学习班。

（二）远东地区孔子学院的发展

孔子学院是推广汉语教学、传播中国文化的全球品牌和平台。2004年，第一所孔子学院成立于首尔。2006年，远东地区的第一所孔子学院在黑龙江大学的积极参与下设在远东国立大学，它是在俄罗斯正式运作的第一所孔子学院。孔子学院开展了一系列汉语文化活动，比如中学生汉语奥林匹克大赛、大学生汉语桥选拔赛、滨海边疆区书法大赛等，并组织远东地区的大学和中学汉语教师到中国进行短期的培训和研修。2008年，远东国立大学孔子学院的翻译中心开始运作，它所提供的翻译服务在国家机关、企业、个体组织中都有广泛的需求。远东阿穆尔州的孔子学院设立在布拉戈维申斯克国立师范大学。此外，黑龙江省人民政府新闻办公室机关刊物《伙伴》创办了俄文版，该杂志主要介绍中国的文化、社会生活和中俄两国各方面的联系。

（三）远东地区的科教合作

科教领域的合作在中俄人文交流中占有主导性的地位。中俄人文交流的方式主要包括代表团互访、交换科研文献、组织并参与国际会议、互派教师与学生进行研修、技术合作与创新等。阿穆尔国立大学定期举办国际学术会议，中国学者积极参会。20 世纪 80 年代末，远东高校仅与亚太地区的高校保持国际交往，这种状况在 20 世纪 90 年代初得以改变，其中最关键的环节是在符拉迪沃斯托克举办了一场国际会议，出席该会议的有大学校长、院长、亚太地区科学研究所所长等。随后，1996 年远东国立科技大学举办了第三届中国东北地区与俄罗斯东部地区大学校长论坛，30 多位中国校长参会。此后类似的活动不断举行。学术交流是最常见的合作形式之一。远东地区的图书馆在文化交流中具有重要的意义，哈巴罗夫斯克边疆区综合科学图书馆和阿穆尔州穆拉维约夫－阿穆尔斯基科学图书馆在这方面表现得最为突出。这些图书馆定期举办各种国际会议和中俄图书馆工作人员会议，组织各种展览和出版活动，其中高校图书馆之间的合作效果最为显著。提高工作人员为教师与学生提供信息支援的技能和国际书籍交流成为中俄图书馆合作的主要方向。

（四）远东地区的艺术交流

中俄人文合作还包括博物馆之间的交流，各种主题的展览会活动得以普及与推广。中俄两国在双边关系发展中也应注重个体因素的作用。齐齐哈尔大学教授、俄罗斯科学院荣誉博士李延龄的突出贡献就是一个范例。李延龄用俄语写作，是俄罗斯作家协会会员，他出版了四本俄语诗集，分别是《我爱俄罗斯》《黑龙江畔之歌》《心与心的交流》《李延龄诗集选》。他主编的中文版五卷本《中国俄罗斯侨民文学丛书》是集 20 世纪前半叶曾生活在中国哈尔滨、上海等地俄罗斯侨民作品之大成。他对中国俄罗斯侨民文化遗产的发掘得到了国内外社会的赞扬，为中俄文化传承与传播做出了贡献。

（五）远东地区的影视合作

在影视艺术领域合作方面，中俄两国建立影视制片合作机制。如 2005 年苏联影片《这里的黎明静悄悄》被中国拍成 19 集电视剧，并在中央电视台播出，剧中的演员均来自阿穆尔国立话剧院。据统计，俄罗斯演员多次受邀参与中国影片的拍摄，其中包括《百年英雄》（1997 年）、《玫瑰绽放的年代》（2006 年）等。2004 年在符拉迪沃斯托克拍摄了中国影片《上海故事》，此后这个城市引起中国电影工作者的关注。从 2003 年起，远东的滨海地区每年都举办国际电影节，来自亚太地区和东南亚地区等几十个国家的电影工作者均应邀参加。

（六）远东地区的旅游合作与体育交流

旅游和体育领域的合作促进了中俄边境地区间的文化交流。第一个苏联旅游团是在中苏经济关系恢复后，由全俄列宁共产主义青年团哈巴罗夫斯克边区委员会国际青年旅行社在 1988 年组织的，大约在同一时期苏共哈巴罗夫斯克边区委员会决定建立哈巴罗夫斯克国际旅行社。此后，中俄两国的旅游产业稳定发展，其中包括一些私人旅行社的参与。

远东地区在中俄体育组织与俱乐部举办赛事方面积累了丰富的经验。1988 年，滨海边疆区边防镇政府同中国绥芬河市政府达成协议，在 1989 年共同举办了排球与篮球友谊赛，这是体育领域中的首次合作。犹太自治州从 1992 年起定期举办有中国队参与的体育比赛和儿童体育表演活动。目前，每年在黑河和布拉戈维申斯克举办的横跨阿穆尔河的国际水上比赛已成为传统的比赛项目。

四、中俄毗邻地区人文交流与合作的特点

通过分析中俄毗邻地区进行人文合作和文化交流的进程，可以发现，两地人文合作具有阶段性的特点，并且与个体的适应过程是并行的，个体应对外来文化的过程通常包括吸引、排斥、适应和同化（或异化）等阶段。中俄文化的相互交流，在当地居民共同心理方面具有相似的发展趋向。[①]

第一阶段，也就是初始阶段，人文交流主要侧重于相互吸引的优势文化。该阶段的特点是权威性较低，对中国传统文化的认识停留在抽象概念的基础之上。中国悠久的历史、文字、艺术，以及古老的哲学理念、独特的精神境界、特殊的生活方式、饮食和中医等吸引着俄罗斯民众。随之到处都开设汉语培训班，出版大量的俄汉、汉俄会话手册，医科高校也开设了介绍中国传统医学的课程。这些尝试被赋予了现实意义，过去的交流信息得以存储，汉学的经典著作再度发行，文化领域的首批合作协议成功签订。这一阶段属于合作的兴奋期，是乐观精神主导下期望过高的阶段。

第二阶段是 20 世纪 90 年代中后期的外来文化排斥期，它是伴随着信息存储与消极交往体验传播而形成的，其中归因错误是主要因素。在这一阶段，存在于行为模式、价值观念、规范等方面的诸多差异引起民众情感上的压抑反应，

---

① 胡洋溢，韦庆旺，陈晓晨. 多元文化经验增强外文化排斥反应？——开放性和本文化认同的作用[J]. 中国社会心理学评论，2017(1).

同时增强了自身的优越感。尽管这一时期人文交流得到快速发展，文化领域的相互影响表现得并不明显，但是双方的接触已空前扩大，双方不仅增强了参与者之间的相互理解，还明确了两种文化间的根本差异。在这期间远东还建立了地方汉语学校，以培养翻译人才和区域专家。由此，文化领域逐渐形成稳定的合作关系。在20世纪90年代末至2000年上半年，国际文化交流得到新的推动力和两国政府的官方支持，文化对话成为中俄战略伙伴关系的一个重要方面。

第三阶段是从2000年到现在。当前正处于第三阶段，即完全具备适应力的阶段。中俄两国应认清两种文化交叉形成的文化空间，积累人文交流的技巧，制定具有可行性的活动纲要。人文合作应具有计划性和合理性，人文合作在体现价值的同时，有时也会产生一些问题和矛盾。

现阶段，俄罗斯远东地区在总体上已经创造了促进双边关系发展的有利条件，远东地区的民众对中国文化的认识正在逐步加深。最近十几年来，在中俄人文合作中远东地区培养了大批高水平的区域专家、语言学家和教育学家。同以往的历史阶段相比，远东已从根本上增强了与中国的人文交往能力。

五、黑龙江省发展对俄红色旅游合作具备得天独厚的优势

黑龙江省是我国对外开放的最北窗口，是中俄"一带一路"与欧亚经济联盟对接的重要节点。黑龙江省曾占中俄经贸合作的半壁江山，也是中俄旅游合作发展最主要的省份。黑龙江省现有的数座苏联红军纪念碑不仅反映了两国人民的革命精神，也是中苏友谊最好的鉴证。

黑龙江省与俄罗斯在历史上的人文交流渊源和抗战时期中苏军民在黑龙江一同英勇抗敌的革命精神是两国人民友谊的催化剂。一方面，为了纪念在抗日战争、抗美援朝中牺牲的苏联红军，黑龙江各地涌现出许多苏联红军纪念碑，如哈尔滨市苏联红军烈士纪念碑、抚远苏联海军英雄烈士纪念碑、虎头苏联红军纪念碑、安达苏联红军纪念碑、齐齐哈尔苏军烈士陵园、克山县苏联红军烈士纪念碑、绥芬河苏联红军烈士纪念碑等。它们形态各异，是中苏人民友谊的鉴证，是两国革命精神的真实写照，也是黑龙江省发展对俄红色旅游合作最宝贵的历史资源。除此之外，黑龙江省还有反映东北抗联精神、北大荒精神、大庆精神、铁人精神的景区、遗址。另一方面，近年来俄罗斯特别注重开发远东地区的旅游资源，发展远东地区的旅游业。除2017年8月1日持有效俄罗斯电子签证

的外国公民可通过符拉迪沃斯托克国际机场和国际海港口岸入境外，从2018年1月起，可入境口岸增加到4个。同时，与黑龙江省毗邻的俄罗斯远东地区拥有丰富的红色旅游资源。俄罗斯远东地区有东北抗联88旅营地遗址、抗联教导旅遗址等红色旅游胜地，这些旅游胜地都深深地吸引着中国游客前往参观。远东的哈巴罗夫斯克等城市内纪念苏联人民抗战的纪念碑、纪念馆、遗址等更是随处可见。

从2007年以来，黑龙江省红色景区的复原、扩建、再建等工作有序进行，如黑河旅俄华侨纪念馆开馆、侵华日军七三一部队罪证陈列馆全面开放、中苏抗日战争历史陈列馆扩建、东北抗联博物馆扩建、全国首家“中俄友好”纪念馆开馆、牡丹江市新建“八女投江”纪念馆等。这些都是黑龙江省重点红色旅游景区。

第三节　中俄毗邻地区开展人文交流与合作中存在的问题和面临的挑战

当前，中俄两国毗邻地区的人文交流与合作存在的问题主要表现为文化创新能力不强、国际传播实效性不高、民间参与力度不大、国际通用型人才不足等。

一、黑龙江省对俄人文交流与合作存在的问题

（一）对俄人文交流仍处于实践与探索中，没有上升到理论与战略层面

从黑龙江省对俄人文合作的实践来看，无论是官方组织的对俄人文合作，还是民间自发的对俄人文合作，要么是政府行为，要么是个人行为，常态化、机制化的活动很少，许多人文合作仍处于实践与探索中，还没有上升到理论层面。例如，关于中俄两国东部毗邻地区以何种形式开展人文合作、在哪些领域重点进行人文合作、是否应制定年度或长短期对俄人文合作发展战略等理论问题，至今没有得到深入探讨。这些理论问题只有得到统一的认识，才能指导对俄人文合作健康、有序地发展。

（二）对俄人文交流的领域广泛，但发展不均衡，一些领域的发展比较薄弱

目前，黑龙江省与俄罗斯已实现了音乐、体育、美术、舞蹈、学术研究、卫生、

图书馆、饮食、旅游、博物馆、陈列馆、展览馆、教育、个人收藏品、少数民族非物质文化遗产等领域的交流与合作。尽管两地在诸多领域开展了人文合作,但是各个领域并不是均衡发展的,有的领域发展得比较完善、成熟,有的领域得到优先发展和重点发展。如教育领域成为对俄人文合作的排头兵和重头戏。

与此同时,有的领域发展得又非常薄弱,如在档案馆交流中,俄罗斯尤其是远东地区的档案馆众多,其中收藏了诸多关于中国的档案,但相关合作还有待于进一步拓展。

(三)对俄人文交流与合作中一些发展相对成熟的领域还未充分释放潜能

教育、旅游、媒体、卫生等领域是两地人文交流与合作的成熟领域。尽管如此,这些领域仍有着极大的发展空间。如在教育领域,复合型、高质量的对俄人才的培养水平还可再提高;在卫生领域,对俄交流更侧重于引进俄罗斯的医疗资源,本土对医疗高层次人才培养的动力不足;在旅游领域,存在着提高层次的问题;在媒体领域,只停留在向俄罗斯介绍中国政治情况,在讲述中国故事方面,在介绍俄罗斯人在中国和中国人在俄罗斯的活动方面,存在着明显的不足。

(四)在两地文化交流与合作中文化内涵有待提升

人文交流与合作是公共外交的重要组成部分,是提升国家软实力的重要途径。从根本上讲,人文交流与合作是为了渐进性地实现一个国家文明推广战略,以及提升一个国家的文化软实力。目前,由于历史、市场经济、西方文化竞争、意识形态等因素的影响,中俄两国民众之间还存在一些误解。特别是青年人对彼此的现代文化、艺术、社会、生活、思想、精神等方面的了解还较少。双方对西方文化的兴趣都超过对彼此文化的兴趣。在莫言获得诺贝尔奖后,俄罗斯的书店才出现《酒国》和《丰乳肥臀》。而在中国图书市场,俄罗斯古典文学作品比较常见,俄罗斯现代文学作品却不常见。因此,两地的大众传媒应注重人文交流与合作的深层次的因素,即文化本身的作用,在全面、真实、准确地提供中俄政治、经济、文化等方面信息的基础上,发扬中俄两国文明本身所具有的魅力和吸引力。

(五)两地人文交流与合作存在形式主义

近些年,中俄两地人文交流发展得很快,如建立文化中心、孔子学院、大学生交流基地、友好城市,举办各类文化艺术节、体育交流活动、文艺演出等。但是某些文艺演出和比赛只是展示了中国文化的代表性符号,满足了俄罗斯观众的好奇心，却没有表达出中华文化的真正内涵。我们应该尽量避免形式主义，要将“看上去很美”的交流活动进一步落到实处，要通过交流活动尽快拉近两国人民的心灵距离，增强了解和互信，达成文化认同和共识，进而以人文交流与合作来推动政治、经济领域的合作。长期以来，中俄人文交流主要是以政府为主导，中俄两国虽然培育和形成了一批品牌合作项目，比如系列国家年活动、艺术节、文化节、专题论坛、演艺团体互访等，但是没有将它们转化为市场化的系列文化产品，没有真正实现规模化的民间与社会参与，也没有形成规模化的民间文化市场。这使两国产生了文化交流不平衡、交流范围固化、影响力窄化等消极后果。

（六）两地人文交流与合作中青年人才不足

人文交流与合作的重要载体是语言。语言是人类心灵沟通和不同文明对话的桥梁。当前，尽管中俄双方重视、推动中俄人文交流与合作，在中国和俄罗斯学习俄语和汉语的人数持续增加，但随着中俄经济、政治的快速发展，中俄两国学习彼此语言的青年人才仍然不足。另外，中俄两国开展人文交流与合作，首先要进行必要的文化研究。虽然中俄两国同为文化大国，传统文化独具特色，但是中俄两国通晓对方历史、文化乃至民族精神的青年人才不足。此外，在商务领域，在跨国企业经营中，懂外语又懂经济、法律的复合型青年人才更为不足，甚至短缺。近年来，双方举办各种活动的经验说明了在人文合作中整合方法的必要性。在全面战略协作伙伴关系背景下发展人文合作需要创建统一的协调中心，以期按计划实现远东与中国的文化政策的目标。人文交流的监管工作应与其结果评估同步进行，详细的规划离不开地方与联邦层面管理机构的大力支持。文化合作与对方的经济利益、政治利益相互关联，但不能被其取代。远东地区人文领域初步合作的积极成果表明，中俄两国在未来的人文合作中，应充分利用并发挥远东地区的巨大潜力。

二、中俄两地人文交流与合作面临的挑战和应采取的思路

2013 年，中国提出共同建设“丝绸之路经济带”和“21 世纪海上丝绸之路”的倡议之后，俄罗斯社会对“一带一路”倡议逐渐接受。中国国家领导人和政府近几年在国际场合做了大量有效的阐释、说明工作，“一带一路”倡议的各项规划逐渐展开与落地。2015 年 5 月，中俄两国就“一带一路”倡议和欧亚经济联

盟对接达成战略共识。俄罗斯社会对“一带一路”倡议的整体看法逐渐趋于客观化。

从总体上看，目前俄罗斯社会比较一致的认识是，“一带一路”倡议的提出和实施代表着“中国崛起”达到了一个新阶段。现阶段俄罗斯将中国视为机遇而非威胁，应“借中国之风扬俄罗斯之帆”①。当然，俄罗斯社会中对“一带一路”的实施路径也有多种不同的看法。在此背景下，加强和深化中俄两国的人文交流就显得尤为迫切和重要。在“一带一路”倡议的“五通”（即政策沟通、设施联通、贸易畅通、资金融通、民心相通）中，“民心相通”是“一带一路”倡议的社会根基。中俄两国应通过广泛地开展文化交流、学术交流、人才交流合作、媒体合作、青年交流、志愿者服务等活动，应对当前面临的新挑战。

（一）深入开展人文交流活动，奠定民意基础，增进两国间战略互信

民心相通是“一带一路”倡议的社会根基。当前中俄关系处于历史上最好的时期，双方的合作是新型大国关系的典范。21 世纪的第二个十年是中国实现和平发展的关键时期，同时也是俄罗斯国力振兴、重新崛起的重要阶段。中俄两国国家发展战略的重心都在国内，巩固睦邻友好关系、推进战略协作是两国维护各自国家安全、促进国内经济发展的共同需求。中俄两国只有最大限度地利用经济互补性、制定共同战略、争取共同发展，才能实现各自的崛起与振兴。同时，中俄两国还应积极地引导民间舆论，打破官方人文交流的固有模式，推动双方更加全面、客观地认识和了解彼此，为双边关系的健康发展，以及“一带一路”倡议与欧亚经济联盟的顺利对接奠定更为坚实的民意基础。

（二）加快中俄人文交流模式的转型和升级，要有主体性思维

中俄两国应建立长期有效的新型大国合作关系，保持可持续发展，推动新型的“官方引导、民间主办”的人文交流新模式的构建，真正实现从政府到民间、从政策到市场的转换，让两国间的人文交流真正进入健康、可持续发展的新阶段，实现真正的民心相通，为“一带一路”倡议打下更为坚实的社会基础。②

中俄两国应逐渐跳出服务双边经贸、服务国家战略等既定的思维模式，要

---

① 伊戈尔・A・马克罗夫，伊利亚・A・斯捷潘诺夫，檀生兰. 中俄需建立新的互补性[J]. 中国投资，2018(11).

② 吴涧生，杨长湧，苑生龙. 推动“一带一路”国际合作高峰论坛机制化实体化发展[J]. 中国发展观察，2018(Z2).

加强文化交流,提高文明互鉴的高度,重新审视中俄文化的共性与互补性,共同发展,推动两国人民在思想文化、价值观、文艺审美等精神世界层面的相互体认与理解。

此外,当前人文交流中存在的主要问题是缺乏对文化联络的系统监察和评估,比如远东地区的东方文化印刷中心就需要建立一种评估机制。在未来的人文合作中,远东地区必须制定多层次的东亚文化发展规划。为了避免上述问题的出现,科学地制定实施方法和预先计划是极其重要的。教育、科技、媒体是实施区域文化政策的重要领域。

第四节　中俄毗邻地区开展人文交流与合作的经验总结

近年来,在有关方面的共同努力下,中国对外人文交流取得了十分显著的成绩,但面临的困难与挑战同样十分严峻。在今后一个时期,中国应充分总结以往的成功经验,积极进取,排除干扰,化解挑战,推进人文交流迈上新台阶。

一、推进中俄人文交流与合作的基本思路

(一)以推动构建人类命运共同体为引领,倡导不同文化在平等基础上交流互鉴

推动构建人类命运共同体是习近平中国特色社会主义外交思想的重要内容,为21世纪国际关系的发展提供了新思路。这一理念继承、发扬了中国外交的优秀传统,反映了世界各国人民追求发展进步的共同愿望,同时也借鉴了世界上一些区域和国家构建共同体的有益经验。这一理念的重要意义是以共建美好世界为目标,使中外人民心灵相通,加强中国与世界的相互认知和认同。

(二)以继续探索官民并举的模式为重要手段,鼓励民间力量在人文交流中发挥更大的作用

国与国的关系的基础是"民心相通",而所谓"民"就是人民,就是每个个体或由个体组成的团体。我国在开展人文交流方面已经进行了多年的探索,积累了很多宝贵的经验。但不可否认的是,由于改革开放的时间总体上还不是很长,我们在进一步调动民间力量方面仍然大有可为。我们要发挥好"民相亲"

"心相通"的桥梁作用,充分推动社会各界参与到"一带一路"人文交流的事业当中;要以经贸合作为依托,发挥企业在"走出去"过程中的重要作用;要熟知国际商务规则和沿线国家的国情,努力提高产品质量、科技含量;要树立品牌意识、环保意识和回馈当地社会的服务意识;要加强学术往来,加强对沿线国家留学生的培养,增强智库间的互动交流;要发挥各类文化团体、社会组织的积极作用,推动区域间、城市间的人文交流,通过文化互动来消除偏见和误解;要积极发挥沿线国家华侨、华人的交流使者作用。

(三)以打造面向国际市场的文化媒体为突破口,大力发展国际文化传媒产业

近年来,中国在建设有影响力的传媒平台和人员队伍方面下了许多功夫,投入了不少资金,更新了不少设备,设立了不少奖项。应该说,效果是明显的,但又是有限的。在坚持优秀传统文化根基的前提下,我们要紧跟全球化和信息化时代的步伐,从做强涉外媒体和教育文化产业等方面入手,加强人文交流;要积极借鉴非英语国家的媒体走向世界的成功经验,打造中国面向世界的拳头媒体。在这方面,"今日俄罗斯"电视台的经验值得借鉴。中国的媒体要有意识地建立平等互鉴、包容尊重的传播话语体系,将我国传统文化的和平诉求、新型国际关系理念、命运共同体理念等如实地传达给沿线国家。这就需要打造汇通中外的新概念、新表述,用富有亲和力、感召力和公信力的话语来讲好中国故事。在发展文化产业方面,要坚持政府推动、企业为主体、市场主导、商业运作的模式。政府要制定并完善文化创新的相关政策,加大对文化产业的资金扶持力度,并构建多元合作渠道,整合文化资源。企业要借鉴国际文化产业成功的经验,努力培养国际专业化人才,根据市场需要来进行商业投资,提高跨国经营的法律意识、管理水平、文化水平等。

二、中俄人文交流与合作的经验总结

第一,举办"主题文化节",促进文化交流逐步走向机制化。

文化交流在中俄两国关系中发挥着独特的作用。两国积极引导文化"走出去"和"请进来",互办"国家年"等各类"主题年"文化交流活动,拓宽文化交流领域,为合作机制和人文交流机制奠定社会基础。

中俄两国 2006 至 2007 年合作互办"国家年",在中国"俄罗斯年"和俄罗斯"中国年"的活动中,中俄两国共计举办了 500 多场活动。从 2008 年开始中俄两国轮流举办"文化节"、中俄大学校长论坛、中俄大学生艺术联欢节、中俄中小学生交流活动、中俄高等教育展、中俄电影展等活动。近几年,中俄两国举办了"语言年""旅游年""中俄媒体交流年"等活动,使两国民众相互了解、相互信任,全面推动两国战略伙伴关系向前发展。

第二,以孔子学院为平台,形成了稳定的教育合作机制。

中国在俄罗斯建立的孔子学院是双方人文交流的桥梁,促进教育交流和文化多元化发展。孔子学院已经逐渐突破了传授汉语的单一功能,成为综合性中外文化交流平台。

第三,民间人文交流以旅游合作的方式,促进了民心相通。

旅游资源是各个民族、宗教及其文化的载体,旅游是文化传播的有效渠道和方式。自2010年以来,中国去俄罗斯的旅客人数从2010年的15.8万增加到2015年的67.8万。2015年,中国在俄罗斯外国入境旅游人数排名榜中位列第1位。中国通过旅游推动金砖国家之间传播文明、交流文化,增进了民众之间的友谊和民族亲近感。

第四,以青年交流为主体,提升人文交流的活力。

举办青年交流活动一直是两国人文交流的传统。2014至2015年被确立为"中俄青年友好交流年",中俄两国在艺术、科学、教育、青年交流等领域开展了100多项具体的活动。

三、黑龙江省对俄人文合作上升为国家战略的必要性

近年来,随着中俄人文合作的不断发展,黑龙江省对俄人文交流与合作不断加深,深化和拓宽了中俄"全面战略协作伙伴关系"的内涵。基于此,黑龙江省充分发挥区位优势,积极搭建对俄人文交流与合作的平台,对俄人文交流与合作的成果丰硕,中俄合作的政治基础不断巩固,经贸合作不断发展,文化不断融合。

(一)有助于增强中俄政治互信

近年来,黑龙江省作为对俄人文合作的领头羊,通过深化对俄人文交流与合作,加深了中俄两国人民对彼此悠久的历史、灿烂的文化和经济社会发展成就的了解,为两国文化关系的健康、有序发展打下了坚实的基础,使中俄两国世代友好的和平思想深入人心,巩固了中俄全面战略协作伙伴关系的政治基础。

（二）有助于推动中俄经贸合作发展

黑龙江省对俄人文合作上升为国家战略是加强人文交流、促进共同繁荣的重要要求。没有人文交流做基础，经贸合作就长久不了。黑龙江省积极参与并共同举办中俄“国家年”、“旅游年”、“文化大集”、“俄语风采大赛”、艺术博览会、中俄博览会等活动，推动经贸合作与科技合作、人文合作相结合。这加深了两国人民的相互了解和传统友谊，促进了双方经贸合作的深入发展。

（三）有助于促进中俄不同民族文化之间的融合，实现文化认同

中俄两国历届领导人都非常重视彼此不同民族之间的文化融合，从政治高度推动了人文交流与合作，夯实了中俄友好的社会基础，实现了文化上的相互认同。正是基于此，近年来，黑龙江省积极搭建对俄人文合作平台，在对俄文化交流、艺术交流、教育交流、青年交流、体育交流、档案交流、旅游交流、法律交流等方面取得了丰硕的成果。黑龙江省在人文交流与合作中加深了友谊、增进了了解，对树立良好的国家形象起到了不可替代的作用。

四、推动中俄人文交流与合作的现实路径

（一）完善人文交流机制

我国应在原有人文交流机制的基础上，进一步利用好现有的资源平台，加强与沿线国家交流机制的对接联通，重点做好与邻近国家的交流工作，积极推动“一带一路”倡议与俄罗斯国家复兴战略，从而为国家间的互动合作奠定坚实的政策基础。

（二）创新人文交流模式

我国推进“一带一路”人文交流，要妥善处理政府和民众的角色分工，突破政府主导人文交流的单一模式，在人文交流的不同发展阶段适时创新交流模式。在人文交流的开启阶段，我国需要充分发挥政府的引领和推动作用。随着人文交流向纵深发展，人文交流模式需要“重心下移”，我国要更多地发挥社会基层民众和草根团体的力量，使广大民众成为支持人文交流的重要力量。同时，我国要让更多的专业智库和高校研究机构担当起重任，主动与“一带一路”相关国家的重要智库进行合作，以推动人文交流、形成互利共赢的思想共识。

（三）拓宽人文交流的路径

我国立足于教育、旅游等人文交流的传统路径，一方面要深入挖掘传统路

径的潜力,另一方面要积极拓展新路径。例如,在教育交流方面,我国以往多采用双方互派留学生的形式,在此基础上,有必要进一步挖掘新方式。只有创新学习交流平台,通过夏令营、节庆联欢等活动形式,才能扩大中俄两国青少年之间学习交流的规模。只有充分发挥中国历史文化优势,才能广泛地开展中国历史文化教育展示活动。因此,在传统路径的基础上,我国要拓展新媒体合作交流、智库交流等新型人文交流路径,充分利用互联网等科技手段,推动与沿线国家的思想和文化交流。

(四)夯实人文交流的文化基础

在"一带一路"人文交流中,文化是心灵沟通最好的媒介,我国要充分发挥好文化的作用。一是推进文化创新,立足于传统文化,打造现代文化符号,讲好中国故事。二是借助大数据、云计算、物联网等高科技手段,提升文化产业的专业化、集约化和规模化水平,提高文化"走出去"的能力。三是以"一带一路"人才建设为重点,大力培养语言人才和文化使者,在高校和研究机构中开设"一带一路"沿线国家的语言与文化专业,编纂各国语言志和词典,从战略高度发展小语种教育,为文化交流培养出一批既精通对方语言又熟悉当地习俗、宗教与法律的人才。

(五)创新人文交流的管理方式

人文交流也需要进行科学化管理。一是建立人文交流绩效评估体系。为了防止人文交流只讲形式不求实效、保证人文交流的可持续发展,政府可以有意识地建立相应的科学评估体系,对人文交流的过程和结果进行综合性评价。二是建立人文交流信息数据库和动态监测、危机预警系统,将以往开展人文交流的信息分门别类地纳入数据库,从景气到危机用不同颜色加以显示,对人文交流的状态和效果进行动态监测,并对可能出现的问题做出危机预警。

五、加快推进黑龙江省对俄人文交流与合作的对策建议

近年来,黑龙江省对俄人文交流与合作的重要性不断凸显,为了加快推进黑龙江省对俄人文交流与合作的进程,使黑龙江省在对俄人文交流与合作方面始终处于领头羊的位置,推动中俄关系健康发展,我们提出以下对策建议。

(一)继续发挥对俄区位优势,积极搭建平台,推动对俄人文合作稳中提升

人文合作是政治合作和经贸合作的反映,人文合作越紧密,经贸合作越繁

荣，反之亦然。因此，国家应借助黑龙江对俄经贸和旅游发展的优势，深化人文合作。黑龙江省应通过深化经贸合作，大力发展文化产业，依托黑龙江旅游资源，打造旅游品牌，增加相关产业的文化含量，延伸文化产业链，提高附加值，从而以文化为纽带促进经济发展。

黑龙江省官商民对俄人文交流与合作实现了并存，但未并重，这说明黑龙江省民间对俄人文交流与合作还有较大的提升空间。因此，黑龙江省要坚持官方人文交流合作与民间人文交流合作并存且并重的原则，为双方开展人文交流与合作提供官方支持和政策保障，大力开展民间对俄人文交流与合作，积极扶持民间团体走出去，不断扩大对俄文化贸易。一是继续加强黑龙江省与俄罗斯的官方往来，为双方开展人文交流与合作提供政策保障。二是注重对民间团体的引导、带动，在官方对俄人文交流与合作中，更多地吸纳民间团体，以官方标准严格要求民间团体。三是加强民间对俄人文交流与合作的理论介入，提升跨文化交际能力。四是提升民间对俄人文交流与合作的文化内涵，丰富民间对俄人文交流与合作的内容。五是整合民间对俄人文交流与合作的资源，分类管理，扩大交流空间。

（二）加强中俄复合型人才的培养，促进对俄人文合作的发展

俄语是对俄人文合作的重要载体。黑龙江省是中俄复合型人才聚集的大省，也是我国最重要的中俄复合型人才培养基地。加强中俄复合型人才的培养是黑龙江省经济社会发展的需要，也是推动黑龙江省对俄人文交流与合作的必然选择。因此，黑龙江省要充分利用对俄人才比较优势，加大中俄复合型人才的培养力度，为对俄人文交流与合作提供人才储备。一是充分发挥黑龙江省对俄教育交流与合作的独特优势，发挥各类教育机构在培养中俄复合型人才中的主渠道作用，多渠道培养中俄复合型人才；二是通过“俄语＋专业”的培养模式，改进课程设置，培养实用型俄语人才；三是充分利用黑龙江高校对俄联合办学的有利条件，互派教师和学生，加强沟通与交流，感受俄罗斯文化；四是进一步拓宽学生的知识面，增强语言沟通能力。

（三）拓宽对俄人文合作的广度与深度，深化对俄人文合作

黑龙江省应搭建平台，有效地整合地域资源，充分利用边境口岸城市开展对俄人文交流与合作的地理优势，以点带面，以边境城市带动省内其他城市，实现边境与内地城市对俄人文交流与合作同步发展。黑龙江省应加强对俄图书馆际交流，推进双方图书馆际交流的实质性工作，进一步丰富对俄人文交流与合作的内容。黑龙江省应创建对俄人文交流与合作的文化论坛，使对俄人文交流与合作设有专场文化论坛，使对俄人文交流与合作有学术理论做支撑。黑龙江省应开辟对俄人文交流与合作的新渠道，增加对俄文化贸易的比重，以双边文化贸易带动文化交流，以人文交流与合作促进文化贸易。

（四）举办专业化、机制化、常态化高层智库论坛，提升两国人文合作的层次与高度

黑龙江省应该把两地人文交流与合作从实践层面上升到理论层面，然后用理论重新指导实践。然而，摆在当下的问题是如何操作。我们认为，行之有效的方式之一就是创办高层智库论坛，体现出专业化的特征，通过学界与政界、商界相互交流达到上述目的。

学术研究在中俄人文合作中扮演着越来越重要的角色。它既为中俄人文合作的健康发展提供理论支撑，也是我们了解、认识俄罗斯的有效途径之一。黑龙江省应整合全省的学术资源，尤其是应依托高校和科研院所的研究资源，成立俄罗斯研究基地或中心，设立专项资金，有规划地开展研究工作，培养自己的领军人才队伍。为了进行学术交流和扩大对外影响，黑龙江省应以研究基地或中心的名义成立外向型智库，吸纳俄罗斯的重要学术机构和重量级学者参与其中，形成有关俄罗斯研究的协同创新中心。

作为文化产业的重要内容，各类智库同样具有特殊的作用：通过召开国际论坛和国际学术会议，将相关的重要信息传达给政府决策部门；研判重大基础设施项目的科学性、合理性和可操作性，协助高层制定科学合理、切实可行的发展规划；建议政府及时出台相关的政策法规，破除贸易壁垒，解除合作障碍。黑龙江省应通过物质文明与精神文明的双轮驱动，推进新形势下国际经贸与人文合作的更快发展。

（五）加强图书馆建设，把黑龙江省建设成俄文图书资料中心

从清代开始，中俄两国就进行图书交流，图书交流至今已有近二百年的历史。它是中俄人民了解、研究对方的重要媒介。黑龙江省图书馆和省内主要高校均设有俄文图书资料中心。这不仅是搞好黑龙江省文化建设的重要方面，也有利于加强黑龙江省的学术研究，还会促使国内外学者前来查找资料，从而真正实现文化搭台、文化唱戏与文化搭台、经济唱戏的双重目的。

（六）开展档案馆合作，加强历史档案的研究解密工作

档案馆之间的交流与合作是对俄人文交流与合作中可以大有作为的领域。众所周知，俄罗斯不仅是一个在档案收藏与管理领域有着丰富经验和较长历史的国家，而且也保存了大量的有价值的尤其是与中国有关的档案。通过档案馆之间的合作，黑龙江省可以开辟两地人文交流与合作的新方式，同时也可以补充黑龙江省档案馆的馆藏和特色档案文献的收藏。

（七）开展民间交流，加速中俄人文交流模式的转型和升级

黑龙江省应建立长期有效的新型合作关系，保持可持续发展，推动构建新型的“官方引导、民间主办”的人文交流新模式，真正实现从政府到民间、从政策到市场的转换，让两国间的人文交流真正进入健康、可持续发展的新阶段，实现真正的民心相通，为“一带一路”打下更为坚实的社会基础。

民间交往是一个比人文交流或民间交流更符合当今中国实践需求的概念。民间交流是民间交往的一个重要组成部分。交流意味着观念、知识、情感、审美体验的彼此传播，但交往不仅包括交流，还可以包括交朋友、组团队、一起做生意、一起做公益、一起建造跨国生活工作圈、一起建造彼此共享的跨国共同社会空间。在深化民间交往这一政策理念的指引下，黑龙江省在对外工作中自然就不会只满足于各自特色文化的交换展示，而会更积极、更深入地缔结人们之间的情感纽带，更积极、更深入地了解彼此的核心利益，从而使“人类命运共同体”真正落到实处。

（八）提升合作层次，把对俄人文合作传统的成熟领域做强做大

在教育、旅游、媒体和卫生等传统的成熟领域，提升合作层次仍是当前黑龙江省对俄人文交流与合作的重中之重。除了继续在传统形式上保持交流与合作之外，黑龙江省应开展新的交流与合作。在教育领域，各高校应比照黑龙江大学、哈尔滨师范大学等高校的对俄合作办学模式，培养复合型高质量的人才（外语 + 专业），筹建中俄艺术学院与中俄学院（专业 + 外语），成立俄语学院（俄罗斯学研究中心）。在旅游领域，加大对外宣传、推介力度，吸引游客来黑龙江与俄罗斯远东地区旅游，加大与俄罗斯远东地区旅游部门的合作力度，不断开辟新的品牌旅游线路，进一步营造营商环境，提高服务水平与能力，改造基础设施，营造舒适的交通环境。在媒体领域，通过媒体合作在讲述中国故事等方面发挥更大的作用。在卫生领域，黑龙江省应大力培养医疗高层次人才，不断

提高医疗水平。

(九)在人文交流与合作中加强中俄文化产业合作

在中俄地区人文交流与合作中,民间交往的逐步扩大和基础设施的互联互通,为进一步加强文化产业合作提供了条件。中俄交往历史悠久,文化资源丰富。黑龙江省应充分利用“中俄地方合作交流年”“中俄博览会”和“中俄文化大集”等国际交流与合作平台,加强中俄文化产业的创新性合作,扩大“一带一路”的文化影响力。中俄两国都具有丰富的历史文化资源,两国之间的文化交往源远流长。善于利用这些宝贵的资源来发展当代中俄产业合作,是充实中俄合作内容、扩大合作领域的重要方面。

同时,黑龙江省可以将沿线重要的历史资源、文化资源、生态资源、旅游资源相串联,以点带面,实现全面发展,构建丝绸之路文化产业发展带。黑龙江省可以开展文博考古系统的产业合作,如建立遗址公园等,可以开展跨国民族文化生态考察,研究北方民族文化的多样性,可以开展中俄侨民文化考察,研究近代以来跨国人口流动问题,也可以发展有关红色通道、民族风情、自然生态、界江考察的特色旅游产业。在中俄文化产业带中,黑龙江省要大力培育影视创作、动漫、音乐、舞蹈、造型艺术、民间艺术等形式,在扩大文化影响力的同时,不断提高产业运营的经济效益。

(十)积极发展文化产业,发挥青年的创造力

黑龙江省高校应扩大外语人才培养规模,传授最新的俄语知识,积极实施语言人才双学位培养计划。黑龙江省应鼓励两国高校协作和联合办学,发挥各自的优势,汇集优质教育资源,培养更多的具有跨语言、跨学科、跨文化沟通能力的高级人才。这些都有利于加强中俄关系,有利于更好地传播两国的价值观和优秀文化。

今后中俄两国的留学生数量将有较大幅度的增长。但值得注意的是,在追求受众数量的同时,黑龙江省更应在质量上下功夫。如在教学中因材施教,在传播中华文化的同时,向留学生解释其最关心的问题,这样才能增进彼此的了解,培养一批真正的青年人才。又比如,在政策上予以倾斜,或者单独设立一些项目,对热爱中国文化的青年人才给予支持是十分必要的。黑龙江省应通过提供奖金和深造机会等形式对从事汉学研究、翻译中文著作、学习中华传统艺术的俄罗斯青年人才进行鼓励,帮助其发展事业,培养俄罗斯青年对中国的感情,再通过他们来传播中华文化。这将会达到事半功倍的效果。

（十一）重视科研机构和青年学者的交流与合作

中俄两国都有十分深厚的文化底蕴，但把几千年历史的文明全面推向市场既不现实，也难以达到满意的效果。所以，中俄两国应该挖掘博大精深的文化内涵，变无形为有形，结合全球化需求，开发彰显民族特色的项目，激发广大民众的兴趣。中俄两国都应把文化产业作为国家战略性支柱产业。青年最有生机活力，最具创新精神，是人文交流的生力军。黑龙江省应进一步发挥青年人才的创造力，发展文化产业，一方面提高经济效益，另一方面提高文化竞争力和吸引力。

科研院所是重要的“思想库”和“智囊团”，是“二轨外交”的重要推动者。因此，黑龙江省应进一步发挥科研院所在人文交流领域的沟通、引导作用，积极探索长效合作机制，如学者定期互访、双方研究所直接进行联系等，从而进行交流与对话，提供正确的信息，改变决策层和舆论界的印象，使中俄人文交流更加具有主动性、策略性和有效性。而青年学者是知识精英、青年翘楚，其思想和言行对促进两国友好合作、深化全面战略协作伙伴关系有着重要作用。

（十二）推进青年联谊组织的建立

黑龙江省应加强中俄青年之间的联系、沟通，建立各层次、各领域、各行业的联谊组织，通过开展各种“接地气”的交流活动，如参观、互访、研讨、旅游、展览等活动，进一步巩固两国关系的社会基础。如 2014 年首届中国 – 俄罗斯博览会期间，中俄青年企业家俱乐部的成立是青年交流的一种创新，尽管俱乐部还在起步阶段，但有合作意向和热情的两国青年企业家不断开展经贸洽谈，进行研讨培训，通过网站提供对接和咨询服务，在交流中体现着“务实合作”。

综上所述，人文交流在推进“一带一路”倡议中具有重要地位，有助于推进民心相通、构建政治互信、深化经贸合作。在“一带一路”沿线，许多传统的历史文化资源在东西方文化交流中具有独特的地位，文化影响力的不断提升是实施“一带一路”倡议的重要前提。在中俄人文交流与合作中不断增强文化互信，强化各具特色的话语权与影响力，能够使沿线国家理解和接受中国的发展理念。为了顺利推进“一带一路”人文交流，中国应积极推动不同文化在平等基础上的交流互鉴，完善人文交流的对话机制，鼓励民间力量发挥更大的作用，提高国际传播的能力，大力发展文化产业。“一带一路”人文交流是一个潜移默化的长期过程,不能急功近利。中俄人文交流与合作具有更加深厚而牢固的文化基础、政治基础和社会基础,中俄人文交流必将迎来发展的新时代。

第九章 中俄东部毗邻地区物流通道建设是地区经济合作的基础设施保障

当前,对俄经贸合作引领东北地区开放型经济发展。20多年来,黑龙江、内蒙古和吉林三个与俄罗斯接壤的省区,凭借地理优势,积极打造中国北方陆路沿边经济开发带。对俄经贸合作成为引领和牵动这三个省区开放型经济发展的重要力量。经过双方的共同努力,中俄两国相邻地区的合作取得了很大的进展,相邻地区贸易的迅速发展,以及由此带动起来的多领域双边经济合作,有力地刺激和推动了地方经济的全面发展,极大地改变了边境口岸地区的社会经济面貌。黑龙江省与俄罗斯毗邻州区的贸易额持续增加,双方建立了多种合作协商机制。合作正向深层次、多领域发展,其中,发展境内外园区合作已经成为中俄合作的一种新的重要形式。

"丝绸之路经济带"倡议为加深中国与俄罗斯的合作提供了新的机遇。中国国家发改委、外交部、商务部联合发布的《推动共建丝绸之路经济带和21世纪海上丝绸之路的愿景与行动》,重点强调要实现中国经中亚、俄罗斯至欧洲的畅通,打造"中蒙俄经济走廊"。俄罗斯作为线路上的重要一环,在"丝绸之路经济带"建设中具有举足轻重的地位。

当然,实现共赢的务实合作往往需要经历磨合、探索、等待,在两国利益、视角出现差异时更是如此。中俄两国合作的道路不是一帆风顺的,面临的问题也需要认真对待、合力解决。在两国达成共识的背景下,中国东北振兴与俄罗斯远东超前发展可以相互呼应,两地在产能对接、结构调整、基础设施扩建、传统行业拓展和新业态发展等诸多领域有广泛合作的可能。

在经济全球化迅速发展的今天,物流产业作为一种先导产业发挥着重要的作用。物流业是集仓储业、运输业、货运代理和信息业等为一体的复合型服务业,它是国民经济的重要组成部分。积极发展物流业不仅有利于优化资源配置、改善投资环境、扩大就业、拉动相关产业的发展，而且对调整产业结构、转变经济增长方式和提高区域经济能力有着重要的作用。与此同时，口岸是国家指定的对外往来的门户，也是国际运输枢纽，是物流的节点。因此，口岸物流的发展，在一定程度上能推动国与国之间的政治、经济、文化的交流。随着我国经济改革的全面深化，对外开放程度也不断扩大，外向型经济不断延伸，边境口岸地区的经济不断发展，边境口岸的经贸服务功能不断拓展。

第一节　中国对俄物流通道的基本现状

边境口岸是一个国家对外交往的门户，依托进出口贸易和人员往来，聚集资金、货物、人力、信息、技术等要素，形成跨行业、跨地域、多层次的口岸经济。利用对俄开放的多个边境口岸，发展口岸经济，推动相关产业的发展，成为振兴东北边境地区的重要途径。

作为毗邻国家，中俄两国是当今世界两个贸易大国，两国拥有漫长的边境线。中国在西北部和东部均与俄罗斯接壤，中国东部与俄罗斯接壤的地区更具有发展动力。中俄边境口岸主要分布在中国东部的黑龙江省、吉林省和内蒙古自治区。中国对俄边境的主要口岸有满洲里、绥芬河、黑河、同江和珲春。这些对俄边境口岸都有一定的发展，随着“一带一路”的不断推进和中俄合作水平的进一步提高，对俄边境口岸物流的发展迎来了新的契机。这主要表现在对俄口岸的物流运输设施日益完善、对俄口岸的物流园区建设不断加强、中俄合作领域不断拓宽等方面。如今，中国对俄边境口岸物流的重要性越来越突出，对俄边境口岸物流的发展对边境口岸的建设和中俄边境贸易的发展都具有举足轻重的作用。

我国对俄边境口岸主要分布在黑龙江省、内蒙古自治区和吉林省。

一、黑龙江省对俄边境口岸

黑龙江省对俄边境口岸有漠河、黑河、孙吴、逊克、嘉荫、萝北、同江、抚远、饶河、虎林、密山、绥芬河和东宁，其中绥芬河为公路和铁路两用的口岸。黑龙江省主要的对俄边境口岸如下所述。

（一）绥芬河口岸

绥芬河位于黑龙江省东南部。其东部与俄罗斯滨海边疆区接壤，边境线长约27千米。绥芬河是中国东北地区对外开放的窗口,也是参与国际分工的重要桥梁,同时它是我国振兴东北和面向俄罗斯开发远东地区的重要节点城市,因此被誉为连接东北亚和走向亚太地区的“黄金通道”。通过绥芬河口岸,经俄罗斯符拉迪沃斯托克、纳霍德卡港口之后,陆海联运的货物便可直达日本、韩国,以及东南亚,其地理位置十分优越。

绥芬河是黑龙江省唯一的拥有公路口岸和铁路口岸的城市。绥芬河为了推进中俄贸易合作的快速发展,以及加强龙江陆海丝绸之路经济带建设,做出了很多努力。黑龙江对省内最大的对俄边境铁路货场进行改造,货场现已投入使用。改造后的货场的四个功能区在装卸和储存能力上分别提高到原来的5倍。绥芬河铁路口岸承载的木材、钢铁、化肥、煤炭和化工品的运输运量均有所提高。绥芬河口岸过货量大幅度增加,这主要表现在原木、锯材和铁矿砂等一些大宗货物上。绥芬河口岸在改建之后,发挥了积极的作用。2016年1至5月,绥芬河进出口货物为426.1万吨,比2015年同期提高9.4%。其中,进口货物过货量为416.5万吨,同比增长10.8%。出口货物为9.6万吨,同比减少28.5%。口岸的吞吐能力得到了有效提升。除此之外,境外旅客离境退税政策正在绥芬河推行,绥芬河作为陆路口岸的退税试点,会对黑龙江省和国内的其他陆路口岸的政策推行提供相应的借鉴经验。绥芬河边检站为了提高通关效率、加强边检智能化建设和改善通关服务,不断完善科技设备,加强边检站的服务力度,同时延长闭关时间,实行每天16小时“一站式”的服务模式。绥芬河边检站加大了与俄罗斯边关的配合力度,及时了解客流动态,结合口岸数字化,配备了便携式检验仪和职能验放台,安装了指纹采集仪和车辆检查系统等高科技、智能化的设备,以便于提供高效、便捷的通关服务。另外,绥芬河高效的边检制度为自驾游提供了便捷的条件,绥芬河边检站为自驾游提供“一站式”服务,集中办理出境手续和讲解注意事项,人们不到十分钟就可以从专用通道安全通关。

(二)东宁口岸

东宁地处黑龙江省东南部,东面与俄罗斯接壤。它也是东北亚国际大通道重要的一部分。东宁口岸于1990年4月26日正式对外开放,是国家一级陆路口岸,与俄罗斯远东最大的城市符拉迪沃斯托克隔岸相对。东宁口岸与俄罗斯陆路相接、铁路相通,并且它是中俄水路联运的最佳口岸,地理位置十分优越。

从符拉迪沃斯托克出发经过朝鲜海峡到大连只有 900 海里。距离上海和南通有 1 500 海里,距离中国香港有 1 900 海里。东宁口岸是黑龙江省对俄贸易的龙头口岸,同时也是与俄罗斯进行经济贸易活动的重要城市。

近年来,东宁不断提高口岸对外开放的能力和自身的综合能力,不断加强陆海联运通道的建设,实现与符拉迪沃斯托克自由港之间的互联互通,全面实施“互联网 + 俄罗斯”战略,提高口岸的通关效率。此外,东宁是经国务院批复设立的开发开放试验区,这使东宁成为对俄边境开放的前沿口岸。东宁利用互市贸易区与东宁经济开发区,引导企业在东宁建立“边境仓”。如今,东宁已经成为到达俄罗斯欧洲部分的市场最快捷、最便利的通道。它的境外园区亦是如此。东宁设有国家级境外园区:乌苏里斯克经贸合作区和华信中俄(滨海边疆区)现代农业产业合作区。东宁还有两个按照国家级标准建设的滨海华宇经贸合作区和华洋境外绿色农业园区。东宁正在构建以境外园区为依托并且着眼于龙江陆海丝绸之路经济带和东北亚区域的跨境连锁加工产业联盟。东宁加快自身的转型发展,突出对外开放,发挥口岸优势,利用中药材进境来建设俄罗斯中药材集散地,并且与京东集团合作,扩大海产品的品种与数量,抢占国内中高端海产品市场。东宁在政府的支持下,打造进境水生物指定口岸,这也成为促进东宁对外开放试验点发展的有利条件之一。另外,东宁为了提高口岸的通关效率,实行每周 7 天、每天 12 小时的工作机制,这有效地解决了车辆滞留的问题。这是东宁口岸配合龙江陆海丝绸之路经济带建设的举动,不仅能够促进东宁口岸的长远发展,还能够拓宽绥芬河 - 东宁重点开发实验区的发展空间。近几年,东宁不断推进公路、铁路、机场和口岸的基础设施建设,力图优化通道建设,改善向北、向南和向东的交通条件,形成北面连接龙江陆海丝绸之路经济带的陆海联运大通道,以及南到珲春“借港出海”的大通道。除此之外,东宁口岸界河桥于 2017 年就建成并投入使用。新的界河桥大大改善了口岸的通关环境,促进了中俄贸易的快速发展。

(三)黑河口岸

黑河市在黑龙江省西北部,它与俄罗斯的布拉戈维申斯克仅有一水之隔。1982 年,黑河口岸经国务院批准恢复为国家一类口岸。黑河口岸是黑龙江流域面对俄罗斯规模最大、运输能力最强、距离最近的边境口岸,地理位置优越。黑河口岸与俄罗斯的布拉戈维申斯克隔江相望,黑河货运码头与俄罗斯布拉戈维申斯克码头的距离仅有 3 500 米，另外，大黑河岛客运码头与布拉戈维申斯克的距离更近，距离不到 1 000 米。从 1992 年起黑河就成为四季畅通口岸，每年 1 月至 3 月为冰封期，可以进行冰上客货汽车运输；3 月下旬到 5 月初为春季流冰期，继续开通气垫船；5 月至 10 月为水上客货运输和轮渡汽车运输阶段；11 月到 12 月下旬是冬季流冰期，可以开通气垫船。全年累计实际通航天数大约有 295 天，黑河口岸的交通条件十分便利。

近年来，黑河为了提高口岸经济的发展水平做出了不少努力。为了提高口岸经济的发展水平，黑河借助口岸的发展优势，努力加强中俄双方在能源和农业方面的合作，在俄罗斯布拉戈维申斯克创办和兴建物流建材产业加工园区、跨境中俄园区和金色丰收中俄产业示范园区等，以促进中俄贸易进一步发展。黑河口岸经济的发展在一定程度上带动了黑河旅游业和服务业的发展。由于黑河具有地理上的便利条件，每年俄罗斯人的大量涌入会带动餐饮、娱乐、服装业等相关产业的发展，促使黑河市与俄罗斯在人文和科技方面进行了一定的交流。口岸的发展是黑河经济发展的重要部分，在促进黑河经济发展方面发挥着越来越重要的作用。除此之外，黑河为了推动口岸基础设施的建设也采取了一系列举措。一方面，黑河努力打造从布拉戈维申斯克经过黑河到达哈尔滨的贸易通道，以及从布拉戈维申斯克经黑河到达大庆的能源通道，同时推进黑龙江公路大桥和跨江索道的建设。另外，黑河不断争取把黑河港口升级为国际航空港，打造通向俄罗斯的国际航班，促进口岸经济的发展。另一方面，黑河口岸不断完善自身的基础设施，于 2016 年 11 月新投入了 6 条入境通道，一改以往入境设施混用的局面，真正实现了出入境分开，以及旅客和货物分开的目标。黑河口岸的过客能力有望从过去的每年 200 万人次提升到每年 300 万人次，这会在很大程度上提高黑河口岸的过货、过客能力，同时有助于提高黑河的对外开放水平。

（四）同江口岸

同江口岸位于黑龙江省东北部，该口岸处于松花江与黑龙江交汇处，与俄罗斯的犹太自治州只有一江之隔，距离也仅有 35 千米，国境线长约 165 千米。同江口岸开放较早，在 1904 年，中国商户就与俄国商人有贸易往来。在 1958 年，国务院设立了同江口岸，与此同时，两国贸易往来频繁的局面出现了。1986 年，同江再次被国务院批准恢复为国家一类口岸。同江口岸交通比较便利，同江是哈同公路的终点。与此同时,同江与松花江平行。同江也是黑龙江省重点的江海联运港口,货物通过江海联运可以到达日本、朝鲜和韩国等国家。同江港口江面宽阔,并且水深流缓,同江港口是天然的优质港口。该港口建有木材、粮食、综合、油料和简易码头,同江港口有12个泊位,它可以停靠3 000吨级船舶,通航期为6个月。

同江政府为了促进对俄边境贸易和口岸经济的发展,不断完善基础设施。2016年12月,同江建立了公用型保税仓库,面积为4 000平方米。该保税仓库是目前佳木斯地区唯一的公用型保税仓库。该保税仓库除了具有传统仓储功能以外,还兼备转口贸易、缓税、简单加工、物流配送和增值服务等功能。保税仓库将进一步促进同江口岸的发展。很多物流企业为同江物流的发展做出了努力。其中,新远东国际贸易有限公司是同江口岸贸易的龙头企业之一,主要对俄出口新鲜果蔬、食品等,同时出口水产品、面粉、蜂蜜、大豆等。它是同江唯一的具有果蔬、干调食品出口资质的公司,同时也是同江口岸服务功能最完善的物流公司。另外,同江将要构建境内外跨境产业链条,力图打造国际商贸物流带,努力把同江打造成为“陆海丝绸之路经济带”的黄金通道。除此之外,2016年位于同江的中俄首座跨江铁路大桥中方主体工程已经基本完工,俄方项目全面开工,大桥的建设将进一步推动同江口岸物流的发展。同江将充分利用同江大桥带来的优势,引进出口产品加工、国际物流、农副产品加工和食品产业链、旅游商贸服务等项目,促进同江口岸物流与所在地区物流的发展。此外,同江的东港,距离同江市40余千米,与俄罗斯仅有一江之隔。以前东港是以查货和查客为一体的,同时具备两种查验通关功能。但是由于基础设施不够完善,缺少货物查验场地、库房和其他大型设备,东港很难一次性查验和放行,通关负担大。同江口岸为了提高其通关效率,建设了新的查验通道,新的查验通道专门负责货车的查验通关工作,原有的查验通道只承担客车和旅客的查验工作。这样一来,客货查验分离,大大提高了同江口岸的通关效率。同江口岸不仅建设了新的查验通道,而且安装了车载移动式集装箱检验系统。2016年,黑龙江口岸第一台H986车载移动式集装箱检测设备在同江口岸交付使用,这个仪器的使用进一步提高了同江口岸的通关效率。大型货车在进行通关时,同江口岸可以利用射线来查验通关货物中是否夹带其他东西,具备了不用人力翻看的直接查验功能,发挥了现场查验功能。设备投入使用以后,该通道每天可以进行

2 000车次以上的通关，货物吞吐量可以达到60万吨。这使同江口岸有了更便捷、有效的服务，使口岸通关更加科技化和智能化。

（五）抚远口岸

抚远是中国最东端的城市，位于黑龙江和乌苏里江交汇处，被称为“东方第一城”。抚远与俄罗斯仅有一水之隔，边界长为275千米，抚远与哈巴罗夫斯克陆上相距35千米，水上相距64千米。抚远的水域宽阔，并且水中无浅滩，水域最深处达到10米左右，而平均水深为4米。抚远是我国最好的深水良港之一。抚远口岸于1992年被国务院批准成为对外开放的一类口岸，并且于1993年正式投入使用。该口岸是中国最东端的边境物流口岸，不仅具有优越的地理优势，还具有便利的交通运输条件。与此同时，抚远口岸能够停泊5 000吨级船舶，而且在丰水期，船舶可以直接到达黑龙江出海口。抚远港口是我国优良的换装港口。抚远口岸现在已经拥有千吨泊位33个，口岸的吞吐能力能够达到650万吨。

抚远为了促进口岸经济的发展，不断利用其地理位置优势，与俄罗斯进行边境贸易活动。与此同时，抚远口岸的通关能力不断提高，基础设施不断完善。建三江到黑瞎子岛的高速公路已经开通，前抚铁路开始顺利通车，机场已经通航。抚远具备了水路、铁路、公路和航空等运输条件，形成了良好的交通运输网络。这对抚远口岸物流的发展起着极其重要的作用。便利的交通不仅能够拉近抚远和附近地区的距离，而且能够促进口岸物流的发展，同时能够进一步促进国际贸易往来的大通道的发展。抚远港口是我国通往俄罗斯和北美国家最便捷和最重要的江海联运大通道，所以被称为“东方水上丝绸之路”。抚远还有一个全省最大的江海联运深水港，港口名为莽吉塔。它与俄罗斯仅有一水之隔，水上距离只有45千米。该港口对内可以到达上海、广州和大连等城市，对外能够到达俄罗斯的哈巴罗夫斯克、阿穆尔斯克等城市。港口的交通运输十分便利，该港口对口岸经济的长足发展有着重要意义。与此同时，抚远口岸的前抚铁路是我国最东端的铁路，它与俄罗斯境内的西伯利亚大铁路通过抚远口岸进行连接，并通过抚远港口来贯通货物运输通道，同时也为中俄两国的贸易往来提供了便利的条件。另外，抚远口岸的江海联运大通道使大量的商家聚集于此进行贸易活动。抚远口岸的进出口商品种类越来越多，包括木材、机械设备、建筑材料、服装鞋帽、五金家电、果蔬和粮食等。除此之外，抚远黑瞎子岛的保护与开发,也为抚远的发展带来了一定的动力。随着双方对黑瞎子岛的保护与开发,抚远与俄罗斯的哈巴罗夫斯克实现了陆路相连,中俄两国的贸易往来越来越频繁。2016 年,抚远建黑高速公路正式开通,该高速公路全长为 217 千米。它的开通进一步完善了抚远的交通网络,同时推动了黑瞎子岛的基础设施建设,以及旅游开发事业的进一步发展,让抚远口岸成为中俄贸易的重要平台,也在一定程度上推动了“陆海丝绸之路经济带”的建设。抚远为了提高口岸物流的质量与效率,不断创新服务,简化通关的流程,优化通关的环境,抚远的口岸物流水平得到了一定的提升。但是从实际运行的角度来看,抚远口岸依然存在一些不足,口岸之间缺乏统筹,分工也不明确。各口岸的贸易和产业的发展缺乏科学的规划,而且有的口岸受地理位置和基础设施的制约,不能在口岸物流的发展中很好地发挥作用。为此,抚远口岸将进一步推动口岸的基础设施建设,提高吞吐能力,不断优化口岸发展布局,努力建设更加具有综合能力和更加专业的物流港口,力图打造“龙江陆海丝绸之路经济带”重要的物流枢纽和贸易基地。

二、内蒙古自治区对俄边境口岸

中国内蒙古自治区与俄罗斯毗邻,在内蒙古自治区,对俄边境口岸有 4 个,分别是满洲里、黑山头、室韦和二卡,其中满洲里是中国对俄罗斯最大的口岸,是一个综合性的口岸。

满洲里口岸是我国东北地区和内蒙古地区通向俄罗斯和欧洲各国的重要通道。满洲里与俄罗斯赤塔州后贝加尔斯克区铁路、公路相通,被称为“欧亚大陆桥”。满洲里是中国最大的边境陆路口岸,也是全国最大的铁路口岸与通商口岸,它的国际贸易、地方贸易和转口贸易均位于全国内陆口岸之首。2016 年 1 月至 8 月,满洲里出口农产品的人民币总额为 14.5 亿元,同期增长50.4%,占同期口岸出口总值的 24.6%,而且农产品基本上全部出口到俄罗斯。2016 年 1 月至 7 月,满洲里海关出口汽车零配件的总额为 1.1 亿元人民币,同比增长 182.2%。俄罗斯是东欧地区汽车保有量最多的国家,汽车零配件的需求量大,形势喜人。2016 年 1 月至 8 月满洲里口岸进口纸浆 20.8 万吨,同期增长 66 个百分点。相比之下,满洲里口岸木材进口量的增幅较小,2016 年 1 月至 7 月满洲里口岸的进口木材为 639 万立方米,同比增加 22 个百分点。满洲里口岸是

“陆海丝绸之路经济带”的重要节点，是通往俄罗斯的重要通道，是俄罗斯原木进口的重要集散地。与此同时，由于国际社会对森林资源的可持续发展的要求提高了，劳动力成本也提高了，我国进口俄罗斯木材的数量下降是木材进口的必然趋势。

满洲里为了促进口岸经济的发展，努力完善口岸的基础设施。在满洲里政府的推动下，满洲里保税区已经建成，并且通过了国家验收。这个保税区在满洲里公路口岸、铁路口岸和航空口岸的交汇处，具有很大的地理位置优势。保税区历时一年建成，规划面积为1.44平方千米，围网面积为1.39平方千米。它具有保税区、保税物流园区、出口加工区和港口的功能，可以进行国际中转、配送、采购、转口贸易、出口加工等活动。它具有优惠的政策条件和较高的开放层次，对满洲里现代物流业的发展和口岸外向型经济的发展都有一定的促进作用。同时，它也有利于提高口岸的服务功能，促进产业结构的优化升级。除此之外，满洲里提出了切实有效的政策，满洲里口岸推动“单一窗口”建设，旅检通道已经正式启动。满洲里借鉴国际上的先进经验，结合自身的实际情况，严格遵循国际通行的原则，提升口岸的竞争优势和贸易便利水平。由于“单一窗口”的开放，客车在进入关口时录入信息，这些信息会被传递到边检、检疫局、海关旅游公司等相关部门，旅游公司接车手续与联检单位的出入境手续同时办理，办理完毕后，联检单位发出放行指令。这使得客车的自动系统减少了很多烦琐的纸质凭证，进而加快了通关速度，通关时间从以前的30分钟减少到现在的20分钟。满洲里为了推进“单一窗口”建设，还制定了专门的工作方案，认真推进线路和时间表，同时改进工作流程，这些都大大改善了口岸的通关环境。

三、吉林省对俄边境口岸

吉林省有18个口岸，它们分别分布在中朝和中俄的边境线上，其中的16个为中朝边境口岸和通道，另外两个是面向俄罗斯的口岸。其中，珲春口岸是吉林省主要的对俄边境口岸。

珲春口岸是吉林省唯一的对俄国际公路口岸，又被称为长岭子口岸。它位于珲春东南部，距离珲春市区15千米，与俄罗斯的克拉斯基诺口岸隔岸相望，距离符拉迪沃斯托克170千米，距离纳霍德卡340千米。珲春口岸具有很好的地理位置优势，于1993年获国务院批准成为国家一类口岸。珲春口岸于1998

年5月正式过客,现在已经拥有通往扎鲁比诺、符拉迪沃斯托克等地的旅游线路。这条线路使得珲春的民俗旅游业、边境旅游业和跨国旅游业迅速发展,促进了经济的发展。2004年,国务院批准珲春开展签证工作。

珲春为了解决自身口岸的问题和完善口岸的基础设施,做出了一系列的努力。一方面,由于珲春口岸规模小,并且出入境的珲春客源比较单一,80%的旅客是来自俄罗斯和韩国的倒包商人,他们重复出入境从事边贸生意。同时,珲春口岸建设相对落后,基础设施不够完善,这成为珲春口岸发展的重要瓶颈。另一方面,口岸检验模式落后,出入境必须走边检、卫检、海关、动植物检疫和商品检疫等一系列复杂的程序,而且珲春的掏箱检查和开包检查也都超出了国际上的标准水平。这导致通关检查程序复杂,效率低下,同时使得旅客和货物通关的时间过长。这些都会阻碍珲春口岸物流的发展,并在一定程度上阻碍中俄边境贸易的发展。珲春口岸运行情况不佳。珲春为了提高口岸的通关能力,提出了一系列措施,出台了以“关务公开和政务公开”为基点的“新十二项”措施,力图促进珲春边境口岸的可持续发展。2015年,珲春推出来了“三个一”计划,要求一次性报关、一次性查验和一次性放行。这是安全高效的通关服务,对完善有关制度和保证口岸商贸物流安全有重要的意义。同时,珲春为了进一步实现简政放权,为了简化通关环节和提高工作效率,制定了严格的规范制度和工作流程。

第二节 作为物流通道核心的边境口岸的发展模式和特点

边境口岸物流的发展程度与边境口岸的发展模式息息相关,由于具体条件不同,不同的口岸会拥有不同的发展模式。中国对俄边境口岸基本的发展模式主要包括资源型发展模式、枢纽型发展模式和集贸型发展模式。

一、对俄边境口岸基本的发展模式

由于边境口岸所在国家和地区拥有不同的历史背景、自然环境和经济条件,边境口岸的发展模式各不相同。中国对俄边境口岸基本的发展模式主要有以下几种。

（一）资源型发展模式

资源型发展模式是一种特殊的发展模式，是依靠口岸和口岸所在城市的资源的发展模式。一种是先天性资源，口岸周围拥有丰富的资源，比如木材、矿产等。这些资源是附近国家所需要的或是经济发展所需要的产品。另一种是口岸具有优越的交通条件，是两国重要的资源型产品的交通要道。由于这类地区可以提供较好的交通条件，能够运输大量的资源，尤其是铁路运输，稳定性高且载货量大，铁路附近通常建有相对应的基础设施，进行储存和转运，基础设施具体根据交通线路而建立。但这类口岸通常经济结构比较单一，资源消耗比较大。随着经济的发展，口岸应该由粗放型经济发展模式向集约型发展模式转变，转变经济增长方式，进而优化产业结构，促进口岸经济的长期健康发展。

以满洲里口岸的发展为例，满洲里是国内最大的陆路口岸，承载着我国对俄罗斯和东欧国家60%的货运量。满洲里口岸设有高科技园区、工业区、仓储区和商贸区等。2003年，口岸园区内设立了满洲里进口资源加工区，口岸大力发展包括木材、化工品在内的加工业。随着满洲里边境经济合作区的进出口资源加工规模的不断扩大，满洲里将进一步促进口岸的发展。

（二）枢纽型发展模式

这种口岸发展模式是以良好的区位优势为前提的，这类口岸承担区域内大批量货物的集散和中转任务，能够接待大量的人员，与此同时，提供海关、商检、检疫、保险和保税等相关服务。与其他口岸相比，这类口岸具有地理位置优势和交通优势，能够成为边境地区联系境内和境外的物流中心。

以同江口岸为例，同江口岸位于黑龙江和松花江的交汇处，具有十分优越的条件。同江港是黑龙江省江海联运的始发港之一。依托同江口岸，货物通过黑龙江水道、松花江水道，便可以抵达富锦、佳木斯、哈尔滨、抚远、哈巴罗夫斯克等城市。

（三）集贸型发展模式

集贸型发展模式，主要是指口岸以进出口贸易为主，主要形式是进出口贸易和转口贸易。其产业形式比较单一，物流建设体系也比较简单。运输和仓储是集贸型口岸最基本的物流形式。但是随着物流业的不断发展，这种单一的形式也在改变。

以绥芬河为例，绥芬河是我国对俄贸易重要的进出口口岸，主要进口战略性资源、能源和原材料。2017 年,绥芬河进口俄罗斯木材量已达 800 万立方米,绥芬河成为中国最大的俄罗斯木材进口集散地,为促进经济发展做出了重要的贡献。

二、对俄边境口岸的特点

自改革开放以来,中国一直坚持“与邻为善”的原则,不断加强与俄罗斯的交往、交流和合作,促进两国经贸关系的发展。中国对俄边境口岸的发展在一定程度上促进了中俄贸易的发展,中国对俄沿边地区的发展状况决定了对俄边境口岸的基本特征。

(一)以能源和资源为主

俄罗斯能源丰富,而中国的经济发展迅速,中国对能源的需求量大。俄罗斯与中国是比邻国家,存在地缘上的来往优势,这决定了中俄贸易主要以能源为基础。除此之外,中国也需要从俄罗斯进口木材、煤炭和各种矿产品。从我国对俄罗斯出口的角度来看,出口产品以服装、装饰材料、家用电器和汽车零配件等一些轻工业产品为主。这主要是因为俄罗斯轻工业相对落后,加工业不发达,而这恰恰是中国的优势,中国轻工业发达,能够满足俄罗斯西伯利亚和远东地区对轻工业产品的需求。中国轻工业产品价格优惠,交通便利,这种贸易往来不断。与此同时,对俄边境口岸承担着产品流通的任务,发挥流通、运输和中转的作用。

(二)以对俄劳务输出为主

众所周知,俄罗斯远东地区土地广阔,森林资源和矿产资源丰富,地区人口数量为 630 万左右。尽管俄罗斯采取了多种措施来鼓励生育、吸引外来人口和避免人口流失,但是收效甚微,人口资源仍然有限,内需严重不足。因此,引进国外劳动力是俄罗斯推动远东地区经济发展的必然结果。在这方面,中国的劳动力富足,并且中国劳工能吃苦耐劳,是俄罗斯的良好选择。对于中国而言,我国可以降低就业压力,增加居民收入,保障社会稳定。但是中国对俄劳务合作仍然存在一些问题。比如,一方面,对俄劳务输出人员素质偏低。中俄贸易的长足发展需要高素质的人才,尤其是随着中俄贸易水平的不断提高,俄罗斯对中国高技能人才的需求越来越大。另一方面,俄罗斯对劳务人员有政策限制。

(三)加强合作和共同开发

随着中俄贸易的发展不断加深,政府也不断贯彻“走出去”和“请进来”的方针,对俄贸易合作成为中国对外开放的重要组成部分。政府为了促进口岸物流的长足发展,充分利用地缘优势,进一步加深中俄两国的合作。中俄两国不仅开展了一系列资源型的合作,比如水电、核电、煤炭和海洋工程技术的合作,还不断推动资金融通、旅游和科技等方面的合作。中俄合作和共同开发的不断推进,就是中俄两国深化合作的体现。这尤其体现在两国边境口岸的发展上。对黑瞎子岛的保护与开发,就是由中国和俄罗斯共同进行的。黑瞎子岛将会被列入优先发展项目,会进行基础设施的建设和自然资源的采集加工,并且将会实行特别的签证制度。除此之外,中俄两国还将进行其他项目的共同开发。

三、发展对俄边境口岸物流的重要性

众所周知,口岸是对外开放的前沿,现代口岸的意义不应该仅仅是指政治和文化方面,更为重要的是口岸的经济意义。口岸发展的水平如何,直接影响口岸所在地和其辐射地区的经济发展水平。因此,抓住口岸发展的主动权、不断改造口岸发展的环境、推动口岸物流的发展具有重要的意义,而对俄口岸物流的发展也具有重要意义。

(一)有利于促进中俄口岸发展的互利共赢

对于促进对俄口岸物流发展来说,无论是对于俄罗斯来说,还是对于中国来说,促进对俄口岸物流的发展都有一定的经济意义。一是能够通过完善基础设施和相关配套服务来提高国际口岸物流的竞争能力,相互合作,共同发展。二是俄罗斯与中国在很多方面能互通有无、调剂余缺。比如,俄罗斯需要中国的轻工业产品和劳动力,而中国希望用俄罗斯的石油、天然气和木材等资源来满足其经济需要。随着中俄两国合作领域的不断拓宽,双方的合作项目会更多。这都将在一定程度上加快两国的经济发展进程,无论是对俄罗斯还是对中国都大有益处。

(二)有利于整合对俄口岸的生产要素

口岸是现代物流整合生产要素的平台。口岸具有集合货物、资金、技术、人流和信息的功能。我国应发挥口岸优势,对口岸的生产要素进行整合,促进对俄口岸物流事业提档升级,并且不断加快对俄口岸的发展。现代贸易口岸应该具有有形的产品、无形的服务和技术信心,实现功能的转换和不断提升,这是适应不断变化发展的市场的迫切需要。对俄边境口岸在整合口岸资源的基础上,朝着全方位的增值服务方向和经济一体化的方向发展,从而提高口岸的国际竞争力,使得口岸的发展水平不断提高。

(三)有利于发挥口岸物流节点的优势

口岸在建设物流基础设施的同时,应该拓展其他功能,加快显现口岸在现代物流中的作用,不断发挥优势,使港口充分发挥现有的优势,使自身更具有吸引力和集聚力,加大人力、物力和财力的投入。比如,口岸通过不断加强自身物流基础设施的建设,来吸引各类贸易企业和物流企业落户,从而进一步加强口岸的实力,同时也可以借助专业化物流企业的力量,使物流系统实现管理规范化、运行合理化,进一步强化对周边物流的辐射能力。

四、我国有关对俄边境口岸物流的政策措施

(一)国家关于对俄边境口岸物流的政策规划

国家为了推进交通运输和口岸物流的发展实施了一系列政策,对俄口岸物流得到了进一步发展。国家更加重视基础设施的互联互通和贸易畅通。一方面,努力健全"一带一路"中俄双边合作机制,不断推进中俄两国运输便利化进程。另一方面,努力打通"一带一路"经济走廊,建设上合组织国际物流园区和中哈物流合作基地,并且积极推进沿线口岸和口岸产业集聚区的建设,努力改善物流基础设施。这些措施对"一带一路"的不断推进和对俄口岸物流的发展有着实际意义。

(二)地区关于对俄边境口岸物流的政策规划

黑龙江省是对俄开放的重要省份。近年来,黑龙江省更加注重对口岸物流基础设施和信息平台的建设,不断加深对外开放程度。

首先,不断加大对基础设施的投入。黑龙江省完善部门联络协调机制,提高口岸便利化水平,加快对口岸相关基础设施的建设,比如对绥芬河铁路口岸的改造、对同江铁路口岸和黑瞎子岛陆路口岸的设立。另外,黑龙江省进一步完善口岸交通、仓储和运输等方面的基础设施,完善海关监管和检疫机制。其次,提高对外开放程度。黑龙江省把对俄合作作为重点,不断加深对外合作,力求形成面向全国的对俄开放通道和服务平台,不断拓宽对俄开放领域,不断加深开放程度。除此之外,为了促进口岸物流的发展,黑龙江省进一步完善对外开放合作园区体系,不断提升口岸的外向型能力。对俄口岸物流园区蓬勃发

展，绥芬河综合保税区的功能得到提升，绥芬河、东宁重点开发开放试验区和抚远（黑瞎子岛）中俄沿边开放试验区得到建设和发展。这都对促进对俄口岸物流的发展具有重要意义。

吉林省是对俄开放的重要省份。吉林省为了促进对俄贸易的发展，推出了一系列政策，深度融入“一带一路”的发展。一方面，吉林省打通对外开放的通道，改善交通运输条件和基础设施，建设东北亚大通道，推动“借港出海”，而且加快实施与大连、营口、丹东、满洲里和绥芬河通关一体化的政策，进一步推动对俄口岸的运输通道建设，并且力图建立收费合理、高效便捷的通关机制。另一方面，吉林省扩大对外经济技术合作，强化与俄罗斯远东开放政策的衔接，进而深度开发俄罗斯市场，并且进行境外资源的开发利用和加工转化。除此之外，吉林省为了促进中俄贸易的发展，还提升重点产业园区和开放平台的功能，并且增强集聚要素的吸引力，多方面促进对俄边境口岸物流的发展。

内蒙古自治区是中国对俄开放的重要地区。内蒙古自治区为了促进对俄口岸物流的发展，也采取了很多措施。内蒙古自治区加快了物流节点和物流园区的建设，努力加强对跨境物流交易平台的建设，并且整合各类海关特殊监管区和口岸物流区以形成跨境联盟，促进对俄口岸物流的发展。

近年来，内蒙古自治区更加重视对交通基础设施的建设，把改善交通基础设施放在了优先位置上，加快口岸通道的建设，并且强调交通基础设施之间的联系和各种运输方式之间的有效协作，努力实现重要节点的连通，促进交通运输的网络化、智能化和绿色化发展。这为对俄口岸物流的发展提供了长久的助力。内蒙古自治区还为推进国家“一带一路”倡议提供有力的支持，不断改善铁路、公路、水路和航空的运输条件，尤其是铁路和公路。内蒙古自治区进一步加大口岸铁路通道的建设力度，推动大通道的建设，完善口岸后方通道运输体系，不断加强公路网建设，并且推进公路通道的建设。除此之外，内蒙古自治区还进一步提高水路运输能力和航空运输能力。铁路、公路、水路和航空共同发展，将大大提高对俄口岸物流的运输能力。

内蒙古自治区为了提高对外合作开放水平，也做出了很多努力。首先，内蒙古自治区建设了一批互市贸易区和边境经济合作区，力图促进中俄贸易的进一步发展。其次，内蒙古自治区依托口岸优势，不断加强外向型产业集群的建设，并且发展综合加工、服务贸易、国际物流、跨境电子商务和进口贸易，促进中俄边境贸易多元化发展。最后,内蒙古自治区鼓励通信、保险、金融、动漫和服务外包等新兴服务贸易行业的发展,鼓励中俄贸易方式的创新。

第三节　物流通道基础设施建设与发展

边境口岸基础设施的状况主要包括两个方面:一是边境口岸的设施条件,比如运输、仓储、装卸、口岸通关设备等口岸设施的条件;二是口岸所依托的城市和周边城市所设有的物流中心、保税仓库、出口监管仓库和其他运输仓储的运输条件。

随着国家对外开放的不断推进和中俄两国经贸关系的稳步发展,中国口岸物流也在蓬勃发展。黑龙江省是拥有中国对俄口岸最多的省份,黑龙江已有25个国家批准开放的一类口岸。在这些口岸中,水运口岸有15个(抚远、饶河、孙吴、黑河、呼玛、萝北、嘉荫、哈尔滨、佳木斯、桦川、绥滨、富锦、同江、逊克、漠河),航空口岸有4个(牡丹江、哈尔滨、佳木斯、齐齐哈尔),公路口岸有4个(密山、虎林、东宁、绥芬河),铁路口岸有2个(绥芬河、哈尔滨)。在这些获准开放的口岸中,有15个是中俄两国政府确认的边境口岸,包括4个公路口岸(绥芬河、密山、虎林、东宁)、1个铁路口岸(绥芬河口岸)和10个水运口岸(孙吴、逊克、黑河、呼玛、漠河、嘉荫、萝北、同江、抚远、饶河)。这些口岸都与俄罗斯的边境对应。另外,内蒙古的满洲里口岸是一个对俄开放的综合性内陆口岸,吉林省的珲春口岸是吉林省唯一的对俄开放陆路口岸。

我国对俄边境不仅具有铁路、公路、河运和航空等基础设施,还具有一种独特的运输工具——气垫船。这是一种独具特色的运输方式,它是在冰封期的冰上运输的方式。另外,还有直升机运输和江海联运,与此同时,大部分口岸有口岸旅客运输业务。内蒙古的满洲里具有铁路、陆路和航空三位一体的运输条件。吉林省的珲春口岸,除了具有普通的对俄客货运输线路以外,还有中俄珲马铁路,它是国际陆海联运航线。此航线是珲春首个连接国外港口的联运航线。另外,中国对俄口岸的边检设施也不断完善。比如,满洲里口岸开放了“单一窗口”。这些口岸都在不同程度上改善了通关环境,有效地提高了通关能力。

近年来,中国对俄边境口岸设施建设得到不断推动,中国对俄边境口岸大部分的基础设施和边检设施都是新建成的,具有一定的规模和现代化程度,货运能力和过客能力都得到了有效提升。但是，与中国对俄边境口岸的基础设施相比，俄罗斯的基础设施大多数是几十年前建好的，运输和吞吐能力都与中国存在一定的差距。尤其是俄罗斯远东地区，其铁路和客货基础设施十分落后。

一、对俄边境口岸物流园区的建设

对俄边境口岸物流园区在口岸物流的发展和口岸所在城市的物流发展中都发挥着重要的作用，成为货物集聚和分配转化的核心载体，承担着连接口岸腹地与边境口岸物流的重要责任。腹地物流资源和境内外物流资源在物流园区中集聚。物流园区一般是政府出资建设的。这减少了企业的成本，从而使企业把资金更多地投入到物流发展中，促进口岸物流的不断发展。这是一种良性循环。

黑龙江省绥芬河综合保税区是中俄边境唯一的综合保税区。由于其地理位置十分优越，与远东最发达且资源最丰富的滨海边疆区相接，自中国对外开放以来，绥芬河利用其先天优势，已经形成了全国最大的对俄贸易市场、机电市场、木制品市场、旅游市场和果蔬市场，贸易额十分可观。绥芬河是我国最大的俄罗斯木材集散和加工基地。绥芬河保税区拥有铁路宽轨和标轨两种专用线，北有绥滨铁路，南有 301 高速公路，而且距离符拉迪沃斯托克港口和机场只有 210 千米。这些为绥芬河综合保税区的发展提供了很大的助力。绥芬河综合保税区现在已经成为国家振兴东北老工业基地的重要部分。东宁化学物流园区已经投入建设，这个园区的主要业务是进口俄罗斯石油、天然气和其他化工品，这有利于推动两国能源合作不断向前发展。另外，东宁物流园区正在加快建设，占地面积为 2 万平方米。东宁物流园区争取不断挖掘物流市场，改善东宁口岸和整个东宁的物流现状，力图提高物流服务水平和综合水平，从而促进东宁物流事业的发展，推动口岸物流科学有序发展。黑河口岸物流园区的项目，已经由黑龙江省发改委批准，现在正在公开招标中。

内蒙古的满洲里国际物流产业园区的规划面积为 30. 38 平方千米。它位于铁路、公路和航空三大国际口岸的中心，东面是机场路，北边是滨洲铁路，南面是西郊机场，而西面就是中俄边境。它不仅具有优越的地理位置，而且具有十分便利的交通，并且向北 3 千米就能够到达满洲里国际公路口岸。这是一个 24 小时通关的对俄边境公路口岸，对岸便是俄罗斯的贝加尔斯克。该国际物流产业园区集多功能为一体,除了具有物流的基本功能以外,还能提供国际贸易和电子商务等配套服务。该国际物流产业园区是东北亚重要的国际物流集散基地,也是内蒙古东部地区非常重要的物流加工基地。该国际物流产业园区还具备明确的发展目标和规划,对自身的能耗水平、污染排放、资源加工等制定了规范的标准和要求。另外,珲春国际物流园区于2014年投入运营。吉林省不断加强物流园区的建设,整合物流资源,避免重复建设和资源浪费,同时加快建设大宗资源物流园区,比如木材和煤炭类的物流园区。除此之外,吉林省还有农业产品冷链物流园区、建材装饰材料物流园区、物流外包装园区、消费品和旅游商品仓储服务园区等,力图推进珲春物流园区的全方位发展,建立完整的对俄口岸物流链。

二、中国对俄边境口岸物流存在的问题

中国对俄边境口岸物流的发展受到诸多因素的影响。首先,中国对俄边境口岸物流是中国物流的重要组成部分,所以边境口岸物流的发展在一定程度上受到中国物流业大环境的影响,而中国物流业的共性问题,也是阻碍中国对俄边境口岸物流持续、快速发展的绊脚石。其次,中国对俄边境口岸主要开展中俄间的贸易活动,边境口岸的发展水平与中俄双边贸易的情况有着紧密的联系,因此,中俄双边贸易的方式、结构和贸易额对边境口岸物流的发展发挥着重要作用。

(一)基础设施不尽完善

黑龙江省是对俄开放的重要省份,黑龙江口岸物流处于刚起步阶段,很多方面还不够完善,基础设施尚不完善。虽然政府大力扶持,力图改善,但是很多地方仍有待改善。

从规模上看,中国对俄口岸的规模相对较小,黑龙江省是面对俄罗斯开放口岸最多的省份,它拥有15个对俄口岸,其中就有6个口岸处于未开放或关闭状态。并且除了绥芬河、同江和东宁等少数口岸的货运量和客运量比较大之外,其他口岸的货运量和过客量相对有限,比如孙吴、呼玛、桦川,虽然政府大力扶持,前后投入很多资金,但是投入和产出不成正比。另外,虽然近年来中国对俄边境口岸的基础设施建设不断加强,但是俄罗斯方面对基础设施建设表现出来的热情度不是很高,这具体体现在边境口岸建设的资金不足、意愿不强、速度

缓慢。这就使得中俄两国难以形成更高层次的互联互通。

在交通运输方面,黑龙江与经济发达地区存在一定的差距。现阶段东北地区运输发展速度较快,但是仍然不能满足经济发展的需要。特别是省际高速公路和对俄桥梁建设不够完善。铁路基础设施还不够完善,落后于全国平均水平。对河运的开发力度不够,通航里程短,通航设备、技术相对落后,所以运输能力有限。

在信息基础建设方面,对俄口岸物流信息化的程度不高。然而,物流信息化是现代物流的灵魂,是物流得以发展的基础。黑龙江省的物流信息化程度较低,企业只是利用互联网构建一个平台,简单地将运输、仓储、物流等信息进行综合统计,缺少标准化和系统化,信息化程度较低。企业没能充分利用信息技术对信息进行采集。企业应选择适合的信息设备,利用内外部的数据资源,实现物流信息化、市场化。尤其是对于口岸物流的发展来说,信息化极其重要。口岸可以针对物流发展来分析数据,选择新的机会,从而做出有利于物流发展的优胜决策。因此,口岸信息建设缓慢,严重制约口岸物流的发展。由于缺少统一的信息共享平台,企业很难与第三方物流进行有效的信息交流。这导致信息滞后,不利于物流的发展和对俄电子商务的发展。

(二)通关环境欠佳

总的来说,我国对俄口岸的通关环境欠佳。而口岸的通关能力会直接影响贸易进出口的数量,从而成为影响经济发展的重要因素。所以说,口岸的通关能力和运输能力十分重要。满洲里口岸发展得较好,满洲里口岸属于枢纽型口岸,口岸包括铁路口岸、公路口岸和航空口岸。与满洲里口岸相对的俄罗斯口岸是后贝加尔斯克,距离满洲里仅有 18 千米。满洲里口岸的过货量在我国对俄口岸过货量中位列前茅,占总数量的六成。满洲里口岸电子监控指挥中心,始终显示着人员通道和货运通道及时有效的信息。满洲里口岸正在构建信息平台,通过“单一窗口”提交简要的一次性手续。这减轻了通关负担,同时加快了通关速度。通关环境较好。相比之下,吉林省对俄边境口岸通关环境欠佳,由于吉林省口岸物流系统存在一定的问题,很多机制还没有理顺,在与口岸沟通衔接方面也存在问题。同时,这种机制问题直接影响口岸管理的有效性和统一性,不利于口岸通关建设,这成为吉林省对俄口岸物流发展的制约因素。对于黑龙江省对俄口岸来说,口岸的通关效率和通关能力不断改善,但是没能完全满足现代经济发展的需要,仍然需要进一步完善。近几年,黑龙江的很多对俄口岸开始提高通关效率、优化通关服务。比如,东宁口岸实施每周 7 天、每天 12 小时的工作制,绥芬河铁路货场进行改造等。这都在不同程度上提高了口岸的通关能力。但是我国物流行业起步晚,物流基础比较薄弱,总体水平仍然不高。很多基础设施是东北老工业基地发展时留下的,基础设施与技术需要及时更新换代,以适应新时代社会发展的实际需要。

(三)缺乏大型企业做支撑

对俄口岸物流市场需要大型的物流企业作为口岸物流发展的中坚力量。但是对俄企业大多是中小企业,并且组织涣散,规模大小不定,企业质量参差不齐,很多企业没有达到行业的标准,竞争环境比较复杂。并且,占市场份额小,对地区经济的拉动力小,而大型企业的缺乏不利于口岸物流的健康发展,因此边境口岸物流的发展急切需要能够集储存、配送、资金于一体的大型物流企业。并且与大企业相比,中小企业在资金方面相对欠缺,所以企业的融资能力、技术实力、抗风险能力和对长期项目的推动能力都有所欠缺。与此同时,大企业的技术进步能够推动整个产业的发展,对整个物流产业和相关产业的发展都有一定的推动作用。这也是众多中小企业无法达到的。而且,中小企业很难推动产业集群的形成,大企业通常拥有核心技术,推动中小企业生产相关的配套产品,使企业更专业化,从而提高产业的竞争能力。大企业在整个过程中处于主动地位,推动物流产业良性发展。另外,大企业能够更好地响应政策和支撑政策。在企业活动中,中小企业的经济行为多数依托大企业,大企业能够起到传导政府政策的作用。与此同时,物流企业对现代物流的认识不够充分,有的物流企业甚至把物流简单地等同于运输、储存、配货等一些流程,物流服务方式单一。因此,物流企业提供的物流服务质量和相对应的服务内容有限,很难满足物流的个性化需求。这导致企业难以整合物流运作的各个环节,使企业难以进行高效的整体运作,阻碍了物流的发展。

(四)相关专业人才缺乏

由于我国物流发展处于起步阶段,对物流的意识不完善,物流人才也缺乏,而物流的长期健康发展需要专业的物流人才,这成为制约黑龙江省物流发展的重要因素。对相关人才的技术培训的时间还不够长,物流发展所需要的专业人才还不够,而且黑龙江省边境地区的物流人才更是少之又少。许多企业需要物流实用型人才,都想吸收物流工程与物流管理人才,可是这方面的人才更是缺乏。各个环节不好掌控,企业经营管理的水平较低,企业的竞争力得不到加强,这直接影响了黑龙江省物流业的发展。另外,我国现代物流的发展程度不够,人才缺乏,这严重影响了黑龙江省口岸物流的发展,物流水平得不到有效提高。现代物流的发展需要新的物流理念、运作模式和经营管理模式,所以现代物流的发展更加需要高水平的现代物流人才和有战略眼光的物流企业家。而物流人才的缺乏直接影响了现代物流的推广和发展速度。

(五)对俄边境口岸物流环境不佳

中俄两国的口岸环境直接影响口岸物流的发展,然而我国对俄边境口岸的贸易环境和投资环境相对来说并不完善。第一,由于中俄两国口岸物流企业在仓储、运输等物流环节缺乏统一的标准,双方的国家政策、社会环境等又不一样,所以双方在合作中常常引起纠纷,物流环境存在一定的风险。第二,“灰色清关”的情况存在。由于俄罗斯的清关手续烦琐,通关比较困难,很多中小企业不惜铤而走险,采用“灰色清关”的手段。第三,行政审批手续比较繁杂,对前往俄罗斯的劳务人员的手续审批时间过长,手续繁杂。这些都给对俄口岸物流的发展制造了不稳定因素,致使投资风险大,同时也阻碍了中俄贸易的健康发展。

第四节　对俄物流通道的发展前景与可能的路径

“一带一路”的不断推进,将进一步促使沿线国家协调经济政策,我国与沿线国家将开展更大范围和更高水平的合作。在这种历史背景下,“一带一路”互联互通项目就显得尤为重要,中国不断加强对俄边境口岸物流的建设,发掘更大的市场潜力,加强口岸物流的基础设施建设,同时也加强沿线国家的基础设施建设,使其具有更大的规模和完善的技术标准体系。我国不断加强对俄边境口岸物流通道和物流节点的建设,力图进一步促进口岸物流的发展,提高中俄贸易水平。

一、对俄边境物流通道和物流节点的不断完善

(一)对俄边境物流通道建设

对俄边境口岸物流的发展速度越来越快。近年来,口岸基础设施不断完善,尤其是物流通道和物流节点的建设不断加强。我国重点推进物流通道的建设,物流通道的发展如下所述。

哈尔滨—满洲里物流通道,贯穿哈大齐工业走廊,进一步推动哈尔滨、齐齐哈尔、大庆等地物流的发展,带动城市工业和对外贸易的发展,它是欧亚大陆桥的重要组成部分。

哈尔滨—绥芬河(东宁)物流通道,贯穿哈尔滨、牡丹江、绥芬河对俄经济贸易区,利用口岸的优势,连接俄罗斯远东地区和符拉迪沃斯托克等港口,能够“借港出海”。黑龙江省发挥口岸优势、区位优势,加快哈尔滨、牡丹江与绥芬河的物流节点建设,使物流通道更畅通。

哈尔滨—黑河物流通道,是从哈尔滨出发,途经北安到达黑河的经贸大通道。黑河结合自身的互市贸易优势和通道优势,加快黑龙江和松花江的基础设施建设和改造,不断提高通航能力和江海联运能力。

哈尔滨—同江(抚远)物流通道,是从哈尔滨途经佳木斯、双鸭山到达同江的物流通道。这条通道与同江大桥和黑瞎子岛的口岸公安,以及抚远深水码头等结合在一起,同样促进了江海联运和水运的发展。

“中蒙俄大通道”是“一带一路”的重要组成部分,它是以大连、营口为起点,途经满洲里再到俄罗斯和其他国家的综合性大通道。它的建立不仅能够促进口岸物流的蓬勃发展,而且能够推动基础设施的互联互通和相关投资贸易的合作。

我国采用“中外中”内贸货物国际物流运作形式,促进口岸物流的发展,使东部的物流通道更加畅通,提高东部铁路、公路的通达水平,与此同时,加强蒙古东部地区、蒙古国和东三省的通道建设。

(二)对俄边境物流节点建设

物流节点是物流运作过程中的一个重要环节。物流节点具有衔接功能、信息功能和管理功能,它使物流的各个路线通过节点进行衔接,从而使路线变得贯通。与此同时,物流节点利用各种技术和管理手段进行衔接,对物流运作中

的不当环节进行调整。比如，物流节点结合不同运输手段转换运输方式，通过加工、运输、储存来调节由时间和空间的转换带来的不便，起到了衔接的作用。物流节点能够对信息进行收集、处理、传递和发送，而这在物流系统中发挥着极其重要的作用。另外，物流节点起着一定的管理作用，大部分物流节点集管理、指挥、调度、信息处理、衔接和货物处理为一体，促使整个物流正常有序地发展。因此，物流节点的发展程度直接影响物流系统的效率。

随着我国改革开放的不断深化和“一带一路”的不断推进，我国边境口岸物流发展将会再上一个台阶。我国与俄罗斯交界的几个省将抓住这个发展的好机会，进一步发展对俄贸易，同时大力发展对俄口岸物流。如今，我国黑龙江省、吉林省、内蒙古自治区与俄罗斯多个州进行了国际道路运输，同时，客货运输路线也在不断增加。中俄两国的水路运输业逐渐繁忙，绥芬河、黑河、同江等地的运输网络体系越来越完善。江海联运也为黑龙江增加了便利的运输条件。另外，黑龙江省已有25个对俄开放的边境口岸，其中包括15个水运口岸、4个航空口岸和2个铁路口岸，吉林省有珲春口岸，内蒙古自治区有满洲里、黑山头、室韦和二卡口岸。在此基础上，我国还建有绥芬河、满洲里等多处保税区。同时，很多对俄边境的一类口岸都加紧完善通关设施，努力提供便利的通关环境。

（三）对俄边境物流通道和物流节点的作用

1. 对俄边境物流通道和物流节点在中俄贸易中的作用

第一，发挥交通枢纽的作用。随着我国对俄贸易口岸贸易额的增加，我国对俄边境口岸物流发展良好，对俄边境口岸形成了铁路、公路、水运和航空等多种方式并存的立体交通网络，而且对俄边境口岸物流通道和物流节点的建设也不断推进。有利的交通条件是中俄贸易能够快速发展的前提，同时，交通运输条件越便利，越能够为中俄贸易的发展提供动力。口岸是集聚物流中心的地方，口岸承担着中俄贸易货物集散的任务，是中俄贸易的重要枢纽。如今，对俄边境口岸物流不断提高运输、转运、储存、加工、信息处理等能力，力图进一步发挥自身的枢纽作用，为促进中俄边境贸易的发展提供有利条件。

第二，带动经济增长。边境口岸物流具有拉动所在城市经济增长的作用。对俄边境口岸与所在城市能够形成良性的互动。一方面，边境口岸的发展会带动所在城市的经济发展；另一方面，其所在城市的发展，会进一步推动边境口岸基础设施建设,城市经济发展自然会优化口岸物流的信息网络,不断为口岸的发展奠定基础。而且,口岸会集聚更多的资源和优势条件,为城市经济建设添砖加瓦。除此之外,物流通道也会在一定程度上带动经济的发展,物流通道会对区域物流的聚集和扩散,以及产业的形成产生重大的影响。比如,绥芬河通过"中外中"运输通道,可以开展内贸货物跨境运输业务,有力地推动经济发展,从而推动中俄贸易的发展。

2. 对俄边境物流通道和物流节点的建设与"一带一路"的相互作用

一方面,随着"一带一路"的实施与发展,基础设施的互联互通成为"一带一路"的重要部分,我国重点加强对通道和节点的建设,所以一些有关对俄边境口岸物流节点和通道的项目被提上日程。对俄边境口岸物流的基础设施得到了进一步发展,对俄边境贸易便利化进程不断推进。很多对俄边境口岸延长了通关时间,如东宁口岸实行了每周 7 天、每天 12 小时的工作制度。有的口岸简化了通关手续,如满洲里口岸开放了"单一窗口",简化了通关手续,减少了通关时间,同江口岸更是开放了新的查验通道,还采用了 H986 车载移动式集装箱检测设备,可以不用人力翻看,随时查验,从而改善了通关环境,加快了通关便利化进程。"一带一路"的发展带动了对俄边境物流通道和物流节点的建设。

另一方面,对俄边境物流通道和物流节点的建设为"一带一路"的发展提供了基础条件,加强基础设施建设有利于扩大国际物流的规模,有利于推动"一带一路"顺利进行,同时也有利于扩大双边贸易,促进经济发展。而且,基础设施的水平低,严重影响国家间互联互通的能力,不利于推动"一带一路"的发展,因此,加强边境通道和节点的建设,有利于深化中俄贸易合作。

总而言之,对俄边境物流通道和物流节点的建设能够促进"一带一路"的发展,为"一带一路"的顺利进行提供基础条件。与此同时,"一带一路"的推进与发展能够推动中国对俄边境物流通道和物流节点的建设。两者相辅相成,共同发展。

二、对俄物流通道发展的基本方向

(一)加快贸易便利化进程

一方面,推动《贸易便利化协定》的实施,促进对俄边境口岸物流的发展,加快投资便利化进程。政府致力于解决投资便利化问题,因为投资贸易合作是

“一带一路”的重点内容，推进投资便利化，有利于为各国创造良好的经商环境。与此同时，政府消除投资壁垒和贸易壁垒，完善双边投资保护协定，避免重复征税，努力保护投资者的合法权益，激发合作潜力，挖掘对俄贸易投资机会，吸引物流企业开展对外贸易活动。另外，政府努力把有限的资金用在对外投资和引资上，拓展贸易领域，促进贸易结构优化升级，不断挖掘边境口岸新的增长点，把投资与贸易有机地结合起来，做到以投资带动贸易发展。

另一方面，加快通关便利化进程。海关、商检、边防等部门坚持监管与服务相结合，并且加强深度合作，加快通关便利化进程，努力解决成本问题，提高效率，节约成本。东北地区启动通关一体化，将会提高贸易便利化水平。包括满洲里在内的六个海关将被整合为东北海关一体化格局。它与长江经济带、广东地区、京津冀和丝绸之路经济带海关组成“3 + 2”的区域通关一体化格局，这将进一步提高贸易便利化水平。海关区域通关一体化着重强调简政放权问题，试图给予企业更多的自主权。比如，企业可以根据自己的实际情况来选择口岸清关、转关、“属地申报、口岸验放”等通关方式。企业可以根据货物进出境地和注册地自主选择接单现场。区域外报关企业可以在区域内建立分部，可以代理报关。东北地区试图通过实施一系列区域一体化改革措施来提高贸易便利化的水平，简化通关手续和作业环节，降低企业的经济成本，减少所消耗的时间，这对对俄边境口岸物流的发展起到积极的作用。另外，中俄两国将继续开展边境海关便捷通关合作，提高口岸的通关效率，并且每年举行一次满洲里海关与西伯利亚海关局的工作会谈，开展海关监管、知识产权保护、贸易统计数据交换、执法专项行动等方面的工作，并且共同打击走私违法犯罪活动。中俄两国为促进经贸发展创造良好的环境，也为边境口岸物流的发展提供有利的条件，共同建设文明口岸，促进港口跨越发展。

（二）加强对物流人才的培养

高质量的物流服务和科学合理的物流管理都来源于高素质的物流人才，因此培养专业型、实用型的物流人才至关重要。而我国现代物流发展时间短，我国不断加强物流人才的培养，以便适应不断发展的物流需要，为中俄贸易的发展提供人力支持。自我国提出“一带一路”倡议后，中俄两国的留学规模不断扩大，同时两国进行合作办学，不断深化人才交流与合作，同时加强了国家对物流人才的培养。

1. 注重对相关专业人才的培养

对俄口岸物流的发展是中俄贸易发展的助推器,而注重专业人才的培养是关键。相关专业人才了解口岸的基础设施与各个运作环节,熟知口岸物流容易遇到的问题,具备相关的操作技能、销售技能等,并且具有一定的职业素养,努力成为物流行业的高技能人才。

2. 物流人才更贴近企业需要

培养出的物流人才更能满足企业的需求。加强对物流人才的培养,不仅能够使物流人才更好地融入工作、更擅长人际沟通,以及具有团队意识和较高的综合职业素质,而且有利于人力资源的优化配置,有利于提高企业的管理水平与效率。

3. 加强国际物流人才的培养

随着国际物流的发展,国际物流业的竞争已经由传统的价格竞争转变成物流信息和物流人才的竞争。尤其是边境口岸物流的发展,具有一定的开放性。对俄边境口岸物流的发展不仅需要专业的物流人才,还需要具备其他技能的复合型人才,比如外语人才,以及经济贸易、国际政治等方面的人才。口岸物流运作环节较为复杂,通常需要经过国与国或地区与地区之间的转换,会面临不同的人员交流和国际上的突发事件,因此对物流人才有更高的要求。

(三)加快物流信息化建设

为了促进口岸物流的发展,企业对物流信息化的要求越来越高。物流信息化包括物流信息网络化、物流过程信息化、物流管理信息化、物流经营信息化和物流设施自动化。物流信息化的需求分为三个层次。首先是基础信息化;其次是通过日常流程和操作的不断优化升级,提高物流管理的效益;最后是成为供应链管理的工具。但是对于现阶段来说,我国在物流信息化方面的投入还不够,而且我国大部分对俄物流企业的物流信息化建设仍然处于初级阶段,信息化系统还处于简单的层次上,功能简单。信息化系统通常具有记录、查询和管理功能,然而缺少分析、综合和指导有利决策的功能,更不能达到共享水平。要想提高物流的信息化水平,就要大力整合物流资源,实现物流系统化的功能重组,并且不断促进物流行业高新技术的发展。尤为重要的是通过促进物流行业高新技术的发展来推动物流信息技术的发展,建立现代化的电子物流网络。另外,国家发展和改革委员会在发布的有关物流业调整和振兴的规划中提出,要加快物流信息公共平台的建设，要更加重视对电子口岸、综合运输信息平台、物流资源平台和大宗型商品交易平台的建设，鼓励企业发布物流信息，要建立中小企业的物流信息服务平台。

我国对俄口岸物流不断向智能化、标准化和全球化的方向迈进。首先，物流的智能化是对俄口岸物流发展的一个重要趋势，它是一种高层次的应用，关系到物流作业过程的运筹和决策，具有重要的作用。比如，物流网络的设计、对运输路线的选择、对运输装载量的选择、对运输工具的选择、对有限资源的调配，都需要物流管理人员运用科学的物流知识来解决问题，从而利用现有的资源达到利益最大化。其次，标准化也是对俄口岸物流的一个重要的发展趋势，并且是现代物流技术得以实现的前提条件。在对俄口岸物流的发展中，物流通常涉及国家间的贸易，是国家与国家之间的物流，只有解决物流标准化问题，对俄口岸物流才能够科学、有序地发展。比如，运输、装卸、储存、包装和加工等环节的物流信息都离不开科学的标准。因此，标准化程度极其重要，只有实现了标准化，才能够真正实现物流的自动化、信息化和智能化。尤其是在经济全球化的今天，各国只有形成物流的标准化，才能够顺应经济全球化的发展趋势，同时促进自身的发展。最后，全球化也是对俄口岸物流的一个发展趋势，口岸物流企业必然要走国际化发展路线。在全球化经济条件下，对俄口岸物流为国际贸易和跨国经营提供服务，选择最适合的路线，以最低的价格，承担最小的风险，并且能够准确地把货物准时运到目的地，这是对俄口岸物流企业追求的目标。因此，优化物流信息平台、加快物流信息化建设，是促进对俄口岸物流发展的必然趋势。

三、加紧建设现代化综合性的口岸

众所周知，口岸在现代化物流中发挥着重要的作用。现代化的口岸是一个全方位的概念，口岸的现代化既包括口岸的技术现代化，又包括口岸管理的现代化。口岸要以技术为先导，实现口岸管理的现代化。两者共同作用的综合性的口岸能够提高物流各个环节的效率，使各种运输模式在整个物流过程中能够协调一致地运行，进而提高效率和服务质量。

现代物流发展对综合性的口岸提出了更高的要求。这些要求包括口岸的基础设施、发展方向、运输模式和管理方法等方面的要求。因此，我国应该积极创造现代化口岸的综合条件,使口岸满足不断变化的市场需求,使口岸不断发展成为口岸物流的中坚力量。

四、进一步加快对俄跨境电子商务的发展

近年来,我国从俄罗斯网上购买商品的人越来越多,随着“互联网+对俄贸易”的推进,这种趋势越来越明显。2015年,政府就创立专门的方案,鼓励对俄电子商务的发展,并且不断创新对俄电子商务的发展模式,构建电子商务平台,鼓励企业创建自己的品牌、努力“走出去”,促进对俄电子商务的发展。与此同时,政府鼓励传统的对俄贸易企业提高电子商务水平,鼓励企业采用自建、收购和兼并的方式建立网上商城,并且利用互联网来推动传统的对俄贸易企业对电子商务的应用,从而优化物流的服务系统,不断促进物流的发展。政府进一步推进绥芬河和黑河陆路大通道的建设,加紧建设边境仓和海外仓,并且建立跨境电商电子服务体系,不断发展电子商务,使对俄电子商务更加规范化、标准化。2016年,政府更是进一步推进对俄电子商务的发展,努力实施“互联网+流通”计划,保障对俄电子商务快速、健康发展,努力使对俄电子商务迈上一个新台阶,努力使物流、支付、认证和信用等相关服务得到进一步完善。政府不仅加快传统产业对电子商务的应用,还鼓励企业搭建相关平台,比如,鼓励金融机构和支付服务机构参与搭建在线支付平台。另外,政府不断推动电子商务的创新发展,鼓励企业不断创新、不断提高服务质量和效率。对俄电子商务平台的建立有利于促进中小企业的发展,因为很多从事边境贸易活动的中小企业比较分散,通过对俄电子商务平台的不断完善,中小企业能够从中获取资源和汲取力量。同时,因为信息流畅通,中小企业能够及时调配和划拨货物,对运力进行有效的安排,进而促进自身不断发展。

第五节　推进中俄东部毗邻地区物流通道发展的对策建议

一、加强中俄交通基础设施合作

要想使沿边口岸建设、口岸经济发展有所突破，我国应该强化顶层设计，统筹安排，从政策和观念上突破原有的行政属地管辖的束缚，使众多的边境口岸由散落的开放点整合成为开放发展的先导带。

为了打造向北开放的重要窗口和东北亚地区合作的中心枢纽，东北沿边地区参与“丝绸之路经济带”建设的重点是完善和改进交通基础设施，以便尽快形成衔接紧密、快速便捷的国际大通道。完善沿边交通基础设施对国家安全和经济发展都有十分重要的意义，也是边境城市化建设、口岸专业化发展的前提。我们自己境内的路不够畅通，我们在“走出去”时也会遇到瓶颈。

目前，沿边口岸与内地连接的公路干线基本成型，但对于保证边境安全和推动经济社会发展的长期目标来说还有一些不足。路网不够完善、铁路网线空白较大等问题仍然存在。大部分连接口岸之间的公路等级较低，黑龙江和乌苏里江的一些航路尚不畅通，港口的基础设施不能满足需要。随着口岸经济的发展和区域一体化进程的推进，我国应该逐步调整路网结构，特别是提升沿边口岸公路的等级，建设沿边铁路，解决黑河等地国家铁路与地方铁路的各种问题。

俄罗斯已经意识到，远东地区交通基础设施“老、旧、低（运能）”的状况是该地区相对孤立、难以发展的一个原因。俄罗斯对发挥欧亚大陆桥的作用也有利益诉求。中俄两国应该把相邻地区交通基础设施的改建和扩建当作两国合作的重要内容，将其纳入“丝绸之路经济带”与俄罗斯远东发展战略对接的范畴。

中俄两国也要注意到，交通基础设施建设周期长、投入大，如果双方的投资项目不能有相应的回报，不能对所涉及地域的经济发展起到一定的作用，那么项目就很可能只是个空壳，这对双方长久合作也不利。著名的“渝新欧”线路就不是利用新投资，而是利用既有路网发展运作的。因此，鉴于两国相邻地区俄方靠近中方一侧已经形成了运营里程近万千米的外贝加尔和远东地区铁路网，两国合作的重点应该是挖掘潜力，如推动远东现有铁路现代化建设、提高沿线站点客流物流的消化能力、扩建港口和更新配套设施等，以便争取在较短的时间里改善目前客货流不畅、陆路运输只占亚欧物流总量5%的状况。

二、突出重点，确立集约式、专业化的发展方向

我国可以考虑在不改变现有行政属性的情况下，通过战略规划、政策引导和市场调配等方法，将地域接近的若干口岸整合为协同发展的口岸集群，使各口岸从竞争关系变为合作关系，例如满洲里—黑山头—室韦、黑河—逊克、同江—抚远—萝北、绥芬河—东宁等集群。

我国在口岸集群中可以选取若干个基础设施完善、交通运输便利、地理条件优越、客货量较大的口岸，将它们确立为口岸集群中的中心口岸，把它们作为一个区域内口岸经济建设的重点。这些口岸能够优化资源配置，集中发展适宜的产业园区和高端第三产业，能够成为吸引资金、技术、人才等各种要素的口岸区域中心，发挥集群支点作用，并对周边其他口岸产生辐射效应。

在口岸经济建设中，集群中的其他口岸可以根据实际情况选择不同的发展方向，明确定位，突出特色。中俄边境许多进出口货物的检验检疫、仓储运输对设备和人员的专业要求较高。为了避免重复建设，减少内耗，我国可建立专业队伍，并提高其服务质量，促使一些特点突出的口岸向更专业化的方向转型，使客货量较少的口岸通过找到准确定位、凸显自身优势来获得发展空间和机会。

我国口岸的专业化发展也是适应俄罗斯口岸基础设施不完善、过货和服务能力有限这种现实的必然选择。通过专业化分流，在一定程度上解决客货过境不畅的问题。专业化有利于推动各口岸改变粗放发展的方式、向"精、专、质"方向转变，有利于各级政府对口岸建设的扶持更有效和更有针对性。以珲春为例，未来的发展方向是在特殊的区位优势的基础上，充分利用和挖掘已成型的运输体系，以口岸和俄罗斯、朝鲜港口为支撑，以连通中朝、中俄和中蒙的铁路、公路为纽带，以陆海联运通道为网络，建设东北亚地区快速便捷的跨国运输大通道和综合交通运输枢纽，并由此带动以第三产业为龙头的新型口岸经济的发展。

构建口岸集群的目的是通过集成方式充分发挥各个口岸的比较优势，使具有不同规模、不同定位和不同功能的口岸相互配合、相互借力、分工合作，共同

做大、做强一个区域内的复合型口岸经济。

构建口岸集群不仅能对口岸地区的经济发展起到推动作用,也与从战略高度重视沿边城市的建设紧密相关。在漫长的边界线上,推动具有一定规模的城市的发展非常重要。目前,在中俄沿边口岸中,总人口数不到500万的只有一个地级市(黑河)。人口数量少,城市规模小,中心城市的综合功能发挥不出来,市场活跃度也有限。这既不利于边境地区的安全,也不利于口岸地区的发展。因此,突出中心口岸的地位、强化各口岸的协作,有利于边境区域形成集聚效应和辐射效应,有利于逐步形成若干个不同规模的边境城市群。

三、大力推动边境口岸与相邻腹地的一体化发展

如果说口岸集群建设是边境线上点的横向聚合,口岸与邻近腹地的一体化合作就是边境与内地的纵向构建。发展口岸经济绝不仅限于口岸所在地,所涉及的行业和地域的关联性很强。口岸经济的拓展需要有一定范围的腹地作为依托,口岸经济作用的大小也取决于邻近腹地经济能力的强弱。

一些对俄边境口岸所在地基础薄弱,自身造血功能不足。由于基础设施、劳动力数量、劳动力质量、投资效益、运输成本、环境承载力等因素的限制,在中俄贸易中,进口占较大比重的能源、矿产类商品几乎很少能在口岸地区"落地"。同样,在出口中占较大比重的机电、轻工商品也很难在口岸地区实现规模性"加工"。在很多东北边境地区,无论是复制东南沿海劳动密集型产业模式,还是发展资本和技术密集型产业,都不现实。因此,东北边境地区要学习东南沿海一些口岸的成功经验,树立大口岸的意识,在实现"出口抓加工、进口抓落地"时遵循经济规律和自然规律,从一个区域而不是一个点的角度去理解和实现"加工"与"落地"。边境口岸经济还是要植根于条件更加完备的腹地,首先是临近的大城市和产业基地,这个根系越发达,口岸这个枝叶才会越茂盛。边境口岸要通过区域资源共享和要素整合来形成相互作用、联手发展的完整的口岸经济体系。

很多对俄边境口岸基本上都处在自然保护区和林区内,又与邻国接壤,在经济建设方面必须综合考虑自然生态、环境保护、对外影响等各个方面的因素。以满洲里和绥芬河为例,前者自然生态脆弱,土地承载能力薄弱,后者地处山区,发展空间狭小,水资源匮乏,成规模的工业开发很容易带来严重的生态灾

难。我国对黑瞎子岛的开发和建设也需十分慎重，要科学评估开通口岸的影响，特别是要评估开通过货口岸后可能对当地自然环境和人文环境造成的影响，始终把保护生态环境、防止过度开发放在首位。因此，实现口岸与相邻腹地的一体化发展是协调口岸地区经济建设与自然保护的重要途径，这既能让口岸经济有成长的空间，又能有效地防止对环境的破坏。中俄沿边地区应尽可能地避免在其他地区的经济发展中已经出现的弊病，努力在口岸经济发展过程中探索出一条新路。

事实上，黑龙江省大力推动的哈（哈尔滨）牡（牡丹江）绥（绥芬河）东（东宁）一体化和对俄贸易加工区建设，正是这种口岸与腹地合作发展的有益举措。吉林省提出的长春－吉林（市）－图们江经济发展带，也是考虑到珲春工业基础十分薄弱这个因素而制定的口岸与腹地协同发展的规划。黑龙江省还可以考虑佳木斯、鹤岗、富锦与同江、抚远、萝北口岸集群，以及鸡西与密山、虎林、饶河口岸集群的合作发展。

四、重视扶持边境地区中小企业、小微企业的发展

近年来，谈到发展中俄贸易、发展口岸经济，人们的注意力往往放在大中型企业上，所谓“优化贸易主体结构”也主要是指中俄经贸合作要以大中企业为主。而对中小企业尤其是小微企业的重视不够，有些人将其等同于“低端”“搅乱秩序”“假冒伪劣”。这种观念并不正确。帮助企业做大做强与忽视甚至歧视中小企业、小微企业完全是两回事、两种态度。尽管中俄经济合作中出现的一些问题以小企业居多，但这并不意味着大中企业就没有问题。关键问题是政府的监管、引导和规范是否到位、是否有效。

事实上，目前在边境口岸地区开展对俄经济合作的绝大多数企业是中小企业或小微企业，在未来一段时间内，这种状况也不会有根本的改变。这些企业具有经营方式灵活、资金运用少、市场反应灵敏等优势。而且，这类企业在物流、资金、就业、税收等方面与口岸地区联系得更紧密。这些企业在实际生活中也关系到口岸地区市场经济的发展，关系到民生改善和社会稳定，关系到人才与财富能否吸引来、留得下。这些企业发展起来了，口岸对当地经济社会发展的贡献才能真正落实。众多中小企业、小微企业与大中型企业相互配合、取长补短，这才是口岸地区真正合理的发展结构。

近年来,国家高度重视小微企业的发展,相继出台了一系列政策。2015 年确立的“大众创业、万众创新”(以下简称“双创”)任务在相当大的程度上也与小微企业的成长有关。在这种背景下,东北沿边各级政府应该结合本地实际和长期发展情况,把扶持和重视小企业健康、规范发展纳入口岸经济发展的规划中。各级政府应进一步加强对这类企业在信息提供、项目引导、规范经营、风险防范等方面的指导和服务,在贷款、保险、担保、用汇等方面尽可能提供更多的支持,特别是设法解决这类企业普遍存在的“老大难”问题——贷款融资问题。例如,政府可以通过扩大信贷规模、简化信贷手续、拓宽融资渠道等方式,切实解决在现行金融体制下中小企业融资难的问题。政府还可以设立专项扶持和奖励基金,对符合地区发展规划的项目和企业予以重点扶持。对于符合相关合作规划、有前途、资信好的中小企业、小微企业,政府可以尝试由政府出具担保或资质证明的方式予以扶持。政府可以引导、帮助一些中小型银行确立针对中小企业、小微企业的战略定位,加大对从事中俄贸易的企业的信贷支持力度,降低企业融资的实际成本,细化对这类企业金融服务的差异化监管政策。政府可以拓宽口岸地区中小企业、小微企业的融资渠道,争取让更多的民间资本参与到有潜力、有成效的优势项目中去,帮助由多种形式构成的民间资本在俄罗斯获得资源、农业等项目的经营权。

深化改革、调整结构、开展“双创”、提升中俄合作水平是相互关联的。其中,关键是重视在对俄经贸合作中发挥重要作用的小微企业。政府要为这些企业创造新环境,帮助它们健康发展。这样既可以在最大范围内推动人力、财力、物力等各种市场要素自由流动,也可以实现改革突破,最终提升整个经济的运行效率。面向世界的义乌小商品市场是由小微企业组合而成的。

五、完善法律保护体系,开展与俄方的对话合作

随着“丝绸之路经济带”建设的推进,对俄投资成为合作的一个重要内容。针对俄罗斯的投资环境和项目选择的可能性,我国应该拟定整体的战略规划,指导对俄投资,同时还要建立信息咨询体系、法律服务体系、风险评估体系与检测体系,为对俄投资保驾护航。

我国对俄口岸物流起步晚,但是在最近一段时间内发展迅速,很多物流基础设施正在建设中,包括物流通道的建设和物流中心的建设。机遇和挑战是并

存的,我国对俄口岸物流在发展的同时会遇到很多现实性问题,比如贸易欺诈、物流标准化问题等。所以,在现代物流发展中,完善法律法规,不仅能够使物流企业在物流运作过程中有法可依,还可以规范物流市场,避免一些不符合标准的物流企业混进物流市场,从而降低物流风险,另外还可以避免地方保护、区域封锁和垄断行为的出现。完善物流的法律法规体系,有利于构建公平合理、规范有序的物流市场,有利于营造具有较高的服务质量和行业标准的物流市场氛围。这是我国现代化物流发展的客观需求,也是我国对俄口岸物流科学有序发展的客观条件。

中俄两国的市场经济建设尚处在探索和完善之中,市场行为主体和相关条件还存在一些问题。随着中俄两国投资领域和渠道的增加,我国应敦促俄罗斯各级政府切实改善中国企业、商人在俄罗斯的营商环境,保障相关权益,还应该从法律层面细化投资保护的规定,从而进一步降低投资人的风险。例如,对于境外园区建设的法律保护和重点领域投资的法律保护,中俄两国应该签署更具有可操作性和针对性的相关法律保护协定。

六、推动物流信息共享平台的建设与发展,加强资源的优化配置

一方面,推动物流信息共享平台的建设。各个地区和口岸应结合电子政务系统、口岸报关报检系统和城市的基础系统等信息平台的建设,实行物流公共信息平台的数据交换和信息共享制度,实现物流信息的共享和数据交换。各个口岸能够最大限度地集聚物流资源,进行分析、整合,达到资源的优化配置,从而促进口岸物流的发展,共同建立区域性物流市场运行的信息网络和市场应急机制,提高对应急事件的灵活反应能力。

另一方面,鼓励企业进行信息共享,打破行业垄断和地方保护格局。各个地区和口岸取消相互之间的市场准入限制,尽力打破市场中的垄断局面,促进物流市场合理竞争和良性发展,提高市场优化配置资源的作用,同时促进对俄口岸物流科学、高效地运行。

七、开发与应用物流技术,节约物流成本

我国应鼓励物流企业自主研发物流技术,进一步推动物联网技术在物流行业的应用,积极推动高校和相关科研机构建立物流科研基地,并对研究出来的

推动物流行业发展的科学技术，予以表彰和推广应用，不断提升我国对俄口岸物流的现代化水平。我国应充分发挥东北地区机械制造业的优势，积极制造物流装备。这些装备包括重型的运输车辆、大型吊装设备、仓库自动化设备和冷藏设备等。我国不仅要推动物流设备的研发，还要提高物流设备的制造能力，利用物流科技推动物流进一步发展，节省口岸物流成本，提高口岸物流效率。

第三方物流企业是非常专业的物流企业，推动第三方物流的发展，可以提高物流效益。第三方物流有很多优势，比如专业优势、规模优势、信息优势和服务优势。第三方物流的专业优势是指，第三方物流企业相对于自营模式的企业，能够更好地把精力放在核心业务上，保障物流的专业化和质量，能够降低成本，具有较高的资源利用率，也可以避免成本高、服务水平低、精力分散和管理模式受限制等现象。第三方物流的规模化优势是，企业可以通过大批量采购的方式来降低成本，提升市场竞争力，也可以通过混载运输的方式，降低运费。这不但提高了流通速度，而且避免了重复运输，使物流企业获得更高的利润。第三方物流的信息优势是指，通常第三方物流企业会与独立的软件供应商进行合作，开发内部的信息系统。这使得第三方物流企业能够更好地利用运输和销售网络，最快地进行物流跟踪，了解电子交易，提高物流的管理效率。第三方物流的服务优势是指，第三方物流企业会直接为客户节省成本。第三方物流企业可以同时为多家公司配送货物，节省了单位运输的成本，这样就可以为客户提供最优惠的价格，直接降低了客户的成本。同时，由于第三方物流服务能力强，能最大限度地保证客户的货物如期到达，避免客户产生不必要的损失。

我国应大力发展第三方物流，推动现代化物流企业的发展，提升物流企业的市场竞争力，提高物流企业的专业化程度。政府应大力支持企业对现有的运输、仓储、货代、联运等业务进行整合，同时鼓励企业创新服务，不断推进物流服务的现代化和个性化发展。另外，政府要加大口岸和物流园区的招商引资力度，鼓励有较强的综合实力的物流企业加入，大力推动物流企业通过参股、联合和合资的方式进行改组，支持国内外大型物流企业建立分支机构，同时创新服务模式，满足我国对俄口岸多样化的物流需求。

八、积极发展绿色物流，提倡物流可持续发展

在口岸物流发展中，中俄两国应积极推行绿色物流的发展方式，顺应低碳

经济的发展要求，提倡绿色仓储、绿色运输和绿色采购，减少对物流资源的浪费和对污染物的排放，走集约型物流发展路线，使口岸物流在发展中能够持续获得竞争的优势条件。同时，中俄两国应合理规划物流的基础设施，选择最合适的物流运输方式，采用铁路、公路、陆海联运等多种运输方式，实现节能减排，促进口岸物流的发展。另外，基于对循环经济的考虑，中俄两国应提倡逆向物流方式，也就是说，鼓励对可回收物流资源的再利用。尤其是对于口岸物流企业来说，对资源进行回收和加工处理，可以大大降低物流成本。企业可以把节约的资金重新投入到物流的运作当中，进一步加快物流的发展速度。

第十章　新时代背景下中俄区域经济合作的几点思考

目前,中俄全面战略协作伙伴关系不断加强,中俄两国各方面的合作正在迈向一个新台阶。为了更好地促进两国经济发展,开拓两国经贸合作的新局面,除了进行国家层面的经济合作,中俄两国也积极推动地区之间的经济交流与往来。当前,中俄地区关系发展问题在两国政治经济合作的各项议程中多次被提及,很多合作方案都在实施中。两国为了加强地区合作,建立了中国东北地区和俄罗斯远东及贝加尔地区政府间合作委员会,以及中国长江中上游地区和俄罗斯伏尔加河沿岸联邦区地方合作理事会这两大区域合作机制,组建了中俄友好、和平与发展委员会地方合作理事会,缔结了 140 对友好省州和城市关系。其中,两大合作机制目前是最具影响力、成效最明显的中俄地区合作机制。共同投资项目涉及科技园区建设、农业园区建设、建材生产、机械制造、汽车制造、造船、林业等诸多领域。其中,振兴东北老工业基地是中国经济发展的重要战略布局;俄罗斯方面也多次制定和修改远东地区经济社会发展纲要,以解决地区发展问题。而中国"中蒙俄经济走廊"倡议的提出和俄罗斯"向东看"政策的实施更为两国区域经济合作注入了新动力。

第一节　中俄区域经济合作的主要领域不断拓宽

当前,在中俄两国合作的主要领域中,除了传统的能源行业之外,农业合作不断推进。此外,交通基础设施建设在原有的基础上有所推进,而创新领域的合作也不断加强。

一、能源合作仍是两国经贸合作的推动器

能源合作是中俄两国当前优先发展的合作领域。2017 年 9 月举行了中俄能源合作委员会第十四次会议。2016 年,俄罗斯成为中国石油(5 250 万吨)和电能(33 亿千瓦时)的最大供应国,以及煤炭(1 890 万吨)第五大供应国。第十四次委员会会议提出制定电力合作的整体纲要,包括电能贸易、发电、实施合作项目等。为了提高对中国和其他亚洲国家的石油出口量,俄罗斯实施东西伯利亚 - 太平洋地区石油管道扩展方案,将斯科沃罗季诺 - 漠河支线的运量提高到每年 3 000 万吨。2020 年前,东西伯利亚 - 太平洋 1 号和 2 号管道的运量分别提高到 500 万吨和 800 万吨。

中俄两国最大的合作项目是在亚马尔 - 涅涅茨自治区建立年产量 1 650 万吨的液化天然气加工厂,股东包括俄罗斯诺瓦泰克公司(50.1%)、法国道达尔公司(20%)、中国石油天然气集团公司(20%)和中国丝路基金(9.9%)。这样,在亚马尔液化天然气项目中,中国方面持股总量为 29.9%。

2017 年 3 月底,世界第一艘 ARC7 冰级液化天然气运输船“克里斯托夫·德马尔热里”号装载着液化天然气抵达萨别塔港,开始试航行。2017 年 12 月 5 日,年产量 550 万吨的一期生产线开始运转。第一批液化天然气供应给中国石油天然气集团公司,因为亚太市场是亚马尔项目的关键。诺瓦泰克旗下的诺瓦泰克天然气和电力公司也是买家之一。早期液化天然气为期货供应,到 2017 年年底运出几批。从 2018 年 4 月 1 日起,俄罗斯按照长期供货合同供应液化天然气。二期和三期生产线分别于 2018 年和 2019 年投入运行。

俄罗斯是中国石油产品的主要供应国,2016 年根据商业合同完成了 5 250 万吨石油供应。俄罗斯对华石油主要出口商是俄罗斯石油公司,中国的主要买家是中国石油天然气集团公司及其旗下的子公司。2016 年,俄罗斯石油公司超过沙特阿美公司成为中国市场最大的石油供应商。2018 年,俄罗斯石油公司计划每年提高 100 万吨的对华石油出口量。

俄罗斯石油公司与中国石油天然气集团公司签署了战略伙伴协议。据此,两家公司将实现俄罗斯开采企业与中国加工和销售企业之间的股权置换。2017 年,俄罗斯石油公司与中国华信能源有限公司签署了战略合作协议和石油长期供应合同。双方计划在东西伯利亚和西西伯利亚地区的勘探领域、开采领

域、石油加工领域、石油化工领域、石油和制成品贸易领域开展合作。为了实现合作，双方研究在俄罗斯境内建立上下游合资企业的可行性，以及创办联合投资基金的可行性。中国华信是一家集石油开采、加工、运输、销售于一体的股份集团公司。此外，中国华信还拥有银行、基金和其他金融机构，是全球新能源、生物制药、航空、旅游、基础设施建设等领域有影响力的投资者。2017 年，俄罗斯石油公司与中国华信能源有限公司签署协议，双方将共同探讨在中国海南省建设石化综合体和进行原料运输的可行性。

俄罗斯石油公司与中石油的合作项目，还包括在天津南开工业区建立年产量 160 万吨、深加工能力超过 95% 的炼油厂项目，为此双方已经建立了合资企业。该项目计划安装大型石化装置，包括高温分解设备和芳香烃生产设备。同时，该项目还考虑到加油站网络布局的问题。2014 年已经签订了炼油厂启动和石油运输进度表。2016 年，天津炼油厂的技术布局已被批准。

俄罗斯石油公司的子公司“东方石化公司”正在俄罗斯远东地区建设最大的炼油综合体和石化生产综合体。这是俄罗斯石油公司与中石化的合作项目。通过对华供应石油，俄罗斯石油公司获得中石化子公司 30% 的股权，主要在全世界范围内进行原油、制成品和石化产品的销售。

为了提高俄罗斯国内市场和对华出口市场石油制成品的供应量，中俄合资的阿穆尔能源公司进行年产量为 500 万吨石油和 20 万吨凝析油的炼油厂建设工作。这是俄罗斯“阿穆尔”经济社会超前发展区的入驻企业，阿穆尔能源公司对中俄合作项目的投资总额为 1 230 亿卢布。炼油厂于 2019 年秋季投产运转，计划于 2023 年完成全部建设工作并达到预计的生产规模。炼油厂原油接收和存贮的年设计生产能力为 400 万吨，凝析油为 200 万吨，用于保障俄罗斯国内市场所需的轻质馏出油（欧 5 标准柴油）可达每年 60 万吨。同时，炼油厂计划生产 5 万吨航空煤油、15 万吨冶金设备所需的石油焦炭（喷涂到焊接条上）。炼油厂大部分产品将出口到中国市场，产品为初级加工品（加氢柴油），之后初级加工品被加工成汽油、柴油和其他产品。

中俄能源合作的最大项目是对华天然气出口，沿东部天然气管道“西伯利亚力量”实现从东西伯利亚产地到中国的出口运输。2014 年 5 月，俄罗斯天然气集团公司与中石油签署了为期 30 年的天然气供应合同，每年出口量为 380 亿立方米。“西伯利亚力量”天然气管道建设工作如期进行。俄罗斯石油公司与北京控股集团有限公司(北京燃气集团有限公司母公司)签订的关于上乔斯克油气田公司20%股份买卖的协议,为俄罗斯进入中国市场和亚太其他国家市场开辟了广阔的前景,收购花费了约11亿美元。北京燃气集团有限公司是中国最大的天然气销售公司之一。在该合作项目中,双方将建立上下游合作体系。中国公司获得了东西伯利亚地区最大产地之一的股份,该产地拥有完善的开采设施,与东部石油管道贯通,而俄罗斯方面则获得了进入前景广阔的中国市场的机会,通过交换方式进入终端消费者市场。

此外,俄罗斯石油公司和北京燃气集团有限公司正在研究扩大在东西伯利亚和远东地区的合作范围,有意开展地质勘探、产地开发、天然气开采和销售等工作。

2017年7月,中国华信能源有限公司与俄罗斯基础元素集团签署了长期合作总协定,合作主要体现在产能、金融、物流、基础设施等领域。双方将在中国、俄罗斯和"一带一路"沿线国家实施合作方案。双方有意通过创新合作方式来实现产能、金融、物流、基础设施等领域的全方位合作。

可再生能源是中俄两国有前景的合作领域。2016年中俄两国成立了中俄可再生能源合作工作组。从中国当前的能源结构和环境污染程度来看,中国政府将集中力量优化经济结构,提高可再生能源的利用水平。中国将扩大太阳能需求,开发水利能源、风能、地下热能。中国公司的经验和优势可能会对俄罗斯可再生能源市场的开发有所帮助,尤其是两国在俄罗斯远东地区的合作项目有很大的实施潜力。

二、高新技术产品和农产品是中俄两国贸易合作具有潜力的领域

目前,俄罗斯对华出口最有前景的产品是农产品、农业制成品、木材加工品等,两国在电子商务领域也有很大的合作潜力。这主要是由中俄两国经贸关系的特点决定的。其中,中国是世界粮食进口大国之一,俄罗斯的粮食出口能力则在不断提升。2017年,俄罗斯出口到中国的粮食和加工品增幅明显。大豆出口量增长40%,达到49.6万吨;油菜籽出口量增长229%,达11.6万吨;亚麻出口量增长45.5%,达5.1万吨;燕麦片出口量增长189%;小麦粉出口量增长

154.1%，为3.05万吨。①

俄罗斯木材深加工产品对华出口的潜力也很大，主要原因是中俄两国共同实施《中华人民共和国东北地区与俄罗斯联邦远东及东西伯利亚地区合作规划纲要（2009—2018年）》。纲要规定，两国将共同开展面向中国市场的木材深加工合作。两国在其他领域也有类似的合作。

中俄两国农业领域的合作包括检查检疫、渔业合作，以及为肉类、水产品、粮食和豆类农产品进入对方市场创造条件等。俄罗斯出口到中国的主要农产品是粮食和大豆。根据俄罗斯农业部的统计，2016年对华粮食出口量为75.6万吨，同比提高6%。② 目前，俄罗斯东部地区的阿尔泰边疆区、克拉斯诺亚尔斯克边疆区、新西伯利亚州和鄂木斯克州的小麦可以出口到中国，而哈巴罗夫斯克边疆区、滨海边疆区、外贝加尔边疆区、阿穆尔州、犹太自治州的玉米、水稻、大豆、油菜籽可以出口到中国。

中俄两国投资者在远东农业领域的投资额为2.7亿美元。目前，中俄两国投资者正磋商建设大豆加工厂的项目，通过深加工对大豆蛋白质进行分离，原料来自阿穆尔州、犹太自治州、滨海边疆区和哈巴罗夫斯克边疆区。中国部分企业与俄罗斯国际农工会共同成立集团公司，以便在远东地区实现农业合作。这家集团已经成为阿穆尔超前发展区的入驻企业，而联想控股、中国国家机械工业公司、北大荒集团等也是该集团潜在的合作伙伴。

当前，中俄两国农业合作存在一些问题。中国方面主要是市场准入问题和配额问题。俄罗斯只有部分地区的产品可以出口到中国，并且肉类、禽类和大部分奶制品的进口限制也没有取消。中国现行的粮食进口配额限制也衍生出了一系列问题。中国粮食进口是由配额体系调控的，其中，中粮集团下属的国有企业具有获得配额的绝对优势，私营企业则很难获得配额。俄罗斯方面的问题是粮食运输和保存的调控体系不完善。俄罗斯口岸仓储能力不足，通过能力差，这阻碍了粮食贸易的进一步发展。过境时，海关和检查检疫手续的办理时

---

① Лидером в экспорте муки в Китай стала Украина：кто и кому так успешно поставляет муку?［EB/OL］. https://chinalogist.ru/articles/liderom-v-eksporte-muki-v-kitay-stala-ukraina-kto-i-komu-tak-uspeshno-postavlyaet-muku, 2018-03-15.

② Китай установил рекорд по закупкам зерна и масличных из России［EB/OL］. http://www.agroinvestor.ru/markets/news/29838-kitay-ustanovil-rekord-po-eksportu-zerna-iz-rossii/, 2018-05-17.

间不确定，这也影响了有时间周期要求的粮食产品的出口。

三、跨境交通物流通道建设是实现互联互通的基础

在非原料商品中，物流和运输服务是俄罗斯最有前景的出口商品。随着俄罗斯“出口商货物运输扶持纲要”的制定和实施，物流和运输服务行业的进一步发展将促进非原料出口行业的发展，促进俄罗斯经济均衡发展。中国“一带一路”倡议的实施和互联网贸易的积极推进，为俄罗斯公司进入中国市场提供了新机遇，使他们能够提供运输服务、有效地利用俄罗斯跨境运输潜力、吸引中国公司使用俄方的运输路线，同时，也可以使中国加入到俄罗斯大型基础设施的建设中。

中俄双方均很重视在发展交通设施和跨境运输设施方面的大型合作方案，进一步提高边境合作效益，同时进一步发展现有的对话机制，深化中俄边境地区的合作，保障边境地区跨境运输设施的发展，深化跨境运输方面的合作。

同江－下列宁斯阔耶铁路桥将成为中、蒙、俄三国间重要的经济走廊，同时也是“新丝绸之路”通过黑龙江省的交通要道。铁路桥实现了中国东北铁路网与俄罗斯西伯利亚大铁路的贯通，成为一条新的国际铁路运输通道。桥梁工程建设结束后，将在引桥附近建设跨境中俄经济合作区，以促进当地的发展。

2016 年 6 月连接黑河与布拉戈维申斯克的中俄跨黑龙江公路桥建设租赁合同签字生效。该公路桥于 2019 年 5 月合龙，每年将保证 300 万吨货物和 150 万人次的通过。黑河与布拉戈维申斯克还计划建设世界第一条跨境索道，将完成客运任务。索道用于发挥旅游功能，将是世界上第一条跨境旅游观光索道。

2016 年 12 月 30 日，“滨海 1 号”和“滨海 2 号”国际运输走廊开发规划被批准，这是发挥远东地区跨境运输潜力的重要举措，对中俄双方都有利。中国可以缩减运输距离，而俄罗斯可以赚取运费。国际运输走廊由基础设施、调度和管理部门共同组成。“滨海 1 号”和“滨海 2 号”国际运输走廊的基本货源来自中国方面，潜在通过量大约每年 4 500 万吨。为了加强合作和实现共同管理，中俄双方签署了《关于共同开发滨海 1 号和滨海 2 号国际交通走廊的谅解备忘录》，据此，双方将通力合作，通过现代化信息交流手段来提高信息畅通度，同时，还将合作调研，寻找新的投资合作机会，以及新的合作增长点。

四、高新技术领域的合作使中俄经贸关系进一步深化

中国高新技术产品出口俄罗斯是两国经贸关系发展的方向之一。由于中国生产潜力、科研潜力和创新能力不断提高,扩大高新技术产品和服务对俄出口的种类和范围指日可待。

目前,中国正在有效地开发自主技术,同时也不断地引进外国技术,以生产能满足国外市场(包括发达国家市场)需求的产品。在中俄经贸合作中,高新技术领域的特色合作表现得越来越明显。中国相关公司正在积极寻找富有吸引力的投资机会和创新机遇,通过与俄罗斯伙伴的合作来推动自身的发展,生产出旨在供两国市场销售的自主产品。此外,类似的合作还体现为研发高新技术产品,以便将产品应用到金融部门、云计算领域、生物技术领域、生物医学领域、新能源和新材料领域等。

未来可能影响中国高新技术产品对俄出口的主要因素是西方国家对俄罗斯的制裁,以及由于经济增长和卢布汇率稳定而带来的国内市场容量的提高。由于欧盟国家和美国购买能力的收缩,为了实施进口替代政策,俄罗斯需要寻找新的供货商,以满足对现代化工业设备的需求、对软件和服务的需求。这为中国公司打开了大门,中国公司既可以生产能满足俄罗斯市场需求的自主研发的产品,也可以生产与西方国家类似的产品。

在深化高新技术领域合作和促进双方科技合作方面,中俄两国不断深化合作,而中俄风险基金也加大对合作的投资力度。

从 2016 年 12 月起,俄罗斯石油公司与中石化在滨海边疆区的“大卡缅”超前发展区开展合作,建设化学涂层和染料厂,同时开展科研活动。中俄两国高新技术领域的另一个合作项目是中小工业燃气涡轮机生产,由哈尔滨汽轮机厂和俄罗斯联合发动机集团公司负责。2017 年,两家企业签署协议,计划生产 16 兆瓦和 40 兆瓦两种型号的机组。双方打算扩大合作范围,既向中国市场提供发电设备,又进行燃气涡轮机的合作研发。

第二节 中俄东部毗邻地区的经济合作不断深化

21 世纪是世界经济全球化、区域经济一体化快速发展的时期,是亚太地区

经济崛起、区域经济融合发展的时期,亚太地区乃至世界各国的生产要素将实现跨国的优化组合。为优化组合提供互联互通的保障,是保证供给和促进经济发展的关键。

一、中俄区域经济合作的基础

2013 年 9 月,习近平在访问哈萨克斯坦期间提出建设“丝绸之路经济带”的倡议,这引起国际社会的热烈反响,并得到俄罗斯方面的积极响应与支持。“中蒙俄经济走廊”是“一带一路”的重要支撑点,也是“一带一路”的重要组成部分。该经济走廊将“丝绸之路经济带”同俄罗斯跨欧亚大铁路、蒙古国草原之路进行对接。据此,三国在交通、货物运输和贸易通关方面更加便利,同时推动跨国电网、铁路、公路等互联互通的建设,实现优势互补,加强互利共赢的合作,最终推进“一带一路”倡议具体目标的实现。

2008 年金融危机和 2014 年乌克兰事件后的西方对俄制裁,使俄罗斯加快推进国家战略东移,开发西伯利亚和远东地区成为俄罗斯的优先发展方向。2014 年,俄罗斯国家杜马通过《关于超前社会经济发展区及国家支持远东地区的其他措施》。该法案规定,国家为社会经济超前发展区内企业经营活动的开展和其他经济活动的开展设立特殊法律制度。截至 2017 年年末,俄罗斯政府在远东地区共批准了 18 个超前发展区。2015 年,俄罗斯还批准通过了《符拉迪沃斯托克自由港法》。据此,俄罗斯在滨海边疆区 15 个市区建成一个面积达 3 400万平方千米的区域,并实施一系列优惠政策,如简化签证制度、自由关税区制度、税收减免政策等。①

俄罗斯在进行 2017 至 2019 年年度预算制定时,决定增加对远东地区的拨款。目前,在俄罗斯社会经济超前发展区和符拉迪沃斯托克自由港,中国正在实施 23 个投资方案,总投资额约为 30 亿美元。②从总体上看,俄罗斯的超前发展区和自由港在改善投资环境方面有了一定的进展。在区位选择和发展定位上,我们能够找到中俄两国在资源、产业、交通、物流等方面的互补之处,这有利于两国贸易结构的改善与调整,有利于两国投资合作的进一步深化,有利于双

① 葛新蓉. 俄罗斯远东超前发展:基于区域政策层面的思考[J]. 对外经贸,2017(12).

② Вложения в дальневосточные ТОРы и СПВ масштабны, эффекта — минимум: СП РФ[EB/OL]. https://regnum.ru/news/2371406.html.

边合作的全面发展。

为了实现俄罗斯远东地区的超前发展,远东地区在经济社会领域的发展战略得到部分调整。在经济领域主要表现为通过大型投资项目的落地和实施来拉动地区经济的发展,项目主要集中在采矿和能源领域。而利用西伯利亚大铁路和贝阿铁路,以及独有的港口优势来推动远东地区交通物流设施的建设也是当前开发的重点。社会领域的主要目标是解决人口问题和劳动力短缺问题,人口问题的解决主要表现为提高出生率和人口平均寿命。劳动力短缺问题的解决办法之一是加大对近邻国家俄侨的吸引力。为此,远东地区在国家原有的扶持政策的基础上建立了新的激励机制,此外,还通过改善教育、文化行业的软硬件条件,提高居民的物质文化生活水平,防止人口流失。

二、俄罗斯远东地区大型项目的实施为中俄区域经济合作提供新契机

为了保证远东地区的大型投资项目顺利落地和实施,俄罗斯在社会经济超前发展区和符拉迪沃斯托克自由港实施特殊的国家政策,提供优惠条件,加大对国内外企业和投资者的吸引力,以此来带动远东地区经济社会的发展。为了加大国家扶持力度,俄罗斯政府将远东地区实施的部分投资项目提升到国家纲要的层面,并且由国家预算来填补部分经济落后地区的地方预算的缺口,以保证项目拨款能够及时到位,使项目能顺利地实施和推进。

目前,远东地区各联邦主体正在实施的大型投资项目共计 34 项,总投资额 35.4567 亿卢布,创造工作岗位 53 567 个。项目主要集中在石化、采矿、交通、物流、农业等领域,主要在社会经济超前发展区和符拉迪沃斯托克自由港落地。

远东地区大型投资项目一览表①

序号	项目名称	发起单位	领域	扶持措施	投资总额（亿卢布）	工作岗位（个）
阿穆尔州					15.9125	4677
1	建设阿穆尔天然气化工厂	俄罗斯天然气工业集团	石油天然气化工	斯沃博德内超前发展区	9.4835	2657
2	建设阿穆尔天然气化工综合体	西布尔公司	石油天然气化工	计划在斯沃博德内超前发展区	5.75	1700
3	在斯科沃罗季诺建设年生产能力100万吨的甲醇厂	俄罗斯投资和管理集团公司	石油天然气化工	计划在斯沃博德内超前发展区	0.443	170
4	建设布拉戈维申斯克－黑河跨阿穆尔河公路桥	中国黑龙江大桥开发建设有限责任公司	运输、物流	国家纲要	0.236	150
滨海边疆区					13.3406	27275
5	建设东方石油化工综合体	俄罗斯石油公司	石油天然气化工	天然气化工超前发展区	6.587	4420
6	建设纳霍德卡矿物原料厂	纳霍德卡矿物原料股份公司	石油天然气化工	计划在天然气化工超前发展区	2.874	1400

① Масштабные и приоритетные инвестиционные проекты [EB/OL]. https://minsh.khabkrai.ru/Investoram/Proekty/1510.

续表

序号	项目名称	发起单位	领域	扶持措施	投资总额（亿卢布）	工作岗位（个）
7	建设大吨位造船厂	星星造船联合企业	机械制造	“大卡缅”超前发展区	1.8718	1700
8	建设存栏数10万头的奶牛养殖场	中国“龙”有限责任公司	农业	计划在米哈伊洛夫斯基超前发展区	0.312	1680
9	建设苏霍多尔煤炭运输港口	苏哈托尔海港有限责任公司	运输、物流	斯沃博德内港	0.308	659
10	在东方港建设散装货物运输综合体	A港口有限责任公司	运输、物流	国家纲要	0.2597	286
11	建设私营工业园区“扬科夫斯基”汽车检查园	扬科夫斯基汽车制造有限公司	运输、物流	斯沃博德内港	0.2342	13000
12	建设养猪场、饲料生产厂	滨海卢萨戈洛有限责任公司	农业	米哈伊洛夫斯基超前发展区	0.211	1555
13	建设三类养殖综合体和牛奶厂	越南公司	农业	米哈伊洛夫斯基超前发展区	0.175	500
14	在东方港建设煤炭运输综合体二期	东方港股份公司	运输、物流	符拉迪沃斯托克自由港	0.1725	619

续表

序号	项目名称	发起单位	领域	扶持措施	投资总额（亿卢布）	工作岗位（个）
15	建设养猪综合体	滨海肉制品有限责任公司	农业	米哈伊洛夫斯基超前发展区	0.13	700
16	在斯拉维扬卡建设散装和集装箱货物运输综合体	太平洋船运码头公司	运输、物流	符拉迪沃斯托克自由港	0.104	156
17	建设煤炭运输港“维拉港”	维拉港有限责任公司	运输、物流	国家纲要	0.1014	600
楚克奇自治区					3.318	3900
18	开发巴伊姆产地	巴伊姆集团有限责任公司	采矿	计划在巴伊姆超前发展区	3.146	3100
19	开发戈库拉产地	高地黄金矿业公司	采矿	计划在巴伊姆超前发展区	0.172	800
哈巴罗夫斯克边疆区					2.0596	3914
20	在阿穆尔斯克建设纸浆造纸厂	中国纸业公司	林业	计划在共青团员超前发展区	0.948	1500
21	在瓦尼诺港建设液态天然气换装码头	普拉伊姆股份公司	运输、物流	符拉迪沃斯托克自由港	0.3009	192

续表

序号	项目名称	发起单位	领域	扶持措施	投资总额（亿卢布）	工作岗位（个）
22	在瓦尼诺港建设煤炭换装运输综合体	瓦尼诺煤炭运输公司	运输、物流	符拉迪沃斯托克自由港	0.2732	450
23	在乌尔坎斯克产地建设选矿厂，提高煤炭开采量	乌尔坎斯克煤炭股份公司	采矿	对基础设施建设有补贴	0.2525	416
24	发展阿穆尔冶金采矿综合体	阿穆尔冶金采矿有限责任公司	采矿	共青团员超前发展区	0.189	400
25	在普拉沃乌尔米伊斯克产地和索尔涅奇内产地建设锡矿开采综合体	谢利戈达尔股份公司	采矿	共青团员超前发展区	0.096	956
马加丹州					1.097	3931
26	在纳塔尔金斯克金矿产地建设采矿和加工企业	马加丹普雅柳斯股份公司	采矿	对基础设施建设有补贴	0.737	1931
27	开发马加丹州捷尼金斯克区巴甫利克金矿产地	巴甫利克金矿开采股份公司	采矿	对基础设施建设有补贴	0.36	2000
堪察加边疆区					1.01	2700

续表

序号	项目名称	发起单位	领域	扶持措施	投资总额（亿卢布）	工作岗位（个）
28	在堪察加边疆区建设液态天然气运输码头	诺瓦泰克股份公司	石油和天然气加工与运输	计划在堪察加超前发展区	0.528	100
29	开发克卢托戈洛夫斯基石煤产地	印度公司	采矿	计划在堪察加超前发展区	0.36	2000
30	在奥捷尔诺夫斯基金矿产地建设采矿和加工的采矿冶金综合体	西伯利亚采矿冶金联合股份公司	采矿	对基础设施建设有补贴	0.122	600
萨哈共和国（雅库特）					1.369	5520
31	在上穆恩斯基产地建设金刚石加工厂	俄罗斯金刚石股份公司	采矿	对基础设施建设有补贴	0.643	713
32	在伊纳戈林斯基产地和捷尼索夫斯基产地建设焦炭开采冶金综合体	克尔马尔有限责任公司	采矿	南雅库特超前发展区	0.726	4807
犹太自治州					0.35	1650

续表

序号	项目名称	发起单位	领域	扶持措施	投资总额（亿卢布）	工作岗位（个）
33	在铁矿产地建设基姆卡诺-苏达尔斯克采矿综合体	基姆卡诺-苏达尔斯克采矿综合体	采矿	国家纲要	0.25	1500
34	在下列宁斯阔耶-同江建设跨黑龙江铁路桥	远东发展基金股份公司	运输、物流	优惠拨款	0.1	150
总计					38.4567	53567

俄罗斯为了加快推动远东地区的发展，不断推出新的发展规划与战略，这为中俄两国区域经济合作的开展提供了机遇，我国的自贸区和俄罗斯的超前发展区等区域经济发展模式使两国在更大的范围内进行资源配置、在更深的程度上扩大开放、在更宽的领域里融入区域经济一体化进程，为两国的经济发展带来了潜在的良机。

在地区合作上，中国与俄罗斯远东地区的贸易额一直稳步提高，2017 年为 77 亿美元，同比增长 26%。远东地区对华商品出口一直稳步增长，2017 年全年出口额为 50 亿美元，同比增长 31%。2017 年，26% 的中国对俄直接投资流入远东地区，远东联邦区人均投资水平在全俄罗斯居第一位。远东地区实现了经济多元化发展。投资的主要领域有工业、物流、农业和旅游业。目前，远东地区 70% 的投资项目以出口导向为主，主要面向亚太地区。

第三节　中俄两国不断推出的发展战略有助于地区的合作与发展

一、"长江－伏尔加河"地方合作机制框架下的项目有效推进

2017 年 6 月 16 日,中俄"长江－伏尔加河"地方合作理事会第二次会议在合肥举行。在这次会议上,双方签订了在经贸领域、科技领域和人文领域发展伙伴关系的框架协议,这为未来合作奠定了基础。自"长江－伏尔加河"地方合作机制建立之日起,中俄两国共签署了 38 个合作协议。而投资合作项目和人文合作路线图是主要合作内容。

当前,中俄两国在地方合作框架下推进实施的项目有以下 10 个。

1. 圣彼得堡的综合性住宅项目"波罗的海明珠"。

2. 中俄托木斯克木材工贸合作区项目。

3. 在中国河南省建立铝制品工业生产综合体项目。

4. 在伊尔库茨克州建立刨花板加工厂项目。

5. 建立远东木材深加工中心项目。

6. 在莫斯科州建立数控机床组装厂项目。

7. 在滨海边疆区建立中俄农牧业产业园区项目。

8. 开采别列佐夫斯克产地铁矿石的项目。

9. "极地"有限公司和"复星"公司在黄金开采领域开展合作的项目。

10. 后贝加尔边疆区贝斯特林斯基产地开采项目。

中俄两国另有 10 个优先发展项目。

1. 四川省在巴什科尔托斯坦共和国锡拜市建设日产量为 5 000 吨熟料的新型干法水泥生产线。

2. 江西省在巴什科尔托斯坦共和国乌法市建设"长江－乌法"国际商务文化旅游中心。

3. 作为高新技术领域出口项目,摩尔达维亚共和国的光缆出口到中国。

4. 四川省和摩尔达维亚共和国生产太阳能电池组件的工业项目。

5. 湖南省和鞑靼斯坦共和国建立"潇湘－伏尔加"农业产业园。

6. 湖北省和乌德穆尔特共和国在伊热夫斯克合作生产移动钻井设备。

7. 四川省在楚瓦什共和国共同建设农业园。

8. 江西省在彼尔姆边疆区建立木材深加工基地。

9. 江西省建立中俄农业园。

10. 安徽省在乌里扬诺夫斯克州建水泥厂。

此外还有一些项目处于积极商讨研究中。

1. 江西省和巴什科尔托斯坦共和国建立中俄贸易中心。

2. 湖北省在摩尔达维亚共和国建设肉类加工厂。

3. 四川省在鞑靼斯坦共和国境内投资 4 亿美元发展农业项目，主要是饲养 3 000 头奶牛、5 000 头大牲畜，以及种植大豆、玉米、苜蓿等。

4. 四川省在鞑靼斯坦共和国伊诺波利斯市实施房地产投资项目，建设居民住宅、商务办公楼、商务娱乐综合体、多层住宅和独立住宅。

5. 四川省在基洛夫州建立瓷砖厂。

6. 四川省在下诺夫哥罗德州建设中医治疗保健中心，派遣中国医生打造新型保健方式。

7. 安徽省和萨马拉州共建联合实验室，开发交通智能领域的软件产品。

8. 安徽省投资 40 亿卢布在萨马拉州建设花岗岩生产厂。

9. 安徽省投资 3 000 万美元在乌里扬诺夫斯克州建设面粉加工厂。

目前，俄罗斯公司在中国境内正在实施和正在研究的项目主要集中在以下领域。

核能源领域：俄罗斯原子能建设出口股份有限公司在中国实施田湾核电站建设项目。

石化领域：俄罗斯石油公司在天津市建设炼油厂和中俄东方石油化工厂，它们是中俄合资企业。

民用航空领域：联合研制宽体大飞机。为了落实 2016 年 6 月 25 日普京访华期间签署的《中俄宽体大飞机研制、生产、商业运营、后续服务政府间合作纲要》，2017 年 5 月中俄联合企业在上海注册成立。飞机命名为 CR929 – 500/600/700，基础机型为 CR929 – 600。

化工领域：江苏省常州沃富斯农化有限公司与“八月”股份公司在农业化学制剂生产上开展高新技术领域的合作，主要产品有可湿性粉剂、乳油、微乳剂、水悬浮剂、可溶性浓剂、可湿性粉剂、水分散颗粒剂等。

俄罗斯西布尔控股股份公司和中国石化在上海建立生产丁二烯腈橡胶的合资企业。这是中俄政府间投资合作方案之一。2015 年,中国石化换购西布尔公司 10% 的股份成为其战略投资者。2017 年丝路基金获得了西布尔公司 10% 的股份。工厂选址工作已经完成,西布尔公司在进行方案制定工作,对潜在合作伙伴进行合理布局。

俄罗斯欧洲化学公司与香港公司共同在云南省建设化肥厂。总投资额为 3 600 万美元,双方各承担一半。每年生产 6 万吨硝酸钾和 20 万吨无氯复合肥。2014 年,年产量为 10 万吨的无氯复合肥一期生产线投产。2016 年,年产量为 6 万吨的硝酸钾生产车间投入使用。

设备生产领域:俄罗斯铝业公司和河北欣意电缆有限公司在中国建设生产电缆的工厂。电缆由铝合金生产而成,双方各占企业一半股份,企业位于距北京 300 千米的河北省石家庄市。年产量约为 7.2 万吨。项目总价值为 2.47 亿美元。2016 年 7 月 4 日签订了建立合资企业的协议。2017 年完成了铝锆合金电缆样品生产,并进行质量认证。2017 年 8 月前对产品市场前景进行了确认。已经完成项目一期文件制定工作,目前继续与潜在用户和相关机构接触。

高新技术领域:在中国中兴公司生产新一代 YotaPhone;建设中俄创新技术园。

此外,远东发展公司正在进行 170 个基础设施建设项目。32 个基础设施建设项目已经完成,89 个项目处于建设和规划阶段。远东发展公司也积极开展吸引外资和支持出口的工作,公司的主要宗旨是吸引新的投资商、保障原有引资项目的实施。该公司于 2017 年投入使用了 CRM 系统,这同时也是一个投资项目。目前,远东社会经济超前发展区和自由港投资商均使用此系统办公。俄罗斯联邦政府在远东地区共批准设立了 18 个经济社会超前发展区。远东发展公司与超前发展区入驻企业签署了 210 个协议。①

二、中国与俄罗斯鞑靼斯坦共和国的经济合作成为亮点

鞑靼斯坦共和国位于伏尔加河畔,是伏尔加联邦区 14 个联邦主体中经济

---

① Корпорация развития Дальнего Востока: важно, чтобы каждый проект был реализован [EB/OL]. https://minvr.ru/press-center/news/8041/? sphrase_id=162102,2017-09-14.

发展的领军者,生产总值常年居于伏尔加联邦区首位。鞑靼斯坦共和国具有巨大的经济发展潜力,为伏尔加联邦区的经济增长做出了巨大贡献,同时也是伏尔加联邦区内与中国联系最密切、合作最广泛的联邦主体之一。

(一)鞑靼斯坦共和国在中俄经济合作中的主要优势

1. 良好的地理位置,丰富的自然资源

鞑靼斯坦共和国位于俄罗斯欧洲大陆部分的中部地区,位于伏尔加河流域,是俄罗斯联邦经济发达的地区之一。鞑靼斯坦共和国拥有丰富的石油、天然气、森林、土壤等资源,拥有强大而多样化的工业。鞑靼斯坦共和国的农业用地占俄罗斯农业用地的2.2%,农业总量占俄罗斯农业总量的4.4%。鞑靼斯坦共和国有石油化工综合体(石油生产、合成橡胶、轮胎、聚乙烯和各种精炼产品生产),以及生产具有竞争力的产品(卡车、直升机、飞机发动机、船舶、汽车)的大型机械制造企业。其首府喀山是俄罗斯重要的铁路枢纽和大型河港口,也是俄罗斯重要的工业中心、金融中心和旅游胜地,东欧最大的科学园区也坐落在喀山。

鞑靼斯坦共和国境内两条主要河流为伏尔加河和卡马河,鞑靼斯坦共和国的河流通航时间为5月到9月,共5个月。鞑靼斯坦共和国拥有欧洲最大的航运干线——伏尔加河。这为中国与鞑靼斯坦共和国的海上运输提供了便利的条件,与五海相连使中国与鞑靼斯坦共和国拥有多条海上贸易通道。在所有的运输方式中,海洋运输是最廉价的运输方式,这会大大降低货物运输的成本。

鞑靼斯坦共和国拥有丰富的自然资源,其中最丰富的资源为石油。伏尔加－乌拉尔油气区的一部分位于鞑靼斯坦共和国境内,众多的石油矿聚集在此,如罗马诗基斯克矿、诺沃－叶尔霍夫斯克矿、五一矿和邦杜斯克矿。石油主要分布在中小矿区,每年开采量约为3 500万吨,可供开采量为8亿至9亿吨,在鞑靼斯坦共和国的矿产区,每吨石油会伴生40立方米的天然气。另外,鞑靼斯坦共和国还蕴藏着褐煤、可燃烧的页岩、石灰岩、白云石、建筑用砂、石膏和黏土等。境内分布着800个泥炭田,总面积达3.5万多公顷。丰富的矿产资源为鞑靼斯坦共和国提供了巨大的经济发展潜力,提供了与中国进行矿产交易的条件。

此外,鞑靼斯坦共和国还拥有丰富的森林资源和水资源,境内20%左右的土地被森林覆盖。境内主要的河流有伏尔加河、卡马河、别拉亚河、维亚特卡河、斯维亚加河、苗沙河、舍什马河、伊克河、托伊马河、伊日河、斯捷普诺伊宰河。鞑靼斯坦共和国拥有4个大型水电站和8 000多个大大小小的湖泊。丰富的水资源与煤炭资源为进行工业生产创造了动力条件。

俄罗斯联邦政府在鞑靼斯坦共和国建立经济特区,推出优惠的税收政策,鼓励投资。2005年,俄罗斯联邦政府在鞑靼斯坦共和国设立了阿拉布加经济特区,该特区为有意向在俄罗斯投入生产的企业提供完善的硬件设施、强有力的政府支持和实惠的地价等条件。经济特区还实行了鼓励投资的优惠的税收政策。在财产税、地税与交通税方面,特区企业的税率为零。在企业所得税方面,特区税率在前十年远远低于非特区税率。在保险费方面,特区企业需缴纳的费用也低于非特区企业。优越的硬件设施条件与优惠的税收政策使鞑靼斯坦共和国更加具有投资吸引力。

2. 独特的旅游资源

鞑靼斯坦共和国旅游潜力巨大,地理位置优越,自然资源丰富。鞑靼斯坦共和国具有大量的历史遗迹、发达的交通和完善的旅游基础设施。喀山是鞑靼斯坦共和国的首府,拥有一千多年的历史,是俄罗斯十大城市之一,拥有不同历史阶段的1 600多个古迹。随着中国居民生活水平的提高,越来越多的民众选择出国旅游。拥有独特的旅游资源的鞑靼斯坦共和国,具有明显的竞争优势,旅游经济所带来的收入也比较可观。

(二)中国与鞑靼斯坦共和国开展经济合作的基础与现状

随着中俄关系持续向好,中俄两国建立了全面战略协作伙伴关系,中俄两国之间的合作逐步加深。鞑靼斯坦共和国作为俄罗斯最具有经济发展潜力的共和国之一,一直谋求与中国在各个方面进行交流与合作。目前,鞑靼斯坦共和国与中国开展了多地区、多方面、多层次的合作。鞑靼斯坦共和国已与中国黑龙江省、山东省、四川省、重庆市等多个省市和地区在教育、科研、文化、体育和旅游等领域开展了一系列合作,并且双方仍将大力推进与扩大地区间的合作。鞑靼斯坦共和国与中国已经在石油产品、石材制成的产品、化学产品、医疗设备供应、食品供应等领域进行了广泛合作。在未来几年,双方将继续推进更深层次的经济合作,有意在高科技、机械制造、电器和能源等领域深化合作。

1. 中国与鞑靼斯坦共和国推出“长江–伏尔加河”合作规划

鞑靼斯坦共和国在以下领域深化对华合作。在投资金融领域,建立鞑靼斯坦共和国经济特区和“新图拉”等高科技园区，双方互派对外经济部门的专家，就经济特区的运营和吸引外资等问题交流经验，研究中国建设中小企业工业园区的成功经验，并在鞑靼斯坦共和国进行推广。在机械制造领域，在鞑靼斯坦共和国联合生产大客车和轿车配件，联合生产拖拉机配件、对华出口压缩设备配件，在“谢尔戈”冷却设备厂开展合作。在石化领域，扩大对华石化产品出口，进口中国制药设备。在飞机制造领域，推广“喀山直升机厂”产品市场，组建服务中心，并开展飞行人员培训工作，联合生产并销售小型飞机。在能源领域，对华出口工业和民用火电和天然气发电设备。在其他领域，对华出口酒类产品，协助鞑靼斯坦共和国发展缝纫产业。

2. 新的中国驻喀山总领事馆正式开馆

2018 年 8 月 22 日，中国在俄罗斯设立的第六个领事馆在俄罗斯鞑靼斯坦共和国首府喀山正式开馆。中国驻喀山总领事馆成为中国驻俄罗斯领馆中辖区最多的领馆。领事馆的开设是中俄双方建立全面战略协作伙伴关系的需要，也是两国人民进行友好交往的需要。同时，领事馆的开设可以为中俄双方留学生在办理各项手续时提供便利，在一定程度上可以推动两国留学事业的发展。中国驻俄大使李辉指出，目前中俄两国关系正处于历史最好时期，中国驻喀山总领事馆的正式开馆有助于中国与伏尔加联邦区取得新的成果。鞑靼斯坦共和国总统明尼哈诺夫指出，中国在喀山总领事馆的地理位置将有助于在中国推介鞑靼斯坦共和国，也有助于发展中国伙伴在鞑靼斯坦共和国的商业活动。

3. 中国高校与鞑靼斯坦共和国高校的合作逐渐增多，为两国提供大批优秀人才

2007 年，由喀山联邦大学与湖南师范大学共同创办的孔子学院正式运行，已有超过一万人在孔子学院学习。喀山孔子学院也不断开拓创新，既在教育方面与中国高校加强了合作，又推动了科研等领域全方位的合作。除了孔子学院受到当地学生的欢迎之外，喀山联邦大学也逐渐受到中国学生的欢迎。喀山联邦大学还与许多中国高校开展教师互派活动和学生互换活动，如湖南师范大学、上海师范大学、黑龙江大学和广州大学等。汉语教学质量的提高会加深两国人民之间的了解，促进双边关系的发展，并将为中俄双方培养更专业、更了解两国国情的人才。

（三）中国与鞑靼斯坦共和国地区间合作成果显著

鞑靼斯坦共和国拥有优越的运输条件、充裕的劳动力、安全的地理位置和

丰富的石油资源。这使得鞑靼斯坦共和国的经济一直持续、快速地发展。而中国的经济一直高速发展,吸引外资的能力不断提高,对外投资也逐年增多。两国政府也大力支持双方合作,在此背景下,中国与鞑靼斯坦共和国的目光都越来越转向对方。

为了加深双方的经济合作,鞑靼斯坦共和国将与中国共同开发科技园,中方将鼓励企业入驻鞑靼斯坦共和国的科技园,华为公司将在鞑靼斯坦共和国设立科研中心,研发高新技术。在基础设施建设领域,双方的合作持续稳步推进,中俄双方就建设“莫斯科－喀山高铁”项目进行协商和讨论。在能源领域,双方都表示将在化工、石油和天然气方面加深合作,促进经济发展。在旅游领域,中国旅行代表团已经访问过鞑靼斯坦共和国,人民网也向读者介绍了喀山的八处名胜古迹,喀山政府还于2018 年推出了“红色路线”和喀山“友好中国”项目,鞑靼斯坦共和国也在2019 年召开的北京国际旅游博览会上向中国民众展示其旅游潜力。

总的来说,中国与鞑靼斯坦共和国的经济合作主要在地区间开展。鞑靼斯坦共和国是俄罗斯的一个联邦主体,一直积极地与中国各省开展合作,尤其在中俄双方启动了“伏尔加－长江”合作机制后,鞑靼斯坦共和国与中国长江沿岸各省的交流与合作更加密切。

中国四川省与鞑靼斯坦共和国对于两地在贸易、科技、文化和旅游领域的发展和合作表现出强烈的兴趣,双方近年来一直互派代表团进行洽谈,希望可以加强两地的产业合作,造福两地人民。2018 年,鞑靼斯坦共和国行政长官明尼哈诺夫与中国四川金象赛瑞化工股份有限公司代表团讨论了联合生产矿物肥料项目的前景;中国湖南省积极地把握中国推进“一带一路”倡议的机遇,采取了一系列措施,积极推进“中俄两河地方合作”,挂牌成立对俄合作推进中心,建立专项基金和对接制度。从 2014 年开始,湖南省与鞑靼斯坦共和国开展更加广泛的合作,两地在经济、科技、人文等领域均签署了协议。2015 年,双方签署了“潇湘－伏尔加”农机产业园合作项目,鞑靼斯坦共和国成为湖南省“中俄两河地方合作”的重要伙伴。

此外,鞑靼斯坦共和国和山东省还搭建了非常好的合作平台,以海尔集团为首的一批中国企业已经入驻鞑靼斯坦共和国经济园区。鞑靼斯坦共和国总统明尼哈诺夫表示,希望双方在信息技术、能源等领域进一步深化合作,并且欢迎更多的山东企业到鞑靼斯坦共和国投资兴业，双方共同开创更好的未来。近年来黑龙江省对俄贸易不断发展，对俄贸易额位列中国第一，黑龙江省通过主办中俄博览会等方式促进对俄合作持续健康发展。在此基础上，两地区行政长官在鞑靼斯坦共和国进行了深层次的交谈，签署了《中华人民共和国黑龙江省人民政府与俄罗斯联邦鞑靼斯坦共和国政府关于经贸、科技和文化合作协议》，并就未来在相互投资、产业发展、人才引进、人才培养等方面进行深度合作达成共识。

第四节　加强中俄区域经济合作的几点建议

第一，中俄两国地方政府应该联合采取措施，发挥顶层调节作用。

两国政府通过共同调节和推动，为区域经济合作创造更有利的条件，完善贸易政策，消除过多的贸易壁垒，实现两国技术鉴定体系的协调一致，简化海关手续，提高边境口岸的通关能力，发挥边境口岸的功能，共同完善过境运输设施，发展和建设新的运输物流枢纽和换装网点，进行口岸建设和交通运输干线建设。为此，两国政府应建立常态合作机制和定期协调会晤机制，实现互信、协商常态化，实现信息通报制度化。

第二，应通过拓展跨境产业链挖掘双方的合作潜力，发挥竞争优势。

在“中蒙俄经济走廊”建设的背景下，中俄两国不仅要打造出一条商贸物流带，也要打造出一条产业聚集带、项目投资带。为此，中俄两国要积极建设跨境产业园。其一，建设境内产业园，主要依托对俄保税区和临空经济区等对俄合作的平台和载体，吸引国内外产业向东北地区聚集，延伸产业链条，建设境内外产业联动的跨境产业投资合作基地。其二，鼓励中国企业走出去、入驻俄罗斯境内产业园或社会经济超前发展区，促进对俄投资与合作的发展，另外，按照优势互补、互利共赢的原则，扩大对俄高端产业合作，尤其是能源、装备制造业等领域的合作。

第三，应加强中俄边境口岸贸易服务体系的建设，形成咨询全面、通关简便、物流高效三位一体的贸易服务体系。

目前，在“中蒙俄经济走廊”的建设中，东部沿边地区，特别是黑龙江省的主要任务是建立新式运输服务体系，完善中俄陆海空路网建设，发展多式联运，构建中俄东部毗邻地区的物流通道,建设跨国、跨地区的运输通道,实现快捷、有效的物流保障,促进沿边地区产业带的全面调整与升级。此举对于加快构建我国东西互动的新格局、深化中俄全面战略协作伙伴关系、加快东北地区经济结构的调整和深化中俄边境经贸合作,具有重要意义。

这具体表现为中俄两国分别设立了专门的法律和商务服务机构;健全口岸联检机制;拓展陆海空联动业务;构建电子口岸公共信息平台和质量认证中心,创新通关模式;加强基础设施建设;提升运力,扩大运量。

第四,应推动综合保税区、互市贸易区和跨境经贸合作区的建设。

中俄两国应完善法律基础,明确功能定位,打造新型区域合作平台。中俄两国应发挥保税区对外开放、对外贸易、对外投资的作用,把边境互贸区建设成出口加工产业集群、跨国商贸旅游产业集群、国际物流产业集群等。

第五,应加强人文交流与合作,促进民心相通,减少因文化差异而造成的合作冲突。

中俄两国应开展高等院校和科研院所之间多层次、多形式的教育与科研合作,以互办“地区合作交流年”为契机,开展多领域的人文交流与合作,进一步推动文化与旅游的融合发展。

参考文献

一、中文文献

［1］Л. И. 阿巴尔金. 俄罗斯发展前景预测——2015 年最佳方案［M］. 周绍珩，等，译. 北京：社会科学文献出版社，2001.

［2］程伟，冯舜华，等. 经济全球化与经济转轨互动研究［M］. 北京：商务印书馆，2005.

［3］陈日山. 俄国西伯利亚与远东经济开发概论［M］. 哈尔滨：黑龙江人民出版社，1994.

［4］陈峰君. 当代亚太政治与经济析论［M］. 北京：北京大学出版社，1999.

［5］陈秀山，张可云. 区域经济理论［M］. 北京：商务印书馆，2003.

［6］陈小沁. 国际能源安全体系中的俄罗斯［M］. 北京：社会科学文献出版社，2012.

［7］董晓阳. 俄罗斯地方权限及其调整［M］. 北京：当代世界出版社，2008.

［8］丁一兵. 欧盟区域政策与欧洲产业结构变迁［M］. 长春：吉林大学出版社，2008.

［9］葛新蓉. 俄罗斯区域经济政策与东部地区经济发展的实证研究［M］. 哈尔滨：黑龙江大学出版社，2010.

［10］郭晓琼. 俄罗斯产业结构研究［M］. 北京：知识产权出版社，2011.

［11］高际香. 区域经济社会发展——俄罗斯的探索与实践［M］. 北京：社会科学文献出版社，2013.

［12］郭力. 中俄地区合作新模式的区域效应［M］. 北京：社会科学文献出版社，2015.

［13］郭力. 中俄东部区域合作新空间［M］. 北京：社会科学文献出版社，2017.

［14］郭连成. 俄罗斯东部开发新战略与东北亚经济合作研究［M］. 北京：人民

出版社,2014.

[15] 侯景新,尹卫红. 区域经济分析方法[M]. 北京:商务印书馆,2004.

[16] 侯敏跃,亚历山大·利布曼. 转型时代联邦主义与地区主义研究[M]. 上海:上海人民出版社,2009.

[17] 胡仁霞. 中国东北与俄罗斯远东区域经济合作研究[M]. 北京:社会科学文献出版社,2014.

[18] 江激宇. 产业集聚与区域经济增长[M]. 北京:经济科学出版社,2006.

[19] 贾大猛,宋思雨,周瑜. 新时期中俄地区合作与发展:基于城市的视角——牡丹江建设中俄地区友好合作示范城市战略研究[M]. 北京:知识产权出版社,2014.

[20] 姜毅. 中俄边境口岸研究[M]. 北京:中国社会科学出版社,2018.

[21] 姜振军. 俄罗斯东部地区经济发展研究[M]. 北京:社会科学文献出版社,2016.

[22] 陆南泉. 苏联经济体制改革史论(从列宁到普京)[M]. 北京:人民出版社,2007.

[23] 李传勋. 中俄区域合作研究[M]. 哈尔滨:黑龙江人民出版社,2003.

[24] 李永全. 俄罗斯发展报告(2016)[M]. 北京:社会科学文献出版社,2016.

[25] 李中海. 普京八年:俄罗斯复兴之路(2000~2008)经济卷[M]. 北京:经济管理出版社,2008.

[26] 李新. 俄罗斯经济再转型:创新驱动现代化[M]. 上海:复旦大学出版社,2014.

[27] 刘淼. 创新与融合:财税金融政策支持战略性新兴产业发展的选择[M]. 北京:中国经济出版社,2014.

[28] 陆南泉. 俄罗斯经济二十年(1992~2011)[M]. 北京:社会科学文献出版社,2013.

[29] 米军. 俄罗斯金融改革回顾与展望[M]. 北京:中国社会科学出版社,2012.

[30] H. H. 涅克拉索夫. 区域经济学(理论·问题·方法)[M]. 许维新,许晶心,译. 北京:东方出版社,1987.

[31] 孙久文. 区域经济规划[M]. 北京:商务印书馆,2004.

[32] 王倩,许梦博. 欧盟区域政策及其对中国东北老工业基地振兴的启示[M]. 长春:吉林大学出版社,2007.

[33] 徐景学. 苏联东部地区开发的回顾与展望——西伯利亚开发四百年[M]. 长春:东北师范大学出版社,1988.

[34] 许维新. 苏联区域经济[M]. 南昌:江西人民出版社,1989.

[35] 许新. 叶利钦时代的俄罗斯(经济卷)[M]. 北京:人民出版社,2001.

[36] 许继琴. 产业集群与区域创新系统[M]. 北京:经济科学出版社,2006.

[37] 田春生. 俄罗斯经济外交与中俄合作模式[M]. 北京:中国社会科学出版社,2015.

[38] 王潼. 俄罗斯的重新崛起:俄罗斯与中国两国经济改革战略的对比分析[M]. 北京:北京大学出版社,2014.

[39] 张晓静. 欧盟东扩:区域差距与经济凝聚[M]. 北京:经济科学出版社,2008.

[40] 张聪明. 当代中俄国有经济比较研究[M]. 北京:社会科学文献出版社,2012.

[41] 张弛. 中国东北地区与俄罗斯东部地区经济合作模式研究[M]. 北京:经济科学出版社,2013.

[42] 张树华. 俄罗斯之路30年:国家变革与制度选择[M]. 北京:中国社会科学出版社,2018.

[43] 朱显平,季塔连科. 俄罗斯东部与中国东北的互动发展及能源合作研究[M]. 长春:长春出版社,2013.

[44] 郑伟. “一带一路”背景下构建中蒙俄经济走廊的战略意义及路径选择[M]. 北京:社会科学文献出版社,2016.

[45] 李永全. 俄罗斯发展报告(2017)[M]. 北京:社会科学文献出版社,2017.

二、外文文献

[1] Аллатов А А, Пушкин А В, Джапаридзе Р М. Государственно-частное партнертво: механизмы и реализации [М]. Москва: Апьпина Паблишерз, 2010.

[2] Баитов А В. Энергетическая безопасность России в условиях рыночных

отношений в электроэнергетике[М]. Москва: Книжный мир, 2012.

[3]Бажанов В А, Блам Ю Ш. Ресурсный потенциал Азиатской части России и сырьевая безопасность страны в 21 веке [М]. Новосибирск: Иэоппсоран,2004.

[4]Вдовин С М. Стратегия и механизмы устойчивого развития региона[М]. Москва: ИНФРА-М, 2015.

[5]Витковская Г С, Тренин Д В. Перспективы Дальневосточного региона: межстрановые взаимодействия[М]. Москва: Гендальф,1999.

[6]Гайдар Е Т. Современный экономический рост и стратегические перспективы социально-экономического развития России [М]. М.: ГУ ВШЭ, 2003.

[7]Глушкова В Г, Симагин Ю А. Федеральные округа России: региональная экономика[М]. Москва: КНОРУС, 2009.

[8]Гранберг А Г. Региональное развитие: опыт России и Европейского Союза [М]. М.: Экономика, 2000.

[9]Гребцова В Е. Экономическая и социальная география России: основы теории и практики[М]. 2-е изд. Ростов-на-Дону: Феникс, 2000.

[10]Ермошина Г П, Поздняков В Я. Региональная экономика[М]. Москва: ИНФРА-М, 2015.

[11]Зубаревич Н В. Россия регионов: в каком социальном пространстве мы живем? [С]. М.: Поматур, 2005.

[12]Зубаревич Н В. Социальное развитие регионов России: проблемы и тенденции переходного периода[М]. М: Эдиториал УРСС, 2003.

[13]Ишаев В И. Международное экономическое сотрудничество: региональный аспект[М]. Владивосток: Дальнаука, 1999.

[14]Кабашкин В А. Государственно-частное партнерство в регионах Российской федерации[М]. Москва: Издательский Дом«Дело», 2012.

[15]Казанцева А К, Рубвальтер Д А. Государственно-частное партнерство в научно-инновационной сфере[М]. Москва: ИНФРА-М, 2011.

[16]Климанов В В. Региональное развитие и экономическая самостоя-

тельность субъектов Российской Федерации［М］. М.：Эдиториал УРСС，2000.

［17］Кочетов Э Г. Геоэкономика（Освоение мирового экономического пространства）［М］. М.：Изд-во «БЕК»，2002.

［18］Кузнецова О В. Инвестиционные стратегии крупного бизнеса и экономика регионов［М］. Москва：ЛИБРОКОМ，2008.

［19］Кузык Б Н，Яковец Ю В. Россия-2050：стратегия инновационного прорыва［М］. М.：Экономика，2004.

［20］Куимов В В，Суслова Ю Ю，Щербенко Е В，и др. Региональные технологические платформы как инструмент инновационного развития территории［М］. Москва：ИНФРА-М，2016.

［21］Кушлин В И. Государственное регулирование рыночной экономики［М］. 2-е изд. М.：РАТС，2005.

［22］Лаппо Г М. География городов［М］. М.：Гуманит. изд. центр ВЛАДОС，1997.

［23］Михеева Н Н. Региональная экономика и управление［М］. Хабаровск：Изд-во РИОТИП，2000.

［24］Морозова Т Г. Государственная экономическая политика［М］. М.：ЮНИТИ-ДАНА，2006.

［25］Немировский В Г. Регионы восточной и западной Сибири в контексте социокультурных трансформаций и модернизационных процессов в России［М］. Москва：ИНФРА-М，2016.

［26］Новоселов А С. Регион：проблемы планирования и управления［М］. Новосибирск：ИЭОПП СО РАН，2002.

［27］Новоселов А С. Региональная экономика в системе управления［М］. Новосибирск：издательство ИЭОПП СО РАН，2003.

［28］Оганисьян Ю С. Модернизация и политика в XXI веке［С］. Москва：РОССПЭН，2011.

［29］Осипов В С. Промышленная политика России：политэкономические и региональные аспекты［М］. Москва：ИНФРА-М，2016.

[30] Плисецкий Е Л. Социально-экономическая география России: справочное пособие[M]. М.: Дрофа, 2005.

[31] Прокапало О М. Региональная социально-экономическая динамика: Дальний восток и Забайкалье[M]. Хабаровск: РИОТИП, 2003.

[32] Дронов В П, Ром В Я. География России: Население и хозяйство[M]. 4-е изд. М.: Дрофа, 2003.

[33] Рыкалина О В. Развитие региональной инфраструктуры и связей между округами Российской федерации[M]. Москва: ИНФРА-М, 2013.

[34] Скопин А Ю. Экономическая география России [M]. М.: Изд-во Проспект, 2003.

[35] Степанов М В. Региональная экономика [M]. Москва: ИНФРА-М, 2001.

[36] Степанова С А. Россия в окружающем мире. Аналитический ежегодник [Z]. М: Изд. МНЭПУ, 2000 – 2006.

[37] Суспицын С А. Барометры социально-экономического положения регионов России[M]. Новосибирск: ИЭОПП СО РАН, 2004.

[38] Тория Р А. Правовое регулирование финансового обеспечения коренных малочисленных народов Севера, Сибири и Дальнего Востока[M]. М.: Проспект, 2017.

[39] Туровский Р Ф. Политическая регионалистика[M]. М.: ГУ ВШЭ, 2006.

[40] Туровский Р Ф. Центр и регионы: проблемы политических отношений [M]. 2-е изд. Москва: ГУ ВШЭ, 2007.

[41] Холина В Н. География человеческой деятельности: экономика, культура, политика [M]. М.: Просвещение, 2005.

[42] Хрущев А Т. Экономическая и социальная география России[M]. 2-е изд. М.: Дрофа,2002.